中国の一帯一路と
米国の対応。
そのアジア各国・
日本への影響は

米中経済戦争と東アジア経済

朽木昭文／富澤拓志／福井清一　編著

農林統計協会

まえがき

2019 年 12 月に、中国・湖北省・武漢市で新型コロナウイルスの感染者が見つかって以来、感染は拡大し 2020 年の世界経済に大きな打撃を与えつつあるが、世界経済への影響は、2008 年のリーマンショックを上回ると予想されている。

日本や中国、欧米諸国では、この原稿の執筆時点で、新型コロナウイルスの感染拡大が収束するか見通しがつかない状況で、多くのエコノミストがコロナ後の世界経済をどのように立て直してゆくかについて考え始めている。

これまで米国主導で推進され、世界経済の成長を後押ししてきた自由主義的国際経済秩序は、コロナ以前から、米中による追加関税の賦課、ハイテク技術や製品の輸出規制など、米国主導の保護主義化、分断化により揺らぎ始めていた。コロナ禍は、それへの対応策としての、国際的な人・物の移動制限、各国による自国産業の保護政策、民間企業によるリスク対応としての国内回帰などを通じて、少なくとも短期的には、保護主義化、分断化を一層強める可能性がある。

コロナ禍が、最大の被害者である米国民の対中感情を悪化させ、保護主義化の潮流に加えて米中分離（decoupling）を加速化させるなら、これまで経済成長を支えてきたグローバル化の潮流を逆流させることになり、新型コロナの感染拡大を克服した後の世界経済を立て直すためのシナリオを描くのも困難となるであろう。グローバル化が多くの課題を抱えていることは事実であるが、保護主義化、ブロック化により世界経済の停滞を招くというシナリオは是が非でも避けねばならない。コロナ後の世界経済の発展を後押しする上では、グローバル化の問題点を克服しつつ経済活動の活性化を推進してゆくことができるかが鍵となろう。

では、コロナ渦は、コロナ後の米中経済戦争、ひいては世界の経済体制

に、どのような影響をもたらすのであろうか。

この問題は、現在、最も関心を集めている政治経済的問題の1つであるが、現時点で情報は限られているし、この問題への解答は本書の企図するところでもない。本書の直接的な目的は、米中経済戦争の本質と、それを取り巻くアジア各国への影響、および、今後の対応策について考察することにあるが、これらを理解しておくことは、コロナ後の米中経済戦争、ひいては、世界経済の行方を占ううえで避けて通れない作業である。

2016年の大統領選で勝利した米国第一主義を掲げるトランプ大統領は、選挙公約である米国の環太平洋経済連携協定（TPP）離脱、および、北米自由貿易協定（NAFTA）の見直し、さらには、WTOにおける紛争処理上級委員の選定阻止など、一連の米国第一主義にもとづく通商政策を実行した。そしてその後、膨大な貿易赤字を生み出している中国からの輸入品に対する高率関税の賦課を決断したことが、米中貿易戦争の発端となった。

米国は、中国からの貿易赤字の要因が、国営企業に対する補助金の供与、外国の直接投資企業に対する技術移転の強要や知的財産権の侵害などの不公正な通商政策にあるとし、追加関税措置をはじめとする貿易制限措置を実施した。これに対して中国も対抗措置を実施し、両国による貿易制限措置の応酬が続いており、これらが実施されることによる経済的影響が、当該国ばかりでなく、世界経済に波及することが懸念されてきた。

2019年以降、米中貿易戦争の影響が出始めており、米国、中国から相手方への輸出が減少するばかりでなく、両国と経済的関係の密接な国々（韓国、台湾、東南アジア諸国）への影響も大きい。

とくに、グローバル・バリューチェーン（GVC）が進展し、これまで中国を中心に構築してきた地域の生産ネットワークをさらに拡大することによって経済成長を推進したい中国以外の東アジア諸国にとっても影響は小さくない。日本、韓国、タイ国など産業構造の高度化が進み中国中心のGVCに組み込まれた東アジア諸国にとって、米中貿易戦争による中国経済、世界経済へのマイナス効果は逆風となる一方、米国向け輸出への依存率が高いベトナ

ム、カンボジア、ミャンマーなどの東南アジア後発国にとっては、米国による関税賦課により打撃を受ける中国からの生産移管が起き、むしろ追い風となる可能性がある。

さらに米中貿易戦争は、米国による最先端技術分野における優位性の維持と国家安全保障を目的とした対米投資、対米輸出管理の規制強化を実施するなど、技術覇権の争いも含んだ経済戦争にまで発展している。この規制強化は、米国発の最先端技術を用いた生産活動を行おうとしている日系企業にとって、中国企業と連携した対中輸出や対中技術移転を困難にするという極めて深刻な問題を引き起こす可能性がある。

東アジア諸国が、貿易と投資の自由化を梃子に、さらに経済を発展させようとする中で、トランプ政権下での米中経済戦争が、貿易・投資の自由化の進展により構築された国際経済秩序、ひいては、各国経済にどのような影響を及ぼすのかを理解しておくことは、コロナ後の東アジア経済を占ううえで重要である。

本書は、米中経済戦争の背景と経緯、中国から見た米中戦争、中国以外の東アジア諸国への影響と対応、および、日本への影響と対策に関する 13 章と最後のエピローグによって構成される。

まず、第Ⅰ部で、このような米中経済戦争が勃発した背景、米国のトランプ大統領がなぜ米国第一主義を掲げ中国に対する制裁にまで至ることになったのか、その経緯について、政治学的視点、および、経済学的視点から解説する。次に、第Ⅱ部では、米国による対中制裁が、中国による『製造2025』『一帯一路構想』などの経済発展戦略（産業政策）と関連していること、および、これらの戦略の重要性、将来の展望について考察する。また、米中経済戦争は、米中当事国だけではなく、アジア諸国にも多大な影響を及ぼしつつある。第Ⅲ部では、自由主義的国際経済秩序の下で築き上げられてきたグローバル・バリューチェーン（GVC）の一端を担い利益を享受してきた、東アジア各国（日本を除く）が、その影響に対して、どのような対応策を講じようとしているのかについても説明する。最後の第Ⅳ部では、トランプ政権

下での米中経済戦争が日本経済におよぼす影響について既存の文献等による予測をもとに概観した後、日本が今後辿るべき道について、アジア諸国との国際協調、米国による投資、輸出規制への対応、および、中国との連携の模索という視点から検討する。最後に、コロナ後の世界における国際協調の重要性について述べる。

　各章の主要な内容は以下のとおりである。

　第1章では、米国における歴代政権による対中通商政策を概観した後、トランプ政権による現行の対中通商政策形成過程について分析し今後の行方を占っている。

　冷戦後の米国歴代政権は、既存のリベラルな国際経済秩序への挑戦ではなく、その強化に利益があるということを中国に理解させ、それによって中国を国際経済秩序に組み込もうとしてきた。すなわち、経済的に中国に関与することで、中国を国際経済秩序に関与させようとしたが、トランプ政権は関与から牽制に方向性を転換したとする。

　そして、膨大な対中貿易赤字や貿易・投資の不公正行為、知的財産権問題、国有企業への優遇制度などを理由に、一連の中国製品に対する追加関税による制裁の実施、情報通信企業ファーウェイへの取引禁止措置を行うなどの、米国による対中通商戦略の展開過程を詳細に説明している。

　最後に、筆者は、このようなトランプ政権による対中通商政策は、政権内の対中協調派と対中強硬派の勢力バランスによって左右されているが、対中強硬姿勢は米国民と議会から圧倒的な支持を得ており、共和党、民主党、いずれの政権になろうとも中国に対する強硬姿勢は維持されるであろうという見通しを述べている。

　続く第2章では、米中貿易摩擦の背景と米中双方による追加関税賦課の経緯について、経済学的視点から解説する。貿易摩擦の背景としては、①米国が膨大な対中貿易赤字を抱えていること、②米国が世界第2の経済大国となった中国を戦略的競争者と見なし、米国を凌駕するためのさらなる経済成長を企図する中国を牽制する狙いがあること、③通信・情報などの先端技術産業分野における中国の台頭が、経済のみならず安全保障面における米国の

優位を脅かすことに対する警戒、などがあるとする。そして、第1弾から第4弾までの追加関税賦課の経緯を詳細に分析したうえで、米国による一連の追加関税は、加工段階の下流に位置する製造業をより強く保護する、すなわち、資本財産業よりも中間財産業、中間財産業よりも消費財産業を保護するための傾斜関税（tariff escalation）の構造となっていると結論付けている。

　第Ⅱ部では、中国側の視点から、米中経済戦争に至るまでの経済発展戦略、米中経済戦争への対応、および、米中経済戦争のもとでの発展戦略の方向について考察する。

　第3章では、過去40年間における産業政策の展開過程と、それが持続的な高成長につながったメカニズムを説明している。

　筆者によると、中国の産業政策は、発展段階ごとに次のように分類される。初期の労働過剰経済の段階、労働力が不足してきた2000年代中頃以降の段階、上位中所得国に発展し「中所得国の罠」を避けるためにさらなる産業構造の高度化が必要となった2010年代以降の段階である。そして、2013年以降は、技術水準と産業のさらなる高度化を図るために、「製造2025」による先端技術産業の育成と、「自由貿易試験区」への外資を梃子とした産業集積、以上のような国内産業政策の成果を地域経済統合により波及させることを目的とした「一帯一路建設」とにより、「中所得国の罠」を克服しようとしたとしている。

　そして、「自由貿易試験区」による産業集積、「中国製造2025」による最先端分野の技術開発、およびこれらの政策の成果を広域経済圏の創設により波及させる「一帯一路建設」の3つが互いに連結し相乗効果を生む"三位一体の産業政策"によって中国が経済発展に成功したとし、その成功のメカニズムを詳細な資料を使って説明している。

　続く第4章では、米中経済戦争が中国の「製造2025」戦略、一帯一路構想、および、通信・電子機器や金融分野における米中分離にどのような影響をもたらすかについて、中国の立場から論じている。

　「中国製造2025」について、米国は、先端技術産業への補助金に対する批判、先端技術分野における中国人技術者・研究者への監視・規制強化、中国

企業による対米投資への審査強化、米国製半導体製品の中国向け輸出禁止など、この政策への対抗措置を講じている。著者は、このような米国の動きに対して、産業補助金に対する米国による批判と制裁措置に対して中国が譲歩することはなく、先端技術の遮断と通信・情報産業における部品の禁輸に対して動じることもないであろうと予測している。

「一帯一路」構想については、米国による追加関税の影響もあり、中国の経常収支の黒字が急減する中で、近年、人民元の国際化推進方針に沿って、沿線国向けのドル建て投融資を極力抑え、融資ルールを厳格化して不良債権リスクを回避する、という軌道修正があった。その結果、一帯一路構想の進捗が遅れる可能性はあるものの、いずれもドル依存の脱却に繋がるため、中国の貿易黒字の規模が縮小しても、それ自体が一帯一路構想に及ぼす影響は、かなり限定的ではないかと予測している。

さらに、米中分離については、たとえそれが進展しても、中国による先端技術の自国開発やデジタル通貨の発行などの促進につながるため、分断は中国の米国依存を断ち切る契機となり得ると主張している。

近年でこそ一帯一路関連の事業が停滞しているものの、これまで中国による「一帯一路」圏への対外投資は急速に増加してきた。第5章では、対外投資が急成長した要因を、歴史的に形成された中国の投融資体制に求め、その構造的特徴を明らかにしたうえで、中国の対外投資の急増と一帯一路圏への投資の実態を考察し、中国経済に固有の特性に影響される中国対外進出の特徴、および今後の展望について考察している。

主な考察の結果は以下のように整理される。①短期間で急拡大を達成させた中国の対外投資は、地方セクターの投資拡大によるところが大きいが、2010年代に入ってから対外投資増加のスピードが速まる中、国有企業による対外進出は企業数では大幅にシェアを低下させたものの、金額ベースの対外投資でみると一定規模を維持している。②このような躍進をみせている中国の対外進出は、中央と地方の関係構造に規定される投融資の体制に関係する。財政支出や設備投資の大半を担う地方部門は産業発展にしても資金配分にしても類似する構造を持ち、各地域が同様の行動をとることによって、短

期間で対外投資の急成長をもたらした。③一帯一路も国内の地域開発と産業構造調整を結びつけるために提唱されたもので、この点については、各地の一帯一路関連事業計画と地方版シルクロード基金の設立を通じてその特徴を確認することができたとしている。

　次に、第Ⅲ部では、中国を中心としたアジアのGVCに組み込まれ、米国への輸出に多くを依存している韓国、タイ、ベトナムを事例に米中経済戦争の影響と今後の政策について検討し、米中以外の関係各国による政治経済的戦略について検討する。

　第6章では、米中貿易摩擦による韓国経済への影響について、国レベル、産業レベルで考察している。それによると、第1弾から第3弾までの追加関税賦課の輸出やGDPにおよぼす影響は、マイナスの影響ではあるが、さほど大きくない。米国の追加関税による中国から米国への輸出の減少を韓国からの輸出が代替する貿易転換効果も一時的なもので、長期的には、すでに中国企業によって垂直的サプライ・チェーンが構築されている構築されている東南アジア新興国からの輸出に取って代わられると予測する。

　貿易摩擦の影響を業種別にみると、影響が大きいのは自動車、化学、情報通信・家電産業であるが、情報通信産業への影響が最も大きく、2019年度の貿易黒字は中国、ベトナム、米国への輸出が減少したため前年度と比較して40％減少しており、すでに、半導体などの従来の主力製品から他の製品の生産への投資を開始した企業も現れているという。

　そして、最後に、米中貿易摩擦の韓国経済全体への影響は軽微であるものの、それがもたらす世界経済のブロック化、通商政策の保護主義化は避けねばならず、そのためにも、韓国と日本の協力が不可欠であると結んでいる。

　第7章では、製造業のセンサス・データを用いてタイ製造業の生産構造の特徴を概観したうえで、個別企業の生産効率性の測定結果を用いて、規模が大きく空間的に有利な立地をしている企業は非常に効率的であるという分析結果を示す。そして、タイの製造業がGVCに浸透してゆくためには国際競争力を強化する必要があるが、そのためには、規模の拡大と立地面での優位性を確保せねばならないとする。

　さらに、中国主導の GVC に組み込まれたタイ国が、経済成長の促進を目的にインフラ投資のための資金援助や技術開発支援を中国から受ければ、米国から制裁を受ける可能性があるため、超大国との関係のバランスを取りながら経済を運営してゆかざるをえないと予測している。

　具体的な対策として、タイ経済浮揚のためには RCEP の締結が効果的であるが、インド抜きの交渉締結には米国による報復が予想されるので、かろうじて受け入れ可能な戦略としては米国が競争力を維持している AI、IT、金融商品の分野の市場を開放することが現実的であると結論づけている。

　第 8 章では、米中貿易戦争にともなう中国からのベトナム国への生産移管に焦点を当て、中国リスク、移管先としてベトナムが選好される理由、および、生産移管の現状について説明している。

　それによると、米中戦争以前から、直接投資企業は中国リスク（国家管理と情報統制、知的財産権保護の問題、安全保障問題など）への懸念から生産の分散を行ってきたが、このような生産分散の受け皿として、賃金が安く、サプライ・チェーン構築が容易で、東アジアと親和性がある儒教的労働倫理観を共有し、多くの自由貿易協定に参加しているベトナムが選好されてきたという。

　そして、貿易統計を用い、中国からベトナムへの生産移管は、衣料・履物などの縫製業、通信機器、集積回路、コンピューター、電子部品などの分野で起こりつつあるが、電子部品を除き、労働集約的産業における最終消費財が多いことを示している。

　筆者は、工業生産に必要な部品や原材料生産の多くで依然として中国が競争力を有していると考えており、米国一国による制裁関税によって中国の工業生産力を中国以外の国に移転させることは困難であるとする。そして、最終消費財（衣類や履物）生産に必要な生地や資材といった材料のベトナム生産を拡充していけるか、軽機械産業における素材加工や電子部品生産といった設備集約型産業の一層の拡充ができるかが、ベトナムにとっての課題であると述べている。

　ベトナムにおける部品、原材料生産分野の競争力が弱いのはなぜであろう

か。第9章では、その根本的要因が、ベトナム製造業の特殊な経済構造（外資系、民族資本系、国有企業から構成される）の下で、輸出向け加工生産を行う企業と部品、材料を生産し裾野産業となるべき国内民間企業が発展していないことにあるとする。とくに、外資系企業の多くは情報・通信分野で輸出志向型加工生産を行っているが、部品、材料は海外から多くを輸入しており、民族資本系民間企業とのリンケージが弱く、部品、材料を生産する民間企業は脆弱で裾野産業が育っていない点が問題であると指摘する。

　そして、ベトナムが、将来、アジア地域のサプライ・チェーンやGVCに参加し雁行形態型生産移管の受け皿になるには、外資系企業と現地企業とのリンケージを強化し現地企業の技術力を高めることが必要であると結論づける。

　最後の第IV部は、今後の日本を考える4章である。

　第10章では、日本経済、日系企業への影響に関する議論を整理する。そこでは、まず、米中両国による追加関税実施による短期的な日本経済への影響、あるいは、さらに追加関税が実施された場合の影響についての諸見解を整理したうえで、米中による追加関税が中国、米国、東南アジアに進出している日系企業におよぼす影響に関して考察する。また、米中による最先端技術覇権争いの下で、最先端技術分野における優位性の維持と国家安全保障を目的として米国政府が実施する対米投資と対米輸出管理の規制強化が及ぼす日系企業への影響についても検討される。そして、米中間の貿易戦争や先端技術の覇権争いは、米国、中国、東南アジアなどに進出する日系企業や日本国内の経済活動、および、日本全体の経済成長に、直接間接を問わずマイナスの影響を与える可能性があることを明らかにしている。

　さらに、米中の経済戦争、軍事・技術面での覇権争いの狭間にある日本は、軍事面、金融面で大きく米国に依存している一方、経済的にはGVCによる生産活動の核である中国への依存度が高い。コロナ後において米中覇権争いが激化し、さらなる追加関税の発動、輸出管理規制の強化、対米投資規制の強化などが実施されてゆけば、GVCの一部分断が進み、日系企業も少なからぬ影響を受ける可能性は否定できず、日本政府も企業も覇権争いの行

x

方を見極めながら慎重に対応してゆく必要性があると結論づけている。

　コロナ禍において、米国は、ますます、中国への批判を強めているようであるが、その手段として、情報通信や電子商取引分野における中国企業を念頭に置いた貿易・投資面での規制強化を進めている。

　第11章では、とりわけ、経済や安全保障分野で影響が大きい第5世代移動通信システム（以下、5Gと略称する）の開発と5Gをめぐる米中の覇権争いに焦点を当て、日本への影響と対応策について解説している。

　まず、5Gの技術開発をリードするファーウェイ（華為技術有限公司 Huawei Technologies Co., Ltd）など中国企業を排除するための具体的施策について説明したうえで、これに追随する日本をはじめ他国の状況も紹介している。

　つぎに、5Gの技術においてファーウェイがどのような点に技術的優位を持っているのかを明らかにし、米国が、なぜ情報通信分野において中国企業を排除しようとするのかについて、安全保障上の問題という観点から説明している。

　そして最後に、米中覇権争いの中で、5Gの普及によって拡大するであろうサイバー空間の分断を避けるためには、安全保障の国際的ルール作りが不可欠で、両国と密接なかかわりを持つ日本がサイバー空間における国際協調体制の構築に向けて主導的役割を果たすことが期待されると結んでいる。

　米中経済戦争下で日本が採るべき通商戦略については様々な選択肢が考えられる。

　第12章、第13章では、民主主義、自由主義の立場から国際協調を推進するという方向、および、米国による保護主義的通商政策から距離を置き中国の戦略に協力してゆくという方向の2つの立場から、今後の通商戦略の在り方について考察する。

　米中経済戦争によるアジアの生産ネットワークの分離は、関係各国にとって大きな損失をもたらすと予想される。これを回避するために地域経済統合を拡大し、米中両大国を巻き込んでゆくという戦略は、それが実現できれば経済活動の停滞を阻止するための有効な手段となろう。

　第12章では、地域経済統合による自由主義的国際経済秩序の拡張という

戦略に着目し、環太平洋パートナーシップに関する包括的及び先進的な協定
（CPTPP）と、インドを含む 16 か国による東アジア地域包括的連携（RCEP）
協定を取り上げ、これらの地域経済統合進展の可能性について考察している。

　CPTPP は、米国が再加入するという条件が満たされれば、参加国が大幅
に増加する可能性があり、中国が RCEP の交渉を加速させようとする誘因
を生むであろう。しかし、トランプ政権が継続する限り米国が CPTPP に参
加する可能性は低い。米国が米国第一主義にもとづく保護貿易主義的な政策
の実施にこだわるとともに、インドが交渉合意に消極的で、AEASN＋6 の
枠組みでの RCEP 締結が困難である場合には、中国が「一帯一路」戦略を
引き継いだ「一帯一路 FTA」経済圏の構築に向けて積極的に動き出す可能
性もあると論じている。

　また、RCEP が、CPTPP 水準の厳格な規律を含んだ協定として締結され
れば、WTO のような多国間貿易協定を促進する可能性は大きいが、これ
も、中国やインドの出方次第であり、日本は自由主義的国際経済秩序を維持
するために地域経済統合を拡張するために主導的役割を担うことが期待され
ると結んでいる。

　RCEP 協定締結に消極的なインドを含めた合意の可能性についてはインド
の対応が鍵を握る。

　第 12 章の補論では、RCEP 加入による貿易や投資の自由化に対して、イ
ンドが慎重にならざるを得ない理由について解説している。

　インドが RCEP 締結に慎重姿勢を示す理由としては、まず、所得水準の
低い中所得国であり、産業の競争力が依然として弱く、多くの貧困人口を抱
えている中で、民主主義的政治体制の下で産業や農業を保護し雇用の確保と
貧困削減を図る必要があるという構造的問題がある。また、2019 年 11 月の
交渉の最終局面で離脱を示唆した背景には、最近における景気の減速や
2019 年 10 月末に実施された州議会選挙での政権与党の不振などを考慮し、
モディ政権が雇用や貧困対策にも配慮せざるを得ないという事情も影響して
いると推測される。

　以上のような要因を背景に、インドはRCEP協定の交渉において、物品
およびサービス貿易の自由化、原産地規則、ITサービスの貿易と労働者の
移動の自由化、知的財産権保護の問題電子商取引にかかわるルール作りなど
の分野での合意に消極的であったのだと推論している。そして、今後、経済
成長率が再び上昇し、モディ政権への支持率が回復すれば、インドがRCEP
協定に参加し協定締結に合意する可能性があるという見通しを述べている。

　第13章では、米中経済戦争の行方が見通せない状況のもとで、今後も成
長が予想される中国との経済協力という選択肢に焦点を当て、日本のたどる
べき道について論じている。

　中国だけでは「一帯一路建設」のために必要なインフラ建設の資金を賄い
きれない。一方、先端分野の技術開発において米中の後塵を拝する日本は、
中国に隣接する絶好の地理的な位置にあり、これを経済成長のチャンスにで
きる。今後、中国と協力しインフラ建設の資金提供、貿易、投資、ODA、
地域統合の4つを組み合わせた一帯一路圏内の国々への国際協力が、日本の
成長戦略となり得るとし、次のような具体的提案を行っている。①日本企業
が「外資」として上海や広州などの自由貿易試験区に入居し、そこに中国と
共同してイノベーションを起こす。②一帯一路建設の「連結性」強化のため
のインフラ事業に対して資金と日本独自の技術を投入し利益機会を見出す。
③ローエンド製造業が中国から一帯一路参加国へ産業「集積」を移す場合
に、政府開発援助などを通して日中が協力し、一帯一路参加国でのインフラ
投資などの機会を見出す。

　そして、以上のような「産業集積の移転」と「グローバル・バリュー
チェーンの形成」への日本の協力・参加は、日中双方にとって、また、世界
全体にとってもプラスとなる可能性があると結論づけている。

　本書は、大阪産業大学・経済学部のアジア共同体研究センターが2019年
度に主催した国際シンポジウム『米中経済戦争の行方と東アジア経済への影
響』における成果を、その際の議論を踏まえて拡張したものである。米中経
済戦争が日本をはじめアジア諸国に与える影響について予測するとともに、

今後の国際経済秩序の在り方について、様々な当事国の視点から考察している。

　本書の執筆に当たっては、編集者が個々の執筆者の見解を尊重し調整することはしていない。共通テーマにそって、各々が与えられた課題について自由な発想で執筆している。

　出版を企画した段階では新型コロナウイルスの感染拡大という事態を予測できなかったため、コロナ禍が米中経済戦争にどのような影響をおよぼすかについては検討できなかった。この問題は、次の検討課題としたい。

　本書の基礎となった国際シンポジウムの開催に当たっては、大阪産業大学経済学部の教職員の皆様、とくに、李昌訓、加藤道也、喜多見洋、横山直子の各氏には、大変、お世話になった。また、本書の出版に当たり、大阪産業大学学会および、経済学部・経済学研究科より出版助成を受けている。そして、本書を出版するに当たって、農林統計協会の山本博氏には、本書の企画、校正、完成に至るまで、忍耐強く、お世話いただいた。最後になったが、以上の方々に、この場をお借りし心からの謝意を表したい。

　先に述べたように、世界はコロナ後の世界に目を向け始めている。本書が、コロナ後の世界経済を考えるうえで、少しでも社会に貢献できればそれに優る喜びはない。

　2020 年 8 月吉日

　　　　　　　　　　　　　　　　　　　　　　　　富澤拓志

目　　次

第Ⅰ部　米中経済戦争—その経緯—

第1章　米国における米中経済戦争の背景と
　　　　　今後の行方

三浦秀之

はじめに

　2017年1月20日、米国の第45代大統領に就任したドナルド・トランプ大統領は、就任演説で「米国第一」を繰り返し、経済政策と外交政策の抜本的転換を訴えた（White House、2017a）。就任直後、トランプ大統領は、環太平洋経済連携協定（TPP）から撤退することを表明するとともに、今後の貿易交渉は2国間交渉に軸足を移すよう米国通商代表部（USTR）に指示した（White House、2017b）。しかし、トランプ政権1年目は政策過程の多くを税制改革など通商政策以外の項目に時間を費やし、結果的に通商政策における成果といえるものはTPPからの離脱くらいであった。実際、強硬な対応を公約に掲げていた対中通商政策はトーンダウンし、むしろ日本への強硬な発言が目立つようになった。このため、トランプ政権の通商戦略は一貫していないとの見方が支配的であった。他方、2018年以降、米国の通商政策は大きく変化を遂げた。1962年通商拡大法第232条に基づく国家安全保障への脅威を理由とした鉄鋼・アルミ製品への追加関税賦課、北米自由貿易協定（NAFTA）の見直し交渉を経て合意したNAFTA新協定（USMCA）の署名、中国による知的財産権侵害等を理由にした米国の1974年通商法第301条に基づく対中制裁措置など、保護主義的な通商政策を矢継ぎ早に実行した。特に、2018年3月、米国の通商法301条に基づく対中制裁措置の発動が発表されたことをきっかけに、米中貿易摩擦はエスカレートし、その後の両国に

よる関税引き上げ合戦に象徴されるように、貿易戦争の域に達している。

　これまでの米国の政権は、米中関係をめぐり問題を抱えながらも経済的関係ではあくまで「関与」を重んじる通商政策を選択してきた。しかし、トランプ政権率いる米国は、貿易赤字の縮小のみならず、米中の技術をめぐる覇権争いを懸念し、産業政策である「中国製造2025」の撤廃などまで踏み込んでおり、対中政策を「関与」から「封じ込め」さえ彷彿させる「牽制」に転換したと考えられる。結果的に、政権3年目を迎え、不明瞭であったトランプ政権の通商政策は、「中国の不公正貿易慣行を、各国・地域と米国が連携を通じて牽制すること」に収斂されてきた[1]。後述する2017年「国家安全保障戦略」の中でも経済分野において米国は、先進民主主義国家および他の同志諸国と連携しながら経済的侵略に対抗すると述べられている（White House、2017c）。このことから、トランプ政権の通商政策は先進諸国に対しても強い態度で接しているが、これらの国々と中国を分別しているものと考えられる。

　このような米国の通商政策の変容はいかなる政策過程を経て形成されているのであろうか。米国の政策過程において、大統領が掲げる政策やイデオロギーが重要な要因であるが、同時に、米国で大統領が政権を維持し運営するにあたり常に焦点となるのは官僚制のあり方とその行動である。大統領が官僚制または個々の官僚に対して求めるものは、専門知識や経験、自らの掲げる政策やイデオロギーへの支持、各種調整能力など多岐にわたる（山岸・西川、2016年）。官僚に求められる機能は専門性と応答性であり、後者については、官僚制が大統領や政権の意思を的確に捉え、行動する能力であり、主に政治任用職や直属機関の拡充などによって高められる（菅原、2015）。本稿では、トランプ政権発足以降、米国の通商政策がいかなる変化を遂げたのか、その要因として政策過程に関わるアクターに着目し、トランプ大統領を取り巻くアクターが対中協調派から対中強硬派に変わったことが対中通商政策の形成に大きな影響を及ぼしていると論じる。

第1節　冷戦後の中国をめぐる米国通商政策の変遷（クリントン政権からオバマ政権）

　米国にとって中国は最も重要な貿易相手国の1つであるが、米中経済関係が米国で大きな問題となるのは冷戦崩壊後である。冷戦下での米国の対中政策は安全保障問題を重視して展開され、通商政策はそれに従うものであった。しかし冷戦後、米国はブッシュ・シニア政権からオバマ政権まで一貫性をもって、台頭する中国に対して関与と牽制の両面政策を遂行してきた（島村、2018）。こうした関与と牽制を組み合わせた戦略では、通商政策ないし国際経済外交において次のような政策目標があった。米国は、中国に既存のリベラルな国際経済秩序に挑戦させるのではなく、それを強化することに利益があることを中国に理解させることで、国際経済秩序に中国を組み込もうとしてきた。すなわち、経済的関係では中国を牽制するのではなく、中国に関与することで、中国を国際経済秩序に関与させようと考えたのである。まず本節では、冷戦後の歴代政権の対中通商政策を概観し、次節でトランプ政権における通商政策の変化をみる。

(1)　クリントン政権の対中通商政策

　1992年の大統領選挙キャンペーン中、民主党のビル・クリントンは、ブッシュ・シニア政権の対中関与政策を一貫して批判し、また当選後も中国の人権問題などに対して批判的な姿勢を示していたが、朝鮮半島危機を契機に、クリントン政権における対中政策は関与政策に転換し、米中関係を「戦略的パートナー」と位置づけ蜜月な米中関係を演じた（大橋、1998）。通商政策をめぐっては、中国に対しWTOのルールに合致するよう自国の制度や法体系を整備させてから加盟を認めるのか、それとも先に加盟を承認してメンバーに取り込んでから国内制度改変とWTOルール遵守を履行させるべく圧力を加えるべきかの選択をめぐる議論であった。前者の制度整備先行を主張する支持勢力が牽制政策を重んじる一方で、加盟先行論は関与政策を支持する立場であった。クリントン政権は結果的に関与政策を選択したことになる。対中牽制政策から対中関与政策に転化したクリントン政権の狙いは、経済優先

の立場から米国の資本や技術を利用しようとする中国を、WTO に組み入れることで、自らの価値観に取り込もうとしたのである（三船、2001）。WTO 協定が、加盟国の交渉によりルールを定めてそのルールと共存することを確保することを前提としているため、中国が WTO に加盟すると、貿易上の利益を得るだけでなく、米国が主導する国際経済秩序に取り込まれるとのことから関与政策を採ったと考えられる。

(2) ブッシュ・ジュニア政権における対中通商政策

　クリントン政権が中国を「戦略的パートナー」と呼んだのに対して、ブッシュ・ジュニアは大統領選挙中に「戦略的競争相手」と定義し直した（Rice、2000）。しかし、「9.11 事件」を契機にブッシュ・ジュニア政権の最優先課題は対テロ作戦に移され、米中関係も次第に改善された。ブッシュ・ジュニア政権の 2 期目は中国経済が急拡大した時期と重なり、「中国脅威論」が盛んに議論された時期でもあったが、対テロ作戦、北朝鮮問題などの中国の協力を必要とするブッシュ政権は中国を「利害関係者」と定義し、「責任ある利害関係者」になるよう中国への関与政策を取ってきた（Zoellick、2005）。ブッシュ・ジュニア政権は、中国が「競争相手国」だからといって中国市場のビジネス機会およびこれに対する国内経済界の期待を無視するわけにはいかなかった（木内、2002）。結果的に、ブッシュ・ジュニア政権の対中政策はしばしば、コンゲージメント（congagement）政策を取ったといわれる。containment（封じ込め）と engagement（関与）を組み合わせた造語である（Khalilzad、2009）。安全保障分野では中国を牽制して封じ込めつつ、経済的には中国の発展に積極的に関与していくという外交方針である。結果的に、ブッシュ・ジュニア政権は中国脅威論を感じつつも、経済・通商政策としては基本的に関与政策を維持したといえる。

(3) オバマ政権における対中通商政策

　バラク・オバマ政権発足当初、急拡大する中国の経済力や国際関係における発言力の拡大に伴って二国間の関係としては米中関係が重要だとする認識

が米国内で高まり、米国と中国が対等のパートナーとして国際的責任を果たすべきだとする、いわゆる G2 論に基づく対中政策が専門家によって論じられるようになった（Bergsten、2009）。こうした中で 2009 年 7 月に開催されたオバマ政権発足後の初の米中戦略協議メカニズムである「米中戦略・経済対話」において、オバマ大統領は、「米中関係は 21 世紀の形を決める」と述べた（Department of State、2009）。

　しかし 2010 年頃になると、中国がしばしば強硬な方針を示すようになり、米国もより強い態度で中国を牽制する場面が増え対中政策を転換した。オバマ政権は、2011 年 11 月頃から、アジアへの「ピボット（旋回）」ないし「アジア太平洋地域に重心を置いてバランスをとる」と言及するようになり、アジア太平洋地域への米国の関与する姿勢を鮮明に打ち出した（White House、2011）。そして、アジア太平洋地域における外交上の関与を実現する手段として TPP が役割を担った（ソリース、2013）。

　中国の WTO 加盟以降、中国の知的財産権侵害や強制技術移転など中国の国家資本主義に起因する慣行に対して WTO など既存の世界の枠組みでは解決できず限界にあることが浮き彫りになってきた。こうした中で、オバマ政権では貿易救済措置の拡大や世界貿易機関（WTO）の活用、そして TPP を通じて抜本的そして中長期的にこれら課題の解決を図ろうとした。米国は、高水準の貿易自由化かつ広範な分野で進められている TPP を「21 世紀型」と表現し、TPP を通じて、アジア太平洋地域における新たな貿易ルールづくりを展開しようとした。中国のような国家主導的な経済運営が各国の支持を集めることを憂慮した米国は、TPP による中国包囲網を形成し、最終的に投資や知的財産権、政府調達などで問題の多い中国にルール順守を迫る狙いがあった（馬田、2012）。米国主導で高度な貿易投資の枠組みを構築し、中国が将来的にこの枠組みに入ることを希望した際に不公正貿易慣行を中国が自発的に改革することを促す関与と牽制政策を推し進めたといえる。米国は、TPP における貿易ルールづくりを主導することで域内における通商秩序構築に関与するとともに、戦略的ポジションを確保することで、中国の政治的行動を牽制することを標榜していた（三浦、2017）。結果的に、オバマ政

権の通商政策をめぐる対中政策は、短期的には牽制政策であるが、中長期的には TPP を通じて国際経済秩序に関与させることを目標としていた。直接的ではないが、経済的関係をめぐる対中牽制の芽は、実はオバマ政権期に生じていたと考えられる。

第2節　トランプ政権における対中通商政策

　前述のように、冷戦後の米国歴代政権は、中国に既存のリベラルな国際経済秩序に挑戦させるのではなく、それを強化することに利益があることを中国に理解させることで、国際経済秩序に中国を組み込もうとしてきた。経済的に中国を「牽制」するのではなく、中国に「関与」することで、中国を国際経済秩序に「関与」させようと考えたのである。他方で、トランプ政権では、この方向性が大きく転換した。すなわちトランプ政権は、通商政策をめぐる対中政策において「関与」を断ち、「牽制」を志向していると考えられる。

　トランプ政権が誕生し、対中強硬姿勢はしばらく平静を保っていたが[2]、2017 年 12 月 18 日に外交と安全保障政策の戦略的な指針となる「国家安全保障戦略」が発表され、トランプ政権の対中外交政策が如実になった（White House、2017c）。同文書のなかで、中国を、米国と第二次世界大戦後の国際秩序に挑む「現状変革勢力」あるいは「米国の戦略的な競争国」と位置付け、軍事力と経済力を背景に強硬姿勢を示していると論じている。同文書の中で特に、「歴代政権が、中国を第二次世界大戦後の国際秩序に組み入れれば中国を自由主義化できると信じて政策を進めてきた」と指摘したうえで、「期待とは逆に、中国は他国の主権を犠牲に勢力を膨張させた」と論じ、「中国を国際社会に取り込む」努力を続けてきたこれまでの外交姿勢を大きく転換させる必要性を説いた。同様の時期に、オバマ政権において国務省でアジア外交を担ったカート・キャンベルとイーライ・ラトナーも、「中国がやがて国際社会にとって望ましい存在になるという前提を捨て去ることが必要だ」「あらゆる立場からの政策論争が間違っていた。中国が段階的に開放へと向かっていくことを必然とみなした自由貿易論者や金融家、国際コミュニ

ティへのさらなる統合によって北京の野望も穏健化すると主張した統合論
者、そして米国のゆるぎない優位によって中国のパワーも想定的に弱体化す
ると信じたタカ派など、あらゆる立場からの全ての主張が間違っていた」と
論じている（Campbell and Ratner、2018）。オバマ政権期の元高官が自ら行っ
てきた政策を自省するかのような論調は異例であり、民主党と共和党の党派
を超えて中国に対する戦略が誤っていたと考える論調が米国内で蔓延したと
考えられる。また「国家安全保障戦略」では、経済的文脈における米国の利
益について貿易上の公正で互恵的な関係と定義し、それは平等な条件下での
市場アクセスと経済成長のための機会均等と論じる（White House、2017c）。
ここで重要となるのが、価値を共有し公正で互恵的な関係を築いた同志諸国
との経済的競争は健全であり、貿易不均衡が生じている分野で特に競争に力
を入れ、知的財産権、電子商取引、農業、労働、環境といった分野で高水準
に達する二国間の貿易・投資協定を希求すると説明する一方で、不公正な優
位を得るためにルールを侵害する国に対しては、強制行動を追求すると主張
していることである。ルールを侵害する国は中国を念頭に置いているものと
考えられる。

　米国通商代表部（USTR）は、2018年1月19日に中国とロシアのWTO
のコンプライアンスに関する2017年年次報告書を公表した（USTR、
2018a）。そのなかでUSTRは中国のWTOルール遵守状況を考察し、中国で
開かれた市場志向型の貿易体制の導入が進んでいないことを言及し、「米国
が中国のWTO加盟を支持したことは明らかに誤りだった」とするととも
に、「WTOルールが市場を歪める中国の行為を抑制するには十分でないこ
とは明らかだ」と指摘している。USTRは議会に提出する年次報告書で長
年、中国の不公正な貿易慣習を非難してきたが、トランプ政権下で初めてと
なる報告書で中国に対してこれまで以上に強硬な姿勢を示したといえる。ま
た2018年2月28日にUSTRは「2018年通商政策課題」を公表し、第1に
国家安全保障を支える通商政策、第2に米国経済の強化、第3に全ての米国
人にとって役立つ通商協定の交渉、第4に米国通商法のアグレッシブな執
行、第5に多国間通商システムの改革の5点を柱とする課題を示した

（USTR、2018b）[3]。これらを具現化するかのように、2018年に入り、米国は次々と中国に対して強硬姿勢を打ち出した。

　2018年3月8日、中国を狙ったと考えられる、米国による1962年通商拡大法第232条に基づく国家安全保障への脅威を理由とした鉄鋼・アルミ製品への追加関税を課すことを公表した（White House、2018a）。そして3月22日に、米国は中国による知的財産権侵害等を理由にした米国の1974年通商法第301条に基づく対中制裁として中国から輸入する品目の500億ドル分に25％の追加関税を課すことを決定した。対中制裁発動に併せて、USTRは制裁の目的などを記した調査報告書を公表し、中国は、4点の方策を駆使し、米国の知的財産権を侵害していると報告した（USTR、2018c）。第1は、米国を含む外資は中国進出時、合弁を強要され、合弁中国企業への先端技術移転を強制される。第2は、中国は、米企業の中国企業への技術供与契約に干渉し、米企業に最新技術の提供、製造物責任など、不利な条件を強要している。第3に、中国は、中国企業に、対米投資を通じ、「中国製造2025」に規定する戦略重点産業の先端技術を獲得するよう指導し、多額の資金援助をしている。第4に、サイバーを通じて技術・情報を盗取するが、それは、知的財産、企業秘密、さらに、軍事近代化情報に及ぶとした。また同報告書のなかで、「中国製造2025」の目的は、中国が2025年に製造強国になることを実現し、2050年に世界のトップを目指すために、国産技術を育成し、国内生産の比率を高め、世界の先端技術でもそのシェアを高め、リーダーとなる意向だと論じられ、中国のこのような産業政策は、米国の知的財産権の激しい侵害であり、米国として認められないと主張している。

　こうした問題を解決するため2018年4月以降、米国側がスティーブン・ムニューシン財務長官、中国側が劉鶴副首相を代表として米中両国で4回にわたる貿易協議が行われた。当初の意図としては、すぐに制裁関税を発動するということではなく、中国が譲歩すれば、発動を手控えるつもりであったと考えられる。しかし、これら米中協議は全て不調に終わった。特に5月20日に協議を担当していたムニューシン財務長官が「貿易戦争を当面保留する」と明言し中国製品に高関税を課す制裁を棚上げする姿勢を示したが、

その後、トランプ大統領がそれと矛盾するかのように強硬姿勢を示したことから、米中協議は完全に破綻した（Bloomberg、20 June 2018）[4]。

　貿易協議中も、ホワイトハウスは6月19日に「米国と世界の技術・知的財産を脅かす中国の経済侵略」と題した報告書を発表している。（White House、2018b）。そこでは、中国の貿易慣行を批判し、中国政府が組織的な「経済侵略」作戦を展開していると指摘した。報告書の発表は、トランプ大統領が中国製品に対する追加関税をさらに拡大する方針を発表した翌日であり、一連の制裁措置を正当化するためのものであると言われていた。本報告書は、ピーター・ナヴァロ大統領補佐官が中心となってまとめたもので、「ナヴァロ・ペーパー」とも呼ばれる（Wall Street Journal、June 19 2018）。

　貿易協議では問題は解決されず、結果的に、中国にターゲットを絞った追加関税を発動した。その第1弾として340億ドル分（自動車、産業用ロボット、医療機器などが対象）に対する追加関税が2018年7月6日から課され、8月23日には第2弾として160億ドル分（半導体関連や電子部品、プラスチック製品、産業機械などが対象）に対して追加関税が課された。さらに、第3弾として、9月24日から2,000億ドル分（家電製品、革製品、野菜、果物などが対象）に対して10％の追加関税が課された。

　これと並行し、米国は8月13日に知的所有権侵害で中国をWTOに提訴すると共に、国家安全保障の見地から、先端技術の中国移転を阻止すべく「外国人投資リスク投資審査現代化法（FIRRMA）」と「2018輸出規制改革法（ECRA）」を2019年度国防授権法（NDAA）に盛り込む形で成立させ、中国企業の対米投資、米企業の中国投資への制約を高めた。FIRRMAの成立は、特に中国企業の対米投資に関し、国防総省と情報機関の発言権が強化されたことを意味する。2019年度国防授権法は上下両院が共和・民主両党の圧倒的支持という超党派の賛成を得て可決し、トランプ大統領が署名し成立した。中国の通信大手の華為技術（ファーウェイ）と中興通訊（ZTE）、杭州海康威視数字技術、浙江大華技術、海能達通信の計5社との取引禁止が明確化され、中国企業による米企業への投資を抑制するために対米外国投資委員会（CFIUS）の権限が強化された。CFIUSの強化と輸出規制改革法による米

企業投資への制約強化により、中国の米国投資も、米国の中国投資も、国家安全保障の見地からの規制が強化されることとなった。

　このように米国は、対中貿易赤字の削減だけではなく、中国の産業政策「中国製造2025」の撤回など厳しい要求をした。これに対応する形で中国も米国製品購入増、米国が問題視する知的財産制度の充実などにある程度の譲歩を米国に示してきたが、両国の交渉は膠着状態にあった。この様子を最も示す出来事が、2018年10月4日、ハドソン研究所中国戦略センターで行われたペンス副大統領による演説である（White House、2018c）。同センターはマイケル・ピルズベリーが所長を務めており、ピルズベリーは「パンダ・ハガー（親中派）」として知られていたが、「中国共産党の100年マラソン」を記し、「将来、米国を経済的・軍事的に凌駕し、米国に代わって覇権国となり、あわよくば全世界を植民地化する」と論じ「ドラゴン・スレーヤー（反中派）」へ転向したと言われている（Pillsbury、2016）。ペンス副大統領は演説で「中国は挑発的な方法で私たちの国内政策と政治に介入している」として、中国の貿易・投資不公正行為、知的財産権盗用、国家資本主義の不公正行為、ハッキングとスパイ行為、一帯一路による外交などを非難した。この演説を受けてウォルター・ラッセル・ミードは「1971年のキッシンジャー訪中以来の米中関係の大転換である。第二次冷戦が始まった」と論じている（Wall Street Journal、October 8 2018）。またフレッド・ザガリアも同演説について「中国を敵とする米国の戦略上の重大な転換」と述べたうえで、「われわれは今や中国との新冷戦に突入した」と言及している（Washington Post、October 11 2018）。田中明彦も「現在の米中対立は、単なる貿易戦争ではなく、似ている現象を探すとすれば、米ソ冷戦に匹敵する」と論じている。（田中、2018年）。

　ペンス副大統領が演説した翌日、ラリー・クドローNEC委員長は、「中国と対抗するための通商有志連合（trade coalition of the willing to confront China）」の構築の必要性を訴えた（The New York Times、October 6 2018）。「米国・メキシコ・カナダ協定（USMCA）」に非市場経済国とFTAを結ぶことを禁止する条項が盛り込まれたが、ここには「対中通商有志連合」構築の意

味合いがあると考えられる。

　こうした中、2018年11月1日、トランプ大統領は習近平主席と電話会談を行い、G20の機会に会談する意向を確認した。11月16日には、トランプ大統領は、中国から142項目にわたる行動計画を受け取ったと表明し一定の評価をしつつも、未解決の課題が4、5項目あり「まだ受け入れられない」と中国に再回答を求めた（『日本経済新聞』、2018年11月17日）。しかし、2018年11月18日にパプアニューギニアで開催されたアジア太平洋経済協力会議（APEC）首脳会議ではトランプ大統領の代役を務めたペンス副大統領が「中国が態度を改めるまで米国は行動を変えない」と論じ、徹底した対中強硬論を展開した（『日本経済新聞』、2018年11月17日）。互いに相手の政策を非難する文言を盛り込もうとした米中の対立により、APEC首脳会議が始まった1993年以来初めて首脳宣言が出せない事態に陥った。2018年12月1日、ブエノスアイレスで開かれたG20の機会での米中首脳会談では、トランプ大統領と習主席は、制裁関税の引き上げを2019年3月1日まで90日延期し、知財問題等協議の枠組み創設などに合意し、貿易協議を再開させた。なおこの頃、貿易協議の統括責任者が、対中協調派のムニューシン財務長官から、対中強硬派のライトハイザーUSTR代表に交代し、同時にナヴァロ大統領補佐官も交渉に参加するようになった。米国側の代表を務めていたムニューシン財務長官など対中協調派は水面下で妥協策を探り大半の分野でまとまりを見せるなど一時は楽観論も流れたが、中国の国有企業などへの産業補助金および外資企業に対する技術の強制移転禁止などの取り扱いをめぐり対立が先鋭化した[5]。これらの内容は「中国製造2025」の扱いと大きく絡む内容である。

　トランプ政権は中国側の対応が後退したと認識を示すようになり、5月5日に、前年の第3弾追加関税において引き上げられた2,000億ドル相当の中国製品に関する関税を10％から25％に引き上げることを発表した。事態打開の途が見えない中、中国の劉鶴副首相はワシントンを訪問したが、米国政府は5月10日に関税率を25％に引き上げた。さらに、5月13日に、USTRは、中国からの輸入品全てに制裁関税を課す「第4弾」の詳細を公表した。

　また、5 月 15 日にトランプ大統領は、国際緊急経済権限法（IEEPA）に基づいて、「情報通信技術・サービスのサプライチェーンの安全確保に関する大統領令」を発布した。米国政府管轄下の個人・企業等が、外敵に関連する個人・企業等と、米国の情報通信ネットワークや重要インフラ、デジタル経済などにリスクをもたらす取引や、国家安全保障の観点から甘受しがたいリスクをもたらす取引に入ることを禁じ、これに関連する権限を商務長官に付与した。また、米商務省産業安全保障局（BIS）は 5 月 16 日に、ファーウェイと 26 ヵ国に展開する関連 68 社をいわゆるエンティティ・リストに追加し、輸出許可を原則として却下する方針を発表した[6]。これにより、ファーウェイは、米企業などから半導体等構成品を調達することができなくなった。

　米中貿易協議はその後一時途絶えたが、大阪で開催された G20 の最中に開かれた米中首脳会談において、トランプ大統領と習近平国家主席は貿易協議の再開で合意した。その後、ライトハイザー USTR 代表とムニューシン財務長官が劉鶴副首相と電話会談などを続け、7 月 30 日から上海で閣僚級通商協議が久しぶりに開催され「協議は建設的で次回の閣僚級貿易協議は 9 月上旬にワシントンで開催される」とされたものの（White House、2019）、8 月 1 日にトランプ大統領は突如中国からの輸入品 3,000 億ドル相当に 9 月 1 日から 10 ％の追加関税を付加すると発表した。8 月 13 日になり米国は一部輸入品への追加関税発動を 12 月 15 日まで延期するとしたものの、中国が 8 月 23 日に報復措置として米国からの輸入品 750 億ドル相当への追加関税を発表したため、トランプ大統領は同日に対抗措置として、中国からの輸入品 2,500 億ドル相当への現行追加関税率 25 ％を 10 月 1 日から 30 ％へ引き上げることと、今後発動する輸入品 3,000 億ドル相当への追加関税率を 10 ％ではなく、15 ％へ引き上げることを発表した。

　米中間の争いは貿易のみならず為替市場へも波及した。8 月 5 日に、米財務省が中国を為替操作国に指定した。従来からトランプ大統領はツイッターで中国の「為替操作」を強く非難してきており、5 日に人民元レートが対ドルで 7.0 元のラインを超えたことがきっかけになった。ムニューシン財務長

官も「中国は通貨切り下げのための具体的な措置を取った。人民元の切り下げの目的は、国際貿易で不公正な競争優位を得るためだ」と中国を非難した（U.S. Department of the Treasury、2019）。

　8 月 23 日に中国の国務院が、9 月 1 日と 12 月 15 日に分けて、合計約 750 億ドル相当、5,078 品目の米国製品に 5%、10% の追加関税を課すことを発表した。また、追加関税の適用を見合わせていた米国からの輸入完成車・部品について、12 月 15 日以降は適用を再開することも決定した。第 4 弾追加関税に対する報復措置とみられた。これを受けて、トランプ大統領は報復措置として、自身のツイッターを通じて、10 月 1 日以降すでに発動した第 1 弾から第 3 弾を合わせて約 2,500 億ドル分の中国の輸入品に課す税率を 25% から 30% に引き上げると発表した。さらに約 3,000 億ドルの中国製品が課税対象になる「第 4 弾」の税率については、当初の 10% から 15% に引き上げると表明した。それに加えて、トランプ大統領は、「米国企業は中国の代替を探すことを直ちに始めるべきである」と発言し、米国企業に対し中国から事業を撤退させ、米国内での生産を拡大するよう要求した（『日本経済新聞』2019 年 8 月 24 日）。そして、ついに米国は 9 月 1 日、予定通り対中制裁関税第 4 弾を発動した。これにより、同日から 1,100 億ドル分の中国製品に 15% の追加関税が課されることになった。ただし、経済的な影響を考慮しスマー

表 1-1　米中経済戦争による追加関税と平均関税率の変化

追加関税回数		第 1 弾	第 2 弾	第 3 弾 1.0		第 3 弾 2.0	第 4 弾 1.0	第 4 弾 1.0 追加関税 引下げ
米国対中の 追加関税	対象商品 金額規模	340 億 ドル	160 億 ドル	2,000 ドル	休戦・ 協議	2,000 億 ドル	1,200 億 ドル	1,200 億 ドル
	追加 関税率	25%	25%	10%		10 % ⇒ 15 %	15%	15 % ⇒ 7.5 %
中国対米の 追加関税	対象商品 金額規模	340 億 ドル	160 億 ドル	600 億 ドル		600 億 ドル	750 億 ドル	
	追加 関税率	25%	25%	5、10 %		5、10、 15、25 %	10、15 %	

出所：ピーターソン国際経済研究所の Chad. P. Bown（2019）によるデータに依拠し筆者作成。

トフォンなどを含む1,600億ドル分への追加関税は12月15日に先送りされた。第4弾は、第1から3弾で既に25％の追加関税を課している計2,500億ドルを上回る規模の金額であり、第1から第4弾の発動によって、実質、米国の対中輸入のほぼ全品目が追加関税の対象になった。第1から第3弾は資本財、中間財が中心で、一般消費者に直接影響が及ぶ消費財に対する追加関税をトランプ政権はあえて避けてきたが、第4弾では6割以上が消費財を対象としている。消費財では金額ベースで衣料・靴が約2割、携帯電話も約2割、玩具が約1割となっている。例えば、米国で販売される靴の約7割は中国産であり、これまでと違って消費財の場合、輸入企業が消費者に関税負担増を転嫁する可能性が高かった。

　結果として米国の消費者に大きな打撃を与える可能性が見込まれた中で、10月15日に予定されていた2,500億ドルの追加関税率の引き上げ発動を前に、10月11日、米中両国の閣僚級貿易協議を経て第1段階の合意に至った。12月には、米トランプ政権が12月15日付で発動を予定していた第4弾の残りを見送る一方、中国政府は米国産の農産品及びサービスの輸入拡大を図ることで合意した。また、文書署名が行われるのを前に米トランプ政権は最新の「為替報告書」を公表し、為替操作国に認定したことに関連して監視対象国に引き下げた（U.S. Department of the Treasury、2020）。そして、23カ月続いてきた米中の経済戦争は、2020年1月15日にホワイトハウスのトランプ大統領と劉副首相が署名し合意文書の調印に至った（USTR、2020）[8]。しかし、第1段階の合意では、米国が課した3,700億ドル相当の輸入品への25％の上乗せ関税と、1,200億ドル分への7.5％の上乗せ関税は撤廃されなかったことから、一時的な休戦といえ、経済戦争は継続されることが見込まれる[9]。これを受けて、ピーターソン国際経済研究所のジェフリー・ショットは、残念な結果と論じている（Schott、2020）。

第3節　トランプ政権における通商政策をめぐる決定過程

　トランプ政権の通商戦略は一貫していないとの見方が支配的であったが、このような特徴が生まれたのは、トランプ大統領という個性と不透明な政策

決定過程によるものであったと考えられる。他方で、上述のように政権 4 年
目を迎えたトランプ政権の通商政策は、「中国の不公正貿易慣行を、各国・
地域と米国が連携を通じて牽制すること」に収斂されてきた。本節では、こ
のような米国の通商政策の変容はいかなる政策過程を経て形成されているの
か、その要因として政策過程に関わる政策アクターの変化に着目しながら考
察する。

　トランプ大統領は大統領選挙戦のなかで反自由貿易の政策を強力に訴え、
白人中・低所得者層の支持を獲得し、北部、中西部のラスト・ベルト地帯を
勝利し大統領選を制した。トランプ大統領は就任演説において、「米国第一」
を強調し、保護主義を強く主張する。こうした主張の原点は、アドバイザー
であるウィルバー・ロスとピーター・ナヴァロが策定した「トランプ・ト
レード・ドクトリン」にもとづく。「トランプ・トレード・ドクトリン」と
は、「どんなディールも経済成長率を高め、貿易赤字を削減し、米国製造業
の基盤強化につながらなければならない」という考え方である（Ross and
Navarro、2016）。

　トランプ政権が標榜する通商政策を実現するため、トランプ大統領は、通
商政策を掌る旧来からの部署に加え、国家通商会議（NTC）を新設した。
NTC 委員長に、トランプ・トレード・ドクトリンを策定した、対中強硬派
のナヴァロが就任した。NTC は、国家安全保障会議（NSC）や国家経済会
議（NEC）と同等の位置づけとなり、大統領直轄で通商政策を策定すること
が目指された。旧来からある通商政策に関わる閣僚人事では、USTR 代表に
ロバート・ライトハイザーが就任した。ライトハイザーは、レーガン政権時
に USTR 次席代表を務め、1980 年代、日本に対して鉄鋼製品などの輸出自
主規制をもたらすなど通商交渉における強硬姿勢で知られ、対中強硬派でも
ある。USTR の次席代表には、弁護士で通商政策に関する省庁を渡り歩いて
きたジェフリー・ゲリッシュが据えられた。ゲリッシュは 2019 年 1 月以降
の米中貿易をめぐる次官級協議を率いる立場になったが、ライトハイザーを
メンターとしており、ビジョンを共有していると言われている（Business In-
sider、2019 年 1 月 4 日）。同次官級協議には対中強硬派と目されるデービッ

ド・マルパス財務次官（世界銀行総裁に2019年4月に就任）も参加している。

　貿易救済措置や輸出管理規制などを管轄する商務長官には、投資家のウィルバー・ロスが選ばれた。ロスは、米国の貿易赤字削減を公約に掲げているという点でトランプと同一の見解を持ち、中国との不均衡是正に乗り出す考えを表明した。このように、トランプ政権の通商政策を担う幹部に対中強硬派が据えられ、対中強硬一辺倒な政策運営がなされるとみられていた。

　しかし、政権発足当初、通商政策をめぐり対中強硬派とマーケットを重視する対中協調派の対立がみられ、対中協調派が有利な展開をしたことから、対中強硬派の存在感は薄まった。この対立の行方は、ホワイトハウスの内部機構にも影響が及び、2017年4月29日、トランプ大統領がNTCを、通商や産業政策を助言役にとどめた通商製造政策局に改組することを決定した。NTCがNSCなどと連携して経済外交戦略を練るという当初構想から、大きく権限が縮小した。この原因の背景に、ナヴァロNTC委員長が、NAFTAからの離脱を宣言する大統領令を練り、スティーブン・バノン首席戦略官・上級顧問とともにトランプ大統領に進言したが、離脱に反対する同じくゴールドマン・サックス元幹部のムニューシン財務長官とゴールドマン・サックス元社長のゲーリー・コーンNEC委員長にさえぎられた結果、離脱ありきではなく再交渉という結果になったといわれている（『日本経済新聞』、2017年5月3日）。NAFTA離脱は米国の自動車メーカの調達網に影響するほか、農産物輸出にも打撃を与えることを考慮した結果であり、現実路線を重視するコーンNEC委員長などの対中協調派に主導権が移ったと考えられる。結果的にナヴァロ通商製造政策局長はコーンNEC委員長の傘下に置かれた。

　しかし2018年2月から3月にかけて、ロバート・ポーター大統領秘書官、レックス・ティラーソン国務長官、ハーバート・マクスター国家安全保障問題担当大統領補佐官が相次いで辞任するとともに、ホワイトハウスの錯綜した大統領への情報ルートの整備に努めたジョン・ケリー大統領補佐官も求心力を失った結果、対中強硬派が勢いづいた（Wall Street Journal、February 10 2018）。さらに、2018年3月1日、トランプ大統領が議会や政権内部の強い反対論を押し切り鉄鋼とアルミニウムの輸入制限を実施する意向を表

明したことで、コーン NEC 委員長はそれに抗議する形で辞任をした[7]。それと入れ替わる形で、ナヴァロ通商製造政策局長は大統領に直接助言できる大統領補佐官に復帰した。また、後任の NEC 委員長として保守派の経済評論家であるラリー・クドローが就任した。クドローは、中国の知的財産権侵害などを問題視し、対中制裁も辞さない考えを表明した（『日本経済新聞』、2018 年 3 月 16 日）。これ以降、対中強硬派が対中通商政策において影響力を保持するようになった。対中協調派のムニューシン財務長官が市場への影響懸念から 5 月に米中貿易摩擦の早期解決を試みたものの、既述のように失敗に終わった。

　その後、米中貿易協議は、ムニューシン財務長官からライトハイザー USTR 代表へと責任者が変わり、次官級協議もライトハイザーと方向性を共有するゲリッシュ USTR 次席代表が代表団を率い、対中強硬派のマルパス財務次官も参加していたことから、米国側は強硬的な姿勢になっていた。

　結果的に、ライトハイザー USTR 代表、ロス商務長官、ナヴァロ大統領補佐官、クドロー NEC 委員長などの通商政策に関わる対中強硬派により、米国の通商政策は「中国の不公正貿易慣行を、各国・地域と米国が連携を通じて牽制すること」に収斂していったと考えられる。対中強硬派の代表格であるライトハイザー USTR 代表は保護主義の代弁者と位置付ける論調が多いが、クイン・スロボディアンはその主張は正しくないという。スロボディアンは「ロバート・ライトハイザーの世界で生きる我々」と題する論説のなかで、ライトハイザーが主張する通商政策を「ライトハイザー主義」と名付け、ライトハイザーの目的は、自由貿易を実現することにあると論じる（Slobodian、2018）。ライトハイザーによる保護主義的な攻撃的一方的措置は、中国による不公正貿易慣行および市場歪曲的な政策を改めさせる手段と考えることができる。

おわりに

　本稿では、トランプ政権発足以降、米国の通商政策がいかなる変化を遂げたのか、その要因として政策過程に関わるアクターに着目し、トランプ大統

領を取り巻くアクターが対中協調派から対中強硬派に変わったことが対中通商政策の形成に大きな影響を及ぼしたと論じてきた。冷戦後以降の米中通商関係は、問題を抱えながらも経済的関係ではあくまで「関与」を重んじる通商政策を選択してきた。ただし、経済的関係をめぐる対中牽制の芽はオバマ政権2期目から徐々に表出していた。トランプ政権発足当初は、対中協調派が通商政策のイニシアティブをとりマーケットとの歩調を合わせる形で対中通商政策は穏やかに推移していたが、対中強硬派に取って代わってからは、米国の通商政策は「中国の不公正貿易慣行を、各国・地域と米国が連携を通じて牽制すること」に収斂していったと考えられる。

　上述のように2017年「国家安全保障戦略」の中でも経済分野において米国は、先進民主主義国家および他の同志諸国と連携しながら経済的侵略に対抗すると述べられている。このことから、トランプ政権の通商政策は先進諸国に対しても通商交渉において強い態度で接しているが、これらの同志諸国と中国を別物と捉え対応を取っているものと考えられる。中国に対しては貿易赤字の縮小のみならず、「中国製造2025」の見直し、国有企業への政府補助金停止、中国の知的財産権侵害や外国企業への技術移転強要の停止といった不公正な取引慣行の是正などを要求している。これらを米国単独だけではなく、二国間交渉を通じて同志諸国とともに中国を牽制する姿勢であると考えられる。中国の情報通信業などのハイテク産業に対する米国からの圧力は他の業種と比べても強く、米国が中国の脅威として捉えている。これまで米国が築き上げてきた産業構造における覇権を維持することが米中通商摩擦の原因である場合、対立は長期化するものと考えられる。実際、スティーブン・バノン元首席戦略官兼上級顧問は「トランプ大統領は最初から対中投資を撤退させ、グローバルサプライチェーンのリセットを計画していた」と主張する（South China Morning Post、September 21、2018）。これまでの対中通商政策を見る限り、対中強硬派の目的も中国をめぐるサプライチェーンを寸断するということを重視している可能性はあり得る。

　また、中国への圧力の強化については、与党共和党のみならず野党民主党からも支持されている。米政界でトランプ大統領の掲げる多くの政策は不人

気だが、中国に対する強硬姿勢だけは圧倒的な支持を得ていた。ほとんどの問題で対立する与党・共和党と野党・民主党も、中国に抜本的な変革が必要という点では足並みが一致する。USTR の元法務顧問でホーガン・ロヴェルズ法律事務所のパートナー、ウォーレン・マルヤマは、「対中国政策で議会において構造的な変化が起きている。すなわち、中国は市場経済へ向けた改革の途上にあり、やがて西側のような国になるとの古い考えは事実上消滅し、中国により厳しい政策を打ち出すことには超党派の後押しがある」と指摘している（「ロイター」、2019 年 7 月 2 日）。そのため、2020 年の米国大統領選挙で勝利宣言を出したバイデン前副大統領が大統領になっても、対中強硬政策が蔓延している議会共和党と民主党等からの中国に対する厳しい姿勢は変わらない可能性がある。実際、バイデン前副大統領は、大統領選挙後に、「自国に有利な制度をつくろうとする中国に代わって、米国がほかの民主主義国家と連携していく必要がある」と論じている[10]。

注

1)　たとえば、クドロー NEC 委員長は USMCA、米 EC 貿易交渉、日米貿易交渉を通じて中国に対抗する主な同盟国との統一戦線を張ると発言している。

2)　2017 年中も対中通商政策をめぐる調整はされており、8 月にライトハイザー通商代表に301 条による中国の米財産権侵害について調査を指示している。ただ、2017 年は、北朝鮮の核・ミサイル実験がトランプ大統領の最大の関心事項で結果として強硬な対中通商政策を抑制したと考えられる。

3)　「2017 年通商政策課題」においては、2018 年版の第 1、3、4、5 の柱は言及されていたが第2 の柱は言及されていなかったため、第 2 の柱は 2018 年版にあらたに加えられた項目といえる。

4)　トランプ大統領が翻意した背景には、政権内の対中通商政策をめぐる対立を対中強硬派が制したことによるものであるとメディア報道がなされている。

5)　合意間近と言われた米中協議は、5 月初めに行き詰まりを露呈した。150 ページあまりにわたる合意案の文書を、中国側が修正し、105 ページにまで削って米側に送り返したとも伝えられている。

6)　5 月 20 日に、既存の通信ネットワークや携帯端末の保守やソフト更新にかかわる一部取引は 3 ヵ月の猶予期間を設けると発表した。

7)　ボブ・ウッドワードが記した『恐怖の男―トランプ政権の真実』では、コーン NEC 委員長とナヴァロ通商製造局長の対立の様子が克明に記されている。

8)　合意文書は 96 ページからなり、全 8 章から成っている。

9)　米国の中国製品に対する平均関税率は、2018 年 1 月には平均 3.1 ％であったが、2020 年 2 月以降には 19.3 ％となった。

10)　『日本経済新聞』2020 年 11 月 17 日。

引用文献

馬田啓一（2012）「TPP と東アジア経済統合：米中の角逐と日本の役割」『季刊国際貿易と投資』Spring 2012/No.87.

大橋英雄（1998）『米中経済摩擦：中国経済の国際展開』勁草書房.

木内恵（2002）「米国の対中政策の沿革とブッシュ・アプローチ─WTO 加盟後の中国に対する米国の視点」『国際貿易と投資』Autumn 2002、No.49.

島村直幸（2018）『〈抑制と均衡〉のアメリカ政治外交』ミネルヴァ書房.

菅原和行（2015）「アメリカ連邦官僚制における中立的能力と応答的能力の動態─職業公務員と政治任用者に対する政治的要請の変化を中心に」『釧路公立大学紀要』27 号、pp.39-55.

ソリース，ミレヤ（2013）「エンドゲーム─TPP 交渉妥結に向けた米国の課題」『国際問題』No.622（2013 年 6 月）、日本国際問題研究所.

田中明彦（2018）「中国台頭で変容する国際システム─貿易戦争から「新しい冷戦」へ」『中央公論』2018 年 11 月号、中央公論新社.

三浦秀之（2017）「米国外交と国内政治における TPP」『ポスト TPP におけるアジア太平洋の経済秩序』平成 28 年度外務省外交・安全保障調査研究事業、日本国際問題研究所、平成 29 年 3 月.

三船恵美（2001）「中国の WTO 加盟と米中関係」『国際関係学部紀要』〈中部大学〉第 26 号、19-37 ページ.

山岸敬和・西川賢編著（2016）『ポスト・オバマのアメリカ』大学教育出版.

Bergsten, Fred（2009）'Two's Company,'"Foreign Affairs," Vol.88, No.5（September/October 2009）.

Campbell, Kurt M. and Ely Ratner 'The China Reckoning'"Foreign Affairs," Vol. 97, No.2（March/April 2018）.

Department of State（2009）"Obama at U.S.-China Strategic and Economic Dialogue" July 27, 2009."

Khalilzad, Zalmay（2009）"Congage China" Issue Paper 187, The Rand Corporation.

Pillsbury, Michael（2016）"The Hundred-Year Marathon" Griffin.

Rice, Condoleezza 'Campaign 2000: Promoting the National Interest,'"Foreign Affairs," Vol. 79, No. 1, January/February 2000.

Slobodian, Quinn（2018）'You Live in the Robert Lighthizer's World Now'"Foreign Policy" August 6, 2018.

Schott, Jeffrey（2020）'US-China Trade Deals Disappoint'"East-Asia Forum" January 20, 2020.

U.S. Department of the Treasury（2019）"Report to Congress: Macroeconomic and Foreign Exchange Policies of Major Trading Partners of the United States" January, 2020.

U.S. Department of the Treasury（2020）"The Press Release: Treasury Designates China as a

Currency Manipulator" August 5, 2019.

USTR (2018a) "Annual Report on China's and Russia's WTO Compliance" 19 January, 2018.

USTR (2018b) "2018 Trade Policy Agenda and 2017 Annual Report of the President of the United States on the Trade Agreements Program" March, 2018.

USTR (2018c) "Findings of the Investigation into China's Acts, Policies, and Practices Related to Technology Transfer, Intellectual Property, and Innovation Under Section 301 of the Trade Act of 1974" March 22, 2018.

USTR (2020) "Economic and Trade Agreement Between the Government of the United States and the Government of the People's Republic of China" January 15, 2020.

White House (2011) "Remarks by President Obama to the Australian Parliament" November 17, 2011.

White House (2017a) "The Inaugural Address, Remarks of President Donald J. Trump – As Prepared for Delivery" January 20, 2017.

White House (2017b) "Presidential Memoranda, Presidential Memorandum Regarding With-drawal of the United States from the Trans-Pacific Partnership Negotiations and Agreement" January 23, 2017.

White House (2017c) "National Security Strategy of the United States of America" December, 2017.

White House (2018a) "Presidential Proclamation on Adjusting Imports of Steel into the United States" March 8, 2018.

White House (2018b) "How China's Economic Aggression Threatens the Technologies and Intellectual Property of the United States and the World" White House Office of Trade and Manufacturing Policy, June 2018.

White House (2018c) "Remarks by Vice President Pence on the Administration's Policy Toward China" October 4, 2018.

White House (2019) "Statement from the Press Secretary" July 31, 2019

Wilbur, Ross and Navarro, Peter (2016) "The Trump Trade Doctrine: A Path to Growth & Budget Balance" October 18, 2016.

Zoellick, Robert B. (2005) "Whither China: From Membership to Responsibility?" Remarks to National Committee on U.S.-China Relations, New York City, September 21, 2005.

第2章　米中貿易摩擦の経済的背景と経緯

李　基東

はじめに

　2018年7月、トランプ政権は中国の知的財産権侵害を理由に中国からの500億ドル規模の輸入に対して25％の追加関税を課す措置を断行し、これに対し中国も同じ規模の対米輸入に対して25％の追加関税を課すことで対応した。米国の追加関税の賦課は、2019年9月1日の3,000億ドル分の中国製品を対象にした制裁関税で現在第4弾まで進行しており、これに対して中国も750億ドル規模の輸入制裁で対応している。このように中国産製品の輸入に対する米国の関税賦課の計画発表によって即発された両国間の貿易紛争は、中国の報復的な関税の賦課と米国による一連の対応措置によってますます激化されている。これまでの第1～3弾での追加関税で米国は対中輸入のおよそ半分が、中国は対米輸入のほぼ7割がその対象であったが、今回の第4弾の発動で制裁関税の対象は米国は7割にまで中国はほぼ全品目に拡大されると予想される。

　米国の中国に対する保護貿易的な措置は以前の政権においてもなされてきた。しかしトランプ政権での中国に対する重商主義的な通商政策は過去とは異なる側面を持つ。何よりも貿易制裁とそれに対する報復措置が繰り返されることで、紛争がエスカレートする様子である。すでに両国による貿易制裁の追加関税は第4弾まで実行に移されており、対象の品目と金額規模も大きくなっている。また制裁の法律的根拠も通商法301条（不公正な貿易慣行に対する制裁）のみならず、過去にはそれほど使用されなかった貿易拡張法232

条（国防条項）をも動員されるにいたっている。貿易摩擦の収拾のために両
国は努力するであろうが、米国の対中貿易赤字問題が解決される糸口が得ら
れない限り、紛争は長期化される危険性をも含んでいる。

　本章では、米中貿易摩擦が世界経済におよぼす影響について検討するため
の予備的情報を提供するために、その背景、これまでの経過、及び、規制の
主要な内容の特徴について説明する。

第1節　米中貿易摩擦の背景
(1)　トランプ政権での貿易政策の基調

　前述したように、アメリカの保護主義的な基調はトランプ政権から始まっ
たものではない。したがって今度の米中間の貿易摩擦の根本的な背景をみる
ためには特にトランプ政権での貿易政策の基調を見る必要がある。

　トランプ政権での政策基調の特徴は、何よりも「米国第一主義」の下で制
度・政策を見直すことである。トランプ大統領は就任演説で「米国製品を買
い、米国人を雇用する」など米国第一主義を強く打ち出し、それに基づいた
通商、経済、エネルギーなど各分野での政策基調を修正している。通商政策
においては、自由貿易よりは公正貿易を、多者主義よりは双務主義に基盤を
おく政策基調をとっている。不公正な貿易慣行を是正するという理由で、米
国民または産業の利益を最優先するために相手国と通商交渉を推進してい
る。その延長線でトランプ大統領は就任後まもなく TPP から脱退し、鉄鋼
とアルミへの輸入関税を引き上げた。そして米国にとって大きな重要性を持
つ NAFTA、及び、KORUS-FTA（米韓自由貿易協定）に対しては、アメリ
カに有利な方向へと改正した。そして EU とは貿易交渉を開始し、日本との
間にも TAG（物品貿易協定）の締結にむけ協議を推進する予定である。

　次に指摘できることは、トランプ政権は既存の WTO における紛争解決シ
ステムに関して批判的な立場を堅持しながら、かわりに国内法による貿易措
置の正当性を強調している。米国は WTO での紛争解決機構が紛争の処理に
長時間がかかること、そして紛争処理の手続き過程が不透明であることを理
由に強い不信を見せており、結果として WTO の紛争解決機構は機能不全の

危機に直面している。一方で、米国は中国をいわゆる非市場経済（non-market economy）と規定し、中国からの輸入に対し厳格なアンチダンピング税を課したり、国家資本主義国による補助金をめぐって頻繁に補助金相殺関税を賦課している。ひいては安全保障を理由に、従来には使われてなかった1962 年通商拡大法 232 条（国防条項）に基づき、中国に対して特別措置を国内法に基づいてとっている。

　このようにトランプ政権での対中貿易政策は、オバマ政権までの関与政策（engagement policy）から中国を競争相手として捕らえる方向に大きく転換した。経済面での中国の台頭を抑えるため中国産製品に輸入関税を引き上げ、ハイテク製品での対中輸出制限及び中国企業の対米直接投資の制限など、米中経済関係の分離政策を推し進めている。トランプ政権での貿易政策の基調は米国優先主義を掲げた重商主義的な保護貿易であり、その対象が中国であることには次の 3 つの直接的な理由を取り上げることが出来る。

(2) 米中貿易摩擦の背景

　第 1 は、米国としては莫大な貿易収支赤字の改善の必要性である。トランプ政権にとって貿易収支の赤字は米国の雇用を奪う主犯としての認識がある。貿易収支の赤字改善のため、トランプ大統領は相互主義的であり公正な貿易（reciprocal and fair trade）を掲げており、相手国には米国産購入・米国人雇用（Buy American、Hire American）を政策として圧迫している。このような相互主義に基盤をおく通商政策を通じて貿易収支赤字の解消、雇用と投資の増加を成し遂げ、結果として特定地域（Rust Belt）での支持率上昇、ひいては再執権の道をあけるのが目標である。

　アメリカの貿易収支赤字の規模を見ると、1990 年の約 1,000 億ドルの水準であったのが 2007 年には 8,000 億ドルの水準に達し、2018 年には 8,787 億ドルと過去最高値を記録している。貿易収支赤字の国家別構成を見ると、貿易収支の赤字の半分は中国との交易から、そして残りの半分がメキシコ、ドイツ、日本、カナダ、韓国との貿易から発生している。トランプ政権は貿易収支の赤字改善のために、主要貿易相手国に対しあらゆる政策手段、例え

図 2-1　米国の貿易収支推移

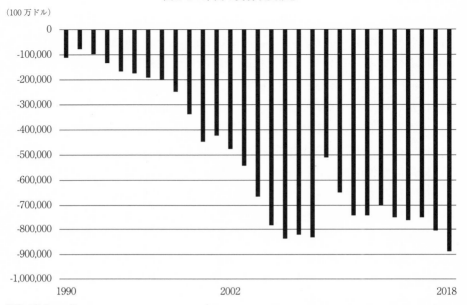

（100万ドル）

出所：US Census Bureau

　　ば、既存の両者間貿易協定と再検討、国家安保を理由とした制裁、全面的な
通商圧迫、分野別通商制裁などを適用している。米国にとって最も重要な
NAFTA と KORUS–FTA の改正し、中国とは追加関税の相互賦課を通じた
全面的な貿易戦争に踏み切っている。

　　第 2 は、中国の経済的位相の台頭に対し、米国は中国を戦略的競争者とし
てみなし、その延長線で中国に対する不公正貿易慣行への是正要求がある。
即ち、経済および技術の側面で米国の優越的地位を威嚇するにまでに成長し
た中国の挑戦を克服し、米国の位相を強化することが狙いである。中国はこ
れまでに国家主導の産業育成戦略を通じて世界第 2 位の経済大国に成長し
た。しかしながら高付加価値化を通じた産業競争力の強化を狙う中国は、こ
れまでの量的成長から質的成長への再編を図る必要性に直面している。

　　この脈絡で「中国製造 2025」は次世代情報技術、ロボット、宇宙・航空、
海洋工学などの中国政府が最も重視する 10 大重点産業分野を指定し次世代

産業として国を挙げて育成することで、中国が 2025 年までに製造強国の仲間入りを目標とする戦略的な産業政策である。これまでに労働集約的な中国の産業を付加価値の高い先端産業中心の産業構造に改変することが目的である。このような中国の産業政策は国家主導であるということでも問題視されるが、それに加え 10 大重点分野の多くの領域で米国が優位に立つ分野と重複すること（関志雄、2019）、および、その推進過程でなされる知的財産権侵

表 2-1　「中国製造 2025」の 10 大重点分野と主要プレーヤー

業種 下線は国家安全保障に関連する業種	主要プレーヤー				
	中国	米国	欧州	日本	その他
ハイテクデジタル制御、工作機械、ロボット			■	■	
宇宙・航空設備		■	■		■ （カナダ、ブラジル）
農業機械設備		■	■	■	■ （インド）
新材料（炭素繊維など）		■	■		
海洋プロジェクト設備、ハイテク設備、			■		■ （韓国、シンガポール）
バイオ医薬、高性能医療機器		■	■		
次世代情報技術（半導体、通信設備など）	■	■	■	■	■ （台湾、シンガポール）
電力設備（原子力発電など）		■	■	■	■ （韓国）
省エネ・新エネルギー車	■		■	■	
先進的地下鉄・都市鉄道設備	■	■	■	■	■ （カナダ）

出所：三井住友銀行企業調査部（2019）
注：主要製品において大手 5 位にランキングする企業の国籍および地域

害、技術移転の強要など不公正慣行が非難の的になるのである。即ち、米国は国家主導による産業育成政策への牽制の手段として通商政策を利用しているのである。

　米国は上述したような対中貿易政策の基調の下で、中国に対しは貿易収支赤字の縮小のみならず、「中国製造2025」の見直し、国有企業への政府補助金の停止など不公正な取引慣行の是正などを要求している[1]。そして中国に対する一連の貿易関連の措置の主な根拠も、相手の不公正な貿易慣行への対抗措置である通商法301条が中心であり、それを補完する形で通商拡大法232条（国防条項）や緊急輸入制限条項の通商法201条などに基づいている。

　第3はハイテク産業分野での中国の台頭に対する牽制である。米国による中国への牽制は情報通信産業を含む先端産業において一層強く現れていることである。これは情報通信などの先端産業分野での中国の台頭が米国にとって大きな威嚇として作用していることを意味する。いわば、情報通信などの先端産業分野が米中間の覇権争いの主戦場となっている。

　米国は中国の台頭を抑制するため、これまでにハイテク産業での米国企業

表2-2　アメリカ政府の中国ハイテク企業に対する圧力

時期	内容
2018年4月	FCCは国内の通信会社を対象に、ファーウェイとZTEを念頭に安全保障上の懸念がある外国企業から通信機器を調達するのを禁じる方針を決定
2018年4月	米商務省は、ZTEがイラン経済制裁措置を違反したことで、今後7年間米国企業との取引禁止を発表（7月解除）
2018年8月	「2019会計年度国防権限法」が成立し、そこでは中国企業5社の通信機器などの政府調達を禁止する条項が含まれる。この規定に基づいて中国企業を念頭に対米投資規制、輸出管理、中国製の通信機器の政府調達制限が強化される。 アメリカが主導するファーウェイ排除の動きに日本、オストラリア、NZなどが同調する。
2018年12月	イランとの違反取引の疑惑で、アメリカの要請でカナダでファーウェイの副会長が逮捕される。
2019年5月	イラン経済制裁違反を理由にファーウェイ及び関連企業を輸出管理規則に基づく「Entity List」に乗せ、同社への米国製ハイテク部品などの輸出を原則として禁止する措置を発表。

出所：小林真一郎（2019）および各種報道資料を整理。

の対中国輸出制限、中国企業を対象とする対米直接投資制限の強化など本格
的な中国分離政策を推進してきた。ハイテク産業における中国の切り離しを
実現するための法律を盛り込んだ「2019 年度国防授権法」では、中国企業
を念頭におく対米投資規制及び輸出管理とともに、中国企業 5 社の通信機器
などの政府調達を禁止する条項などを含まれている。特に、国防授権法に次
世代通信「5G」分野における中国排除が含まれている背景には、こうした
分野での技術が軍事用にも広く適用されうるとの認識がある。このように昨
今の米中貿易摩擦の本質は、情報通信産業での米国の覇権の維持とともに将
来の経済発展の基盤である通信インフラ分野での米国企業の保護のために措
置がとられている側面があり、このことが両国間の貿易摩擦が短期には解決
されない困難な局面に向かわせる 1 つの要因となっている。

第 2 節　貿易摩擦の経過
(1) 米国の対中追加関税の賦課と平均関税率
　トランプ政権は 2018 年に入ると、EU、メキシコ、カナダ、日本、そして
韓国など従来の同盟国をも含めて各国に対して相次いで様々な貿易措置をと
り、これに対し各国が対抗措置などで反撃する。まさに各国と同時進行的な
貿易摩擦を繰り広げるようになった。中でも貿易戦争とも呼ばれるように
なった今回の米中貿易摩擦の直接のきっかけとなったのは、「1974 年通商法
301 条」に基づく対中国制裁措置の発動である。
　トランプ政権は、中国との貿易赤字への対応として「1974 年通商法 301
条」に基づいて産業機械など中国から輸入される 818 品目 340 億ドル相当に
対して 25 ％の追加関税の賦課を 2018 年 7 月に発動した（対中制裁第 1 弾）。
同年 8 月にも第 2 弾として半導体、電子部品、鉄道車両、情報通信部品など
284 品目 160 億ドル相当の輸入に対する 25 ％の追加関税を発動した。そし
て第 3 弾として同年の 9 月 24 日には家電など 2,000 億ドル相当の中国製品
に 10 ％の追加関税の賦課を発動するなど対中制裁の対象を拡大した。2019
年に入り、米中通商協議は折り合わず、米国は 5 月 10 日から既存 10 ％の追
加関税を賦課していた第 3 次の対象品目（2,000 億ドル）に対して関税率を

25％に上向調整するにいたった（表2-3）。このような米国の対中輸入に対する追加関税の発動を反映して、米国の対中国平均関税率は2017年の3.1％（MFN）から2018年7月には4.7％、9月には9.5％、そして2019年5月には16％にまで上昇した（図2-2）。

　2019年5月にトランプ大統領は、G20大阪サミットで合意された農産品の大量購入を中国は移行していないとして、3,000億ドル規模（3,805品目）相当の中国産製品に新しく25％の追加関税を賦課する対中関税第4弾を9月1日に発動すると発表した。この中、対中輸入3,250品目は予定通り9月1日に10％の追加関税が賦課された。これを反映して米国の対中平均関税率は19.6％にまで達した。そして第4弾の対象品目のうち、スマートフォン、ノートパソコン、玩具など1,600億ドル分は12月にまでその賦課が猶予された。9月の第4弾の一部発動で、追加関税の対象額は中国からの輸入全体の約70％に達し、12月までに猶予したスマートフォンなど1,600億ドル相当分を発動すれば、ほぼすべての品目に追加関税をかけることになる。1〜4次規制対象品に対する追加関税を反映する場合、米国の対中国平均関

表2-3　米中の関税引き上げの内容

		米国	中国
第1弾	開始	2018年7月6日に発動	2018年7月6日に発動
	金額	340億ドル	340億ドル
	内容	半導体や産業用ロボットなど818品目に対して25％の追加関税	大豆、牛肉、水産物、ウイスキー、タバコ、自動車など545品目に対し25％の追加関税
第2弾	開始	2018年8月23日に発動	2018年8月23日に発動
	金額	160億ドル	160億ドル
	内容	テレビ、携帯電話などに使われる半導体や電子部品、プラスチック・ゴム製品、鉄道車両、通信部品、産業機械など284品目に対し25％の追加関税	燃料、鉄鋼、自動車、医療機器など333品目に対し25％の追加関税

第 3 弾	開始	2018 年 9 月 24 日に発動	2018 年 9 月 24 日に発動
	金額	2,000 億ドル	600 億ドル
	内容	紙製品、スポーツ用品、かばん、革製品、家具、水産品、農産品、化学品、自動車部品、自転車、機械類、ネットワーク機器・PC 部品、冷蔵庫などの家電製品など 5,745 品目に対し 10 ％の追加関税（25 ％への引き上げを保留）	LNG、中型航空機、宝飾品、酒など 5,207 品目に 5 ～ 10 ％の追加関税
		2019 年 5 月 10 日に第 3 弾を 25 ％に引き上げ適用する。	2019 年 6 月：既存 5 ％または 10 ％の第 3 弾の対象を 5 ％、10 ％、20 ％、25 ％の 4 段階に調整して適用する。
第 4 弾	開始	2019 年 9 月 1 日 2019 年 12 月 15 日	2019 年 9 月 1 日 2019 年 12 月 15 日
	金額	3,000 億ドル（残り全品目）	750 億ドル
	内容	3,243 品目は 9 月 1 日に 15 ％の追加関税 （スマートフォン、パソコン、玩具などは 12 月 15 日まで猶予）	9 月 1 日には原油、大豆、鋼板、化学製品など 1,717 品目に 5 ～ 10 ％の追加関税を課す。 12 月 15 日には木材、自動車、織物など 3,361 品目に 5 ～ 10 ％の追加関税を課す。 12 月 15 日に米国製自動車及び同部品に最大 25 ％の追加関税を復活させる。

出所：小林真一郎（2019）および各種報道資料を整理。

税率は 22.7 ％に上昇する。

（2）中国の対米追加関税の賦課と平均関税率

　米国の関税引き上げの貿易制裁に対して中国は即時に報復措置を取る。米国による第 1 弾の措置に、中国は大豆、牛肉、水産物などの 1 次産品と自動車など 340 億ドル規模の対米輸入に 25 ％の追加関税を（7 月 6 日に発動）、米国の第 2 弾に対しは燃料、鉄鋼、自動車、医療機器など 160 億ドル規模の対米輸入に 25 ％の追加関税を（8 月 23 日に発動）、そして第 3 弾に対しても

図 2-2　米国の対中平均輸入関税率

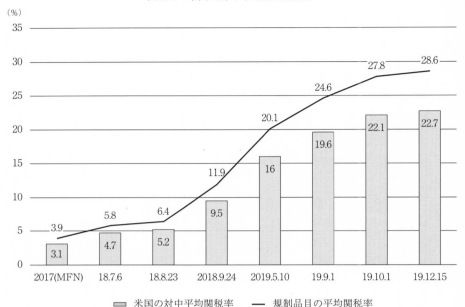

出所：ヤン・ピョンソプ、キム・ヨンギ、キム・ヒョックファン、パク・ミンスク、クオン・ヒョクジュ（2019）

　LNG、中型航空機、宝飾品、酒など5,207品目600億ドル規模の対米輸入に5〜10％にわたり追加関税を（9月24日発動）賦課する対応措置をとっている。米国の対中追加関税賦課に中国が即時に対抗措置を発動し、それに対し米国が再び制裁措置を発動する形で展開される様子を見せており、2019年時点で第4弾まで実行されている。第2弾までは両国の輸入制裁の金額は同額であったが、第3弾からは米国による追加制裁の対象金額が中国による制裁の金額より圧倒的に大きくなっている。これは米国の相手国からの輸入額が中国のそれより大規模であることを反映している。

　では、このような経過により中国の平均関税率はどの水準であろうか。2019年9月現在、中国は米国からの輸入に対して平均関税率21.8％を適用しているが、米国以外の国からの輸入に対しては6.7％の平均関税率を適用している。米中貿易戦争が起こる以前である2018年の1月であるにして

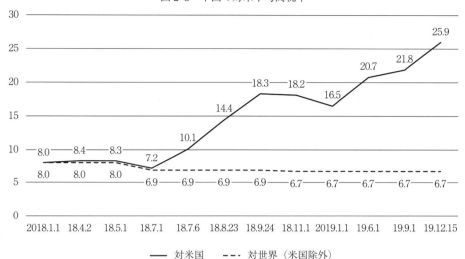

図 2-3　中国の対米平均関税率

出所：Bown、C.P.、Jung、E. and E. Zhang（2019）

も、中国で競争する米国を含む外国企業に適用される平均関税率は 8.0 ％であった。しかしながらここで重要なポイントは、貿易摩擦中の 2018 年を通じて、中国は他の WTO 加盟国からの輸入に対しては関税をむしろ下げているということである。中国は 7 月 1 日から自動車に対する輸入関税を下げており、同様に 1449 個の他の消費財（農産物、化粧品、衣類、家庭用品など）に対しても関税の引き下げを断行した。その結果、他の国に適用される平均関税率は 8.0 ％から 6.7 ％にむしろ下落されることで、中国消費者のアメリカ製品から他の国の製品への消費の転換がより一層促進されることとなった。

　2019 年に入り、中国は米国との和解のシグナルとして 1 月 1 日に米国産自動車に対する関税引き下げを断行した。この結果、米国からの輸入に対する中国の平均関税率の水準は 2019 年の年初に 16.5 ％に下がったが、この動きは長続きしない。中国は米国の 5 月 10 日の関税引き上げ及び 9 月 1 日の輸入制裁第 4 弾に対応して報復措置をとっており、もしこれが全て実行されるならば年末（12 月 15 日）には平均関税率は 25.9 ％にまで達するであろう。

おわりに―輸入規制の主要特徴

　まず、米国の中国からの輸入に対する追加関税の対象品目の構成をみよう。関税引き上げの第1～第2次では「中国製造2025」関連品目が対象であって、主にハイテク産業と関連する中間財と資本財で構成されており、消費財は殆ど含まれてない。これは消費財を追加関税の対象品目の対象とした場合、米国消費者の生活を直接的に圧迫することとなり、結果としてトランプ政権が政治的な打撃を受ける可能性が反映されたと思われる。したがって第2弾までの500億ドルの追加関税の対象品目中、消費財の比率はわずか6％に過ぎず、54.7％が中間財、39％が資本財である。

　しかし第3弾以降、米国は中国に対する追加関税の対象範囲を広めるようになる。対中輸入制裁第3弾（2019年5月10日発効）の対象品目の輸入額を見ると、依然として中間財1,054億ドル（49％）と資本財626億ドル（29％）が中心であるが、消費財も473億ドル（22％）もかなりの部分を占めている。第4弾では、残りのすべての品目が対象に含まれることで、1～3弾までの規制品目の構成と異なり、消費財が最も大きい割合（72.6％）を占めている（第2-4図参照）。

　中国の対米国追加関税の品目構成の特徴を見よう。表2-4は中国の対米追加関税対象品目の加工段階別構成を表す。まず、中国はすでに第3弾までの輸入規制で2018年対米輸入額1,551億ドルのほぼ7割（68.8％）に相当する1,067億ドルに対して追加関税を賦課することとなる。そして第4弾まで実行されるならば大部分の米国からの輸入に対して追加関税を賦課することとなる。

　製品の加工段階別構成を見ると、中間財が708.8億ドル（規制品目の総輸入額1,066.8億ドルの67％）、資本財が173.0億ドル（同16％）、そして消費財が184.6億ドル（同17％）であり、主に中間財が規制の対象になっていることが分かる（表2-4）。また、加工段階別に適用される追加関税の水準を見るならば、資本財の場合には資本財全体輸入の42.1％が最も低い5％の追加関税の対象であり、中間財の場合には同部門全体輸入の39.5％が25％の追加関税の対象であるが、消費財の場合には対象品目の実に80％以上が最も高

図 2-4　米国の対中国追加関税対象品目の加工段階別輸入額

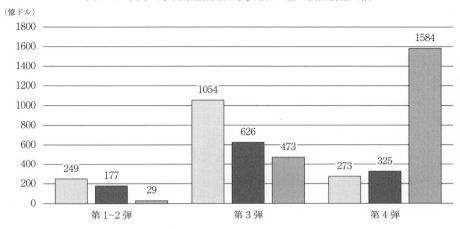

出所：ヤン・ピョンソプ、キム・ヨンギ、キム・ヒョックファン、パク・ミンスク、クオン・ヒョクジュ（2019）

表 2-4　中国の対米追加関税対象品目の加工段階別構成

(単位：百万ドル、%)

区分		対米輸入（2018 年）		加工段階					
		金額	比重	資本財		中間財		消費財	
				輸入額	比重	輸入額	比重	輸入額	比重
全品目		155,134		36,536		97,529		20,635	
規制品目	全体	106,680	100	17,306	100	70,880	100	18,465	100
	5%	29,076	27.26	7,288	42.11	20,743	29.26	1,044	5.65
	10%	17,517	15.42	4,034	23.31	11,459	16.17	2,018	10.93
	20%	14,347	13.45	3,063	17.7	10,655	15.03	607	3.29
	25%	45,741	42.88	2,921	16.88	28,023	39.54	14,796	80.13

出所：ヤン・ピョンソプ、キム・ヨンギ、キム・ヒョックファン、パク・ミンスク、クオン・ヒョクジュ（2019）
注：2019 年 12 月 15 日最終関税を基準に分類。

い 25 ％の追加関税の対象となっている。典型的に加工段階の下流に位置す
る製造業を保護するための傾斜関税（tariff escalation）の構造となっている。

注

1) 2018年12月にアルゼンチンの首都ブエノスアイレスで開かれた米中首脳会談において、米国は企業への技術移転の強要の禁止、知的財産権の保護、非関税障壁の撤廃、サイバー攻撃の停止、サービスと農業の市場開放の5つを具体的分野として挙げている。

引用文献

ヤン・ピョンソプ、キム・ヨンギ、キム・ヒョックファン、パク・ミンスク、クオン・ヒョクジュ (2019)、「最近米中間追加関税賦課の主要内容と影響」、『KIEP 今日の世界経済』Vol.19, No.21. 韓国対外経済政策研究院.

関志雄 (2019)、「米中貿易摩擦の拡大化と長期化：顕著になったデカップリング傾向」、経済産業研究所.

小林真一郎 (2019)、「米中貿易摩擦の行方と世界経済への影響」、『経済のプリズム』No.174.

三井住友銀行企業調査部 (2019)、「米中貿易摩擦の動向」.

Bown, C.P., Jung, E. and E. Zhang (2019), Trump has gotten China to lower its tariffs, just toward everyone else, Peterson Institute for International Economics.

第3章　三位一体成長戦略による「産業集積」

朽木昭文

はじめに

　2013年以降に、中国の三位一体の成長戦略は、中国が中所得国の罠から脱出するための政策となった。第1に、国内改革の中心に外資導入政策による「自由貿易試験区」を展開し、産業集積を構築する。第2に、国内産業育成政策として「中国製造2025」を実施し、戦略的新興産業、現代サービス業などの産業集積地を構築する。第3に、「一帯一路建設」の地域統合により産業集積のグローバル・ネットワークを形成する。なお、新型コロナ発生後の2020年の5月に全国人民代表大会報告書では、中国製造2025が「新型インフラ建設」へとウエートを変え、一帯一路建設が、共同が加わり、「一帯一路共同建設」へと呼び方を変えた。これを図3-1に示した。この三位一体の成長戦略が目指すのは、中国での「産業集積」の構築である。より具体的には、次世代情報産業のデジタル産業集積と環境配慮のグリーン産業集積である（朽木（2020）参照）。

　以下、第1節で、中国とアメリカの覇権国家の転換の可能性を検討する。第2節、第3節、第4節において「自由貿易試験区」、「中国製造2025」、「一帯一路建設」と産業集積との関係ついてそれぞれ詳説する。第5節の要約において、「自由貿易試験区」、「新型インフラ建設」、「一帯一路共同建設」の三位一体の成長戦略が、「産業集積」を目指すことを説明する。

図 3-1　新型インフラ建設・自由貿易試験区・一帯一路共同建設による集積の構築

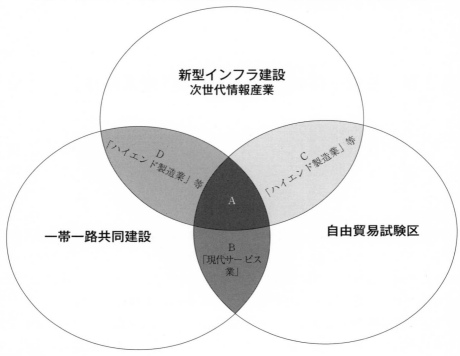

出所：朽木昭文作成。

第 1 節　中米の覇権国家の転換の可能性

　世界の経済構造が、21 世紀に入って次の 3 つの点で大きく変化した。特に中国が台頭した。この点は、所得（GDP）、輸入、外貨準備の 3 つにより説明できる。2010 年に中国の GDP は、日本を抜いて世界第 2 位となり、アメリカのそれに近づいている。今後において、中米の経済成長率の違いもあり中国の GDP の規模がアメリカのそれを上回る。現時点で、中国は、外貨準備高も圧倒的にアメリカを上回り、世界の輸入占有率もアメリカに近づいている（河合・朽木（2017）参照）。

　表 3-1 に示すように、フォーチュン Global 500 の世界上位 500 企業の数に関して、中国がアメリカを超えた。2004 年にアメリカが 189 社で中国が

表 3-1　世界上位 500 企業の国別の数（売上高ベース）

	年別企業数						
	2004	2007	2013	2014	2016	2018	2020
アメリカ	189	162	132	128	134	126	121
中国	15	24	89	95	103	120	124
日本	82	67	62	57	52	52	53
フランス	20	38	31	20	29	28	31
韓国	11	14	14	17	15	16	14

出所：Fortune Global 500（2020）.

15 社であったが、2020 年についに、中国は 124 社でアメリカが 121 社となった。2021 年には、新型コロナ発生によりこの差は拡大する可能性が高い。将来において、米中の経済面での覇権国家の転換が起こる可能性が高い。

第2節「自由貿易試験区」による産業「集積」

　中国成長戦略の原動力は、自由貿易試験区をテコとしたイノベーション産業の拠点となる「集積」の形成である。ここで、「集積」とは、1つあるいは複数の産業、例えば自動車産業に関わる企業群が地理的に集まって1つの産業構造を形作ることである。

　中国商務省外資局の唐文弘局長は、経済開発区が先進製造業、「サービス業」分野への外資導入を促進し、産業構造の高い国際協力パーク「集積」を形成すると表明した（2019 年 5 月 29 日新華社）。

　自由貿易試験区（PFTZ：pilot free trade zone）は、サービス業への外資導入による「集積」をもたらす有効な受け皿となる。そこで、PFTZ が、現代サービス業、そして次世代情報通信産業に適用していることを以下で説明しよう。

（1）PFTZ：自由貿易試験区

　PFTZ は、その性質を変化させてきた。当初はサービス業の「外資導入」

による産業の「集積」を目指した。次に、中国製造 2025 につながる産業政策とも結びつき、現段階では「一帯一路建設」とつながりつつある。中国政府は、「PFTZ」に外資導入することにより産業「集積」を目指し、「一帯一路建設」と連結する。

　第 1 段階において、PFTZ（自由貿易試験区）は 2013 年に上海に設立された。上海 PFTZ は、「サービス業」を対象とした外資導入の実験であるという特徴がある。当初は対象となる「現代サービス業」として、①金融業を中心として、②航空・運輸サービス業、③商業・貿易サービス、④専門サービス、⑤文化・コンテンツ、⑥社会サービスの 6 分野が指定された。

　第 2 段階において、2015 年に広東、天津、福建に、そして 2017 年に遼寧、浙江、河南、湖北、四川、陝西の各省と重慶市に設立された（国務院、2017 年 4 月 1 日）。この時点で重点分野がサービス業から「製造業」まで拡大した。2018 年に、海南省が 12 番目の PFTZ に指定された。

(2) 上海 PFTZ

　中国国務院が 2017 年 4 月 4 日にその改革開放全面深化プランを発表した。そのプランによると、上海 PFTZ は「3 区 1 堡」の新目標である。

　3 区の産業「集積」は、「国際経済、金融、貿易、海運センター」と「イノベーション・センター」である。1 堡は、橋頭堡として「一帯一路建設」の国家戦略に寄与する。一帯一路参加国との連結のために、上海に洋山保税港区と上海浦東空港総合保税区などの税関特殊監督管理区域内に「自由貿易港区」を設置する。

(3) 広東省 PFTZ

　広東省の首都・広州は、国内政策「広東 PFTZ」モデルのリード役であり、「一帯一路建設」と連結する。「貴州省・広東省・広西チワン族自治区」の発展改革委員会は、2019 年の 6 月に貴広高速鉄道の計画を発表した。これにより広州は貴州につながり、広州の開放経済が貴州省の内陸を刷新・発展させる。

（4）第3次 PFTZ の「一帯一路建設」連結と「集積」

　2017年に第3次の PFTZ の総合プランが発表された。それは、遼寧、浙江、河南、湖北、重慶、四川、陝西の7つの PFTZ である。そのプランによれば、上海でこれまで実施してきた経験を踏まえ、PFTZ は、改革・開放の手本となり、イノベーション発展の先行者となる。PFTZ は、一方で「一帯一路建設」と連結し、他方で「集積」の形成を目指す。

　7つのそれぞれの PFTZ について説明しよう。第1に、遼寧省は、「一帯一路建設」の北東アジア地域に向けた開放と連結の強化に取り組む。大連、瀋陽、営口は、「中国製造2025」の「ハイエンド製造業」、また「現代サービス業」の集積を目指す[1]。

　第2に、浙江 PFTZ は、東部地区の重要な海上開放モデル地区、国際大口商品貿易自由化先導地区、国際的な影響力を備えた資源配分基地を目指し、「一帯一路建設」の海のシルクロードに寄与する[2]。

　第3に、河南省鄭州は、「1つのポイントが3つの大陸をつなぎ、1つのラインが欧米を貫く」ことを実現する。河南省は、「一帯一路建設」の整備に必要な総合交通ハブである。そして、鄭州が「ハイエンド自動車」、洛陽が「ハイエンド製造業」と「現代サービス業」、開封が「現代サービス業」の集積を目指す。

　第4に、湖北 PFTZ は、武漢が次世代情報通信と「現代サービス業」、襄陽が「ハイエンド製造業」、宣昌が「現代サービス業」の集積を目指す。

　第5に、「陸のシルクロード」に寄与する重慶 PFTZ は、「一帯一路建設」地域と長江経済エリアを連結するハブである。両江が「ハイエンド製造業」、西永がスマート製造業、果樹港が一帯一路中継輸送センターの集積を形成する。

　第6に、内陸開放型経済の四川 PFTZ は、「一帯一路建設」の西部地域拠点を目指す。成都天府新区が「現代サービス業」と「ハイエンド製造業」、成都青白鉄路港が「現代サービス業」、川南臨港が「現代サービス業」の集積を目指す。

　第7に、地理的優位性のある陝西省は、「一帯一路建設」地域の経済連結

と人的・文化的交流の拠点であり、「ハイエンド製造業」の集積を目指す。西安国際港区が、一帯一路国際中継内陸ターミナル港を形成する。楊凌が、一帯一路現代農業国際協力センターを形成する。

(5) 2019 年の PFTZ における「集積」形成と「一帯一路建設」連結

　PFTZ の「外資導入」に関する 2018 年 9 月から 3 か月間だけの進捗状況が表 3-2 である。国務院では、商務省、中国人民銀行、税関総署が、それぞれ行政の簡素化、金融支援、貿易の単一窓口により外資導入を進める。中央銀行である中国人民銀行は、上海 PFTZ 内の企業・個人のみが開設できた自由貿易口座（オフショア口座）を PFTZ 外の科学技術イノベーション分野

表 3-2　自由貿易試験区の「対外開放」に関する進捗状況

11 月 23 日	中国国務院 商務省外国投資司〈局〉の唐文弘司長 中国人民銀行〈中央銀行〉研究局 税関総署自貿区・特殊区域発展司	「自由貿易試験区の改革革新深化を支援することに関する通知」 対外開放 行政簡素化・権限委譲 自貿区改革のための金融支援提供 金融業の対外開放を積極的に拡大 国際貿易における「単一窓口」機能の追加など 6 項目 保税蔵置期限を撤廃
9 月 11 日	広東省政府	「広東省のさらなる対外開放の拡大と外資の積極的利用」に関する若干の政策措置 自由貿易試験区内に限定されていた外資出資比率制限の緩和について、限定を削除
10 月 16 日	国務院 海南省に自由貿易試験区と自由貿易港を設立 （全国 12 カ所目）	「中国（海南）自由貿易試験区全体方案」 通信業などの外資参入規制を緩和 データ保存・転送類業務において外資の出資比率規制を撤廃 インターネットなど電信業務、審査・認可を中央政府から権限委譲 ハイエンドな観光サービス能力の引き上げ 科学技術イノベーションにおける国際協力強化 FTA 原産地の自主申告・事前裁定制度の推進
12 月 5 日	教育省 重要分野	2019 年度全国普通高等教育卒業生の就職・起業への取組に関する通達 「一帯一路」建設、雄安新区建設、長江経済ベルト発展、広東・香港・マカオ・ベイエリア建設、海南自由貿易試験区建設など

出所：通知、政策措置、全体法案の各資料により著者作成。

企業・個人への口座開設を認めた。PFTZ の同措置は「中国製造 2025」や「一帯一路」などの国家戦略の支援策である[3]。

　2019 年 8 月 26 日に中国国務院は、自由貿易試験区を新たに 6 省・自治区を加えて、全てで 18 ヵ所とした。表 3-3 に示すように、新設の省・自治区は、山東省、河北省、江蘇省、雲南省、黒龍江省、広西チワン自治区である。

表 3-3　6 自由貿易試験区（国務院 2019 年 8 月 2 日 16 号通達）

		一帯一路建設	戦略的新興産業・産業集積
山東	済南		情報通信産業などイノベーション
	青島	「北東アジア」・国際海洋ハブ	ハイエンド製造、現代サービス業
	煙台	「韓国」協力先導区	ハイエンド製造など
江蘇	南京	対外開放プラットフォーム	イノベーション、現代産業モデル
	蘇州	全方位開放エリア	イノベーション
	連雲港	「一帯一路」交流プラットフォーム	
広西	南寧	「ASEAN」窓口	現代サービス業
	欽州港	臨海産業クラスター	グリーン、自動車、IT, バイオ
	崇左	クロスボーダー産業連携モデル区	
河北	雄安	開放先導区	現代サービス業・ハイエンド新興産業
	正定	開放イノベーション先導区	ハイエンド製造
	曹妃甸	臨港経済イノベーションモデル区	ハイエンド製造、イノベーション
	大興空港	国際交流センター機能区	
雲南	昆明	「南アジア」・「東南アジア」向けセンター	ハイエンド製造
	紅河	「ベトナム」経済回廊イノベーション	医療・介護・ヘルスケアサービス
	徳宏	「ミャンマー」経済回廊	
黒竜江	ハルピン	「ロシア」・「北東アジア」協力プラットフォーム	戦略的新興産業・現代サービス業
	黒河	「ロシア」・クロスボーダー産業クラスター	
	綏芬河	「ロシア」・「北東アジア」連携プラットフォーム	現代サービス業

出所：国務院の発表を基に著者作成。

　山東自由貿易試験区は、済南、青島、煙台からなる。済南エリアは「人工知能」などの集積を目指す。煙台エリアは「ハイエンド製造」などの集積を目指す。

　黒龍江省・自由貿易試験区は、ハルビン、黒河、芬河の３つのエリアからなる。ハルビンに「戦略的新興産業」と「現代サービス業」の産業集積を目指す。戦略的新興産業の７つの分野は、省エネ・環境保護、新世代情報技術、生物、ハイエンド設備製造、新エネルギー、新材料、新エネルギー自動車である。

　河北自由貿易試験区は、大興国際空港エリアに中科電商谷は、北京と河北の越境 EC 産業園区である。北京市第２の国際空港として大興国際空港が2019 年９月 25 日に開業した。大興国際空港に隣接する地域は臨空経済区として開発され、「国家航空科学技術イノベーション」推進区である（「中国通信」2019 年 10 月 25 日）。

　湖北省自由貿易試験区は、「一芯両帯三区」の産業構造を形成する（湖北省政府 2019 年９月３日）。一芯とは、武漢市、襄陽市、宜昌市に「包括的国家産業イノベーション・センター」を構築する。両帯（ベルト）とは、製造業高品質発展ベルトとグリーン経済・イノベーション経済・ベルトからなる。三区とは、湖北省東部、湖北省西部、江漢平野の３地区で関連産業の集積を行う。

　こうして、自由貿易試験区（PFTZ）は、外資導入政策により現代サービス業とハイエンド製造の「集積」を進める。

第３節　中国製造 2025 による「中関村サイエンス・パーク」の産業集積

　中国は、グーグルなどの GAFA に対して BAT（バイドゥ、アリババ、テンセント）のみならず、多くの企業がある。その根拠の１つが北京の「中関村サイエンス・パーク」の産業集積にあることを以下で説明しよう。

　フォーチュン世界 500 大企業の構成をみると、北京の産業集積政策の成功が明らかになる。2017 年の世界 500 のうちで中国企業は、合計 103 企業で

ある。そのうちで企業数が多いのは、北京、上海、深圳であり、それぞれ
56、6、8企業である。北京の56企業のうちで国有企業の数は、52である。
ここに、政策的な産業「集積」政策の成功を見ることができる。

　集積の成功要因は次の3つであった。イノベーション集積の重要な組織部
門は、北京市政府の下に北京市政府中関村科技園区「①管理委員会」として
の「国家イノベーション・システム」と北京大学、清華大学、中国科学院な
どの「産官学連携」である。また、中国科学院『少年班』での「人材育成」
とアメリカ・シリコンバレーなどから母国へ帰る中国の若者である『海亀
族』の優遇政策による「人材招致」という「②人材」確保である。そして、
研究に必要な資金に関しては、標準技術、特許促進、債権保証、融資保証に
対するファンドという「③資金」提供がある。

　つまり、公的機関、大学・研究所が一体となって人材と資金を確保した。
このことを本節で説明する。

(1) 北京市の産業集積の発展

　産業政策である「中国製造2025」の急速な進捗の状況を表3-4と表3-5
により明らかにする。産業分野としては、「次世代情報通信技術」が中心と
なる。

(2)-1　一帯一路建設の拠点となる北京「中関村サイエンス・パーク」

　北京市では、表3-4に示すように、「インテリジェント・コネクテッド・
ビークル」(ICV)産業白書を発表し、中国工業・情報化省がその発展を目指
す。中国科学院・計算技術研究所は、「オープンソース・チップ・エコシス
テムづくり」を推進する。北京市は、「中関村集積回路設計産業パーク」を
開設した。2018年の10-12月だけでもヒトフェノム、自動運転車、エコシ
ステム、集積回路などの面でイノベーションに係る進展がある。北京大学、
清華大学、中国科学院など30の組織が、「ヒトフェノム研究グループ」を設
立した。

表 3-4　北京市

11 月 16 日	北京市政府が管轄する国有企業、中関村発展集団と首創集団建設	中関村集積回路（IC）設計産業パークが正式オープン 北京重点プロジェクト、中関村科学城（テクノポリス）重大プロジェクトに指定 ビットコインマイニングの比特大陸、フラッシュメモリの兆易創新、CPU の北京兆芯、コンピュータビジョンの文安智能など 全国の IC 設計産業生産総額の 10 ％ パークは次の段階において IC 設計専門インキュベーターを建設
	中科曙光高性能計算産品 事業部	硅立方は世界で初めて液浸式液体相転移冷却技術ブレードサーバを採用したスパコン・システム 人工知能（AI）技術の計算資源としてのニーズ
11 月 8 日	中国科学院計算技術研究所研究員 中国開放指令生態連盟	世界で共有されるオープンソース・チップ・エコシステムづくりを推進 中国科学院計算技術研究所、北京大学、清華大学、アリババが買収した杭州中天微システム、百度、中芯国際など 20 近い研究機関と企業
10 月 18 日	工業・情報化相	インテリジェント・コネクテッド・ビークル（ICV）の発展 北京で開かれた世界智能網聯汽車大会
1 月 16 日	清華大学、工科発展計画	2020 年までに世界一流、2030 年までに世界の一流ならびに先端、2050 年までに世界トップレベル 工学の基礎研究を強化、学際的研究を促進、工学教育レベルを引き上げ
12 月 25 日	中国国家発展改革委員会	中国科学院傘下の高性能コンピューティング分野におけるトップ企業・中科曙光が中心 中科曙光の天津産業基地で国家先進コンピューティング産業革新センターの建設 先進コンピューティング技術の研究開発・応用、科学技術成果の移転・実用化、知的財産権の運用 公共サービスの共有、革新・起業のためのスペースと投融資、人材サービスの 6 プラットフォーム
10 月 21 日	北京市経済・情報化委員会	「北京市インテリジェント・コネクテッド・ビークル〈ICV〉産業白書（2018 年）」を発表 クルマとヒト、クルマ、道路、クラウド端末などのインテリジェント情報交換・共有を実現 北京市は電子、通信、AI、ビッグデータ、インテリジェント基盤整備など多方面の有利な条件 5G クルマの IoV を率先して建設
11 月 1 日	国際研究連盟発足	ヒトフェノム計画国際協力グループ 『遺伝子型〈ゲノタイプ〉―表現型〈フェノタイプ〉』』の相関問題を解決する

10 月 31 日	「ヒトフェノム計画国際協力グループ」と「中国ヒトフェノム研究グループ」が設立	復旦大学、北京大学、清華大学、中国科学院など 30 の大学 解放軍総医院〈病院〉、中日友好医院、四川華西医院、上海中山医院など 20

表 3-5　上海市

11 月 29 日	上海 IC 設計産業パーク	紫光集団有限公司、上海韋爾半導体股分有限公司、 北京兆易創新科技股分有限公司、阿里巴巴（中国）有限公司などの企業
1 月 16 日	上海市浦東新区とマイクロソフト	世界 3 番目の現時点で規模が最も大きい AI・IoT 実験室が上海張江科学城ＡＩアイランドに進出 製造、小売り、医療、金融、公共事務などの業種での AI と IoT の応用 浦東では、AI 産業が急速な発展を遂げ、100 余りの AI 関連企業・機関が集積
	張江集団の袁涛・会長	張江は IC、バイオ医薬という既存の優位産業を踏まえ、AI を新たな方向として転換と高度化
12 月 8 日	上海恒賛展覧服務有限公司	科学、技術、工学、数学の 4 学科 上海国際 STEM 教材博覧会

出所：中国通信を基に著者作成。

(2)-2　「①国家イノベーション・システム」としての管理委員会

　中関村サイエンス・パークにハイテク企業の集積をもたらすためには、北京市人民政府のリーダーシップが大きな役割を果たした。北京市の「国家イノベーション・システム」としての中関村科技園区管理委員会は、ハイテクパークを運営する。その下に「中関村サイエンス・パーク」があり、その中のパークの 1 つに「海淀園」があり、その中に例えば「清華サイエンス・パーク」がある。この 3 者が、ハイテクパークの産業集積に有効に機能している。

(2)-3　「②人材の育成・招致」と「③資金確保」

　中国科学院の下部組織として中国科学技術大学に鄧小平氏が英才コースと

して 1978 年に『少年班』を創設した。2018 年 11 月の 60 周年記念時にハーバード大学、MIT、ブラウン大学などのボストンに 30 人以上の少年班の出身教授がいた。これまでに約 4,000 人が巣立ち、先端技術を支える。

例えば、百度（バイドゥ）の張亜勤総裁は 1978 年に 12 歳で入学した。アリババ集団でクラウド部門の技術トップを務めたモン万里氏は 1992 年に 14 歳で入学した。寒武紀科技の陳天石 CEO は 2001 年に 16 歳で入学した[4]。

また、人材の招致に関して、中国科学院は、科学技術政策の立案に重要な役割を占め、1994 年にシリコンバレーなどからの人材呼び戻しのための政策「百人計画」を実施し、その目標を達成した[5]。2008 年 3 月時点までに 1,459 人を招致または助成した。その際に、2002 年の「中関村科技区条例」における優遇政策である北京戸籍の付与が人材の招致に有効に機能した。海外から帰国した留学生が「海亀族」と呼ばれていることはよく知られている。

イノベーションのセグメント作りで不可欠であるのは、人材と資金である。人材については、育成とスカウトが有効な手段である。スカウトについて中国でこれまで採られた有効な手段を以下で説明する。中国で海外からの人材招致は、いわゆる「海亀政策」と呼ばれる。

中国科学院は、1994 年に海外人材呼び戻し政策として「百人計画」を実施した。1997 年よりそれは「海外傑出人材導入計画」と「国内百人計画」に分けられ、2001 年に「海外有名学者計画」が追加された。その実施以来海外有名学者 224 人、海外傑出人材 846 人、国内優秀人材 251 人の成果を 2008 年 3 月までに得た。そのうちで、中国科学院士 14 人、研究所所長クラス 85 人、国家重点実験室主任 51 人であった[4]。

また、2008 年に中国共産党中央組織部・中央人材工作協調チームは、海外ハイレベル人材招致「千人計画」を開始した。窓口となった中国科学技術部は、国家重点イノベーションプロジェクト、ハイテク産業開発区を中心とする各種サイエンス・パークのための人材を招致する。この計画は、5 ～ 10 年間で 2 千人のイノベーション人材を招致するという目標であり、実現した[6]。

　「③資金」の提供に関して、中関村サイエンス・パークでは、4 種類の標準技術、特許促進、債権保証、融資保証に対するファンドが用意されている。

(3) 中関村サイエンス・パークでの産業集積の成果

　（上原、2018）は、北京におけるベンチャーキャピタルの「集積」を分析した[7]。「中関村大街」沿いの大学集積、ベンチャーキャピタルの集積、「中関村創業大街」の投資カフェを概観し、AI スタートアップの清華大学発のメグビー、清華大学傘下の TUS スターなどを紹介している。メグビーは、アリババのネット決済や本人認証などで知られた。また、TUS スターにはサンマイクロシステムズや NEC が入居し、世界 8 カ所に展開している。

　中関村サイエンス・パークで成長したユニコーン企業は、小米、百度、レノボ、JD.com、Letv、aigo など多数存在する。中関村国家自主革新モデル区の企業数は、2014 年に 16,000 社であったが、2015 年に 27,668 社、2018 年 7 月には 39,000 社まで増加した[6]。

　このように、中関村サイエンス・パークの「集積」の成功では、①国家イノベーション・システムと産官学連携、②人材の確保、③資金の提供が有効に機能した。

第 4 節 「一帯一路建設」における産業集積の「連結性」強化

　一帯一路建設は、2013 年に習近平国家主席が提唱した陸の「シルクロード経済ベルト」（一帯）と、海の「21 世紀海上シルクロード」（一路）を合わせた経済圏構想である。

　中国の一帯一路建設は、改革開放政策によりヨーロッパからアフリカまでの地域統合を進めている。中国は、2018 年 9 月からアフリカ、ヨーロッパ、中東、アジアの諸国と二国間協力文書に署名し、または了解覚書に調印した。このことを本節で説明しよう。

(1)「連結性」の強化が一帯一路建設

　一帯一路建設の目的は、「連結性（コネクティビティー）」を強化することである。連結性とは、モノ、カネ、制度、ヒトの連結である。なお、一帯一路建設での 2019 年時点での成果は、物的インフラの鉄道網と道路の整備が中心である。

(2) 2018 年以降の二国間協力文書と了解覚書調印などの急進展

　つぎに、この一帯一路建設は 2018 年以降に急速に進んでいることを説明する。

　2017 年 5 月に北京市で「一帯一路」国際協力ハイレベルフォーラムが開催され、29 か国の首脳級を含む 130 余りの国や 70 余りの国際機関から約 1,500 人が参加した[8]。表 3-6 により、一帯一路建設に関して 2018 年の 8 月から 2019 年の 1 月までの状況を示す。この短期間だけで数多くの国との経済連携が進行している。一帯一路建設に関して、2018 年の 9 月 7 日現在で、一帯一路建設への参加国は、105 か国であり、アジア、アフリカ、ヨーロッパ、中南米、南太平洋地域で 123 件の協力文書が署名された。2019 年 4 月には、38 か国の首脳級を含む 150 余りの国や 92 の国際機関から 6,000 人余りが参加した。

　「アジア」地域に関しては、中央アジアの「カザフスタン」が自国の「光明の道」政策との連携を図る。カザフスタンは、「連結性」の強化のためにインフラ建設や交通物流などの分野で中国との協力を深める。物流基地があるカザフスタンのホルゴスは、上海からモスクワに至る要衝の都市である。

　「アセアン」のシンガポールは、「連結性」に関して、地理的優位性を利用し、「重慶連結性事業」による一帯一路建設に参加する。これは、中国の西部大開発、長江経済ベルトと一帯一路建設との接続である。シンガポール・ビビアン外相と中国・王毅外相は、2017 年 6 月 9 日に北京で会談し、一帯一路建設で「連結性、第三国での協力、金融協力の 3 大プラットフォーム」を築くことに合意した

　「中東」はサウジアラビアとクウェートと経済連携を樹立している。ま

表 3-6　一帯一路建設の進捗状況 (2018/19 年)

105 か国	アジア、アフリカ、欧州、中南米、南太平洋地域 123 件の協力文書	署名	9 月 7 日
習近平	北京・天津・河北共同発展、長江、大湾区建設	国家戦略と一帯一路建設と連携	8 月 27 日
ロシア	一帯一路建設とユーラシア経済連合	連携と協力	9 月 11 日
ロシア	全面的戦略協力パートナーシップは高いレベル	堅固な基礎を築いている	11 月 15 日
中国	国務院国有資産監督委員会	沿線参入事業 3116 件	10 月 30 日
58 か国企業	第 1 回中国国際輸入博覧会	出展 1000 社余り	11 月 3 日
130 ヵ国余り	企業商業展	出展 3000 社余り	11 月 3 日
中国	重点事業	600 社支援	8 月 29 日
ドイツ	全面的戦略パートナーである両国の多国間機関や国際問題	ユーラシアコネクティビティーを推進	12 月 1 日
フランス	全面的戦略パートナーシップ	新たな段階協力。中仏国交樹立 55 周年	12 月 1 日
スペイン	アジア戦略、地中海回廊建設など	全面的戦略パートナーシップ 13 年両国共同声明	11 月 28 日
ポルトガル	両国政府間の「一帯一路」共同建設協力	了解覚書の調印。ユーラシア大陸のコネクティビティー	12 月 4 日
ノルウェー	二国間協力文書	署名	10 月 16 日
ベルギー	二国間協力文書	署名	10 月 18 日
ギリシャ	共同建設協力了解覚書	署名	8 月 27 日
カザフスタン	「シルクロード経済ベルト建設」とカザフの新経済政策「光明の道」	連携	11 月 22 日
ラトビア	二国間協力文書	署名	9 月 18 日
セルビア	二国間協力文書	署名	9 月 18 日
チェコ	戦略パートナーシップ樹立の共同声明	署名	11 月 5 日
フィンランド	「氷上シルクロード」	人文交流を強化、「2019 中国フィンランド冬季スポーツ年」	1 月 14 日

アルゼンチン	南米地域のコネクティビティー	中国ラテンアメリカ関係を建設	12 月 2 日
パナマ	両国	国交樹立	12 月 3 日
ペルー	全面的戦略パートナーシップ	協力深化	8 月 27 日
ウルグアイ	共同建設協力了解覚書	署名	8 月 3 日
フィリピン	フィリピン発展戦略との連携	両国政府の了解覚書、石油・天然ガス開発協力に関する両国政府の了解覚書	11 月 20 日
タイ	全面的戦略パートナーシップ	発展	8 月 24 日
韓国	中韓自由貿易協定（FTA）	第 2 段階交渉	11 月 20 日
香港・マカオ	広東・香港・マカオ大湾区建設など国家戦略	実施	11 月 12 日
シンガポール	全面的戦略パートナーシップ	新たな段階に進める	11 月 12 日
フィジー	「シルクロード経済ベルト」建設共同推進に関する協力了解覚書	「21 世紀海上シルクロード」建設共同推進に関する協力了解覚書	11 月 12 日
モンゴル	全面的戦略パートナーシップ	発展	8 月 25 日
パプアニューギニア	二国間の自由貿易協定（ＦＴＡ）交渉	早期に開始することで一致	11 月 16 日
クック諸島	「一帯一路」共同建設に関する取り決め	調印	11 月 16 日
ブルネイ	経済多様化戦略「ビジョン 2035」	連携。「シルクロード経済ベルトと 21 世紀海上シルクロード」建設に関する覚書	11 月 19 日
サウジアラビア	サウジの「ビジョン 2030」	連携	11 月 30 日
クウェート	戦略的パートナーシップ	樹立	12 月 17 日
アフリカ 37 か国	了解覚書に調印	協力計画策定ー具体的協力実施	9 月 7 日
アフリカ連合	了解覚書に調印	協力計画策定ー具体的協力実施	9 月 5 日
アフリカ 17 行	中国アフリカ金融協力連合体設立	中国国家開発銀行	9 月 5 日
ガーナ	二国間協力文書	署名	9 月 1 日
ボツワナ	二国間協力文書	署名	8 月 31 日

ブルキナファソ	二国間協力文書	署名	8月31日
スーダン	二国間協力文書	署名	9月2日
ジブチ	二国間協力文書	署名	9月2日
ケニア	二国間協力文書	署名	9月4日
コートジボワール	二国間協力文書	署名	8月30日
シェラレオネ	二国間協力文書	署名	8月30日
エチオピア	東方工業パーク	工業パーク建設協力	8月13日
モーリシャス	FTA交渉	妥結	9月3日
ザンビア	ザンビア中国経済貿易協力区	中国有色鉱業集団有限公司の設立協力	9月2日
エジプト	二国間協力文書	署名	9月1日
セネガル	二国間協力文書	署名	9月2日

出所：「中国通信」を基に著者作成。

　た、中米のパナマと国境を樹立し、南米のアルゼンチンと南米地域の連結性を強化しようとしている。
　「ヨーロッパ」に関しては、ドイツ、フランス、スペイン、チェコと全面的戦略パートナーシップに関する共同声明した。ノルウェー、ベルギー、ラトビア、セルビアと二国間協力文書に署名した。また、ポルトガル、ギリシャと了解覚書に調印した。
　「アフリカ」に関しては、中国アフリカ協力フォーラムという中国アフリカ友好協力を中心に進められている。中国は、2018年9月7日時点でアフリカ37か国と「アフリカ連合」と了解覚書に調印している。また、中国国家開発銀行とアフリカ17行とは、2018年9月5日に中国アフリカ金融協力連合体を設立した。アフリカのガーナやケニアなど10か国以上の国が、8月30日から9月2日までに二国間協力文書に署名した。
　以上のように、中国は、一帯一路建設の「連結性」強化によりアジアから「ヨーロッパ」そして「アフリカ」までで協力文書の署名が進み、了解覚書が調印され、地域統合を進めている。

おわりに　要約

　中国とアメリカの世界経済での覇権争いはこれからである。2020年の新型コロナ発生後に、「自由貿易試験区」、「中国製造2025」、「一帯一路建設」は、「自由貿易試験区」、「新型インフラ建設」、「一帯一路共同建設」の三位一体成長戦略に変形した。

　中国では「自由貿易試験区」を産業集積の核とする。「中国製造2025」の産業政策として「新型インフラ建設」により中国国内に次世代情報産業のデジタル産業集積、環境配慮のグリーン産業集積を構築する。国内の産業集積は、「一帯一路共同建設」参加国と「連結性」により強化される。中国は、三位一体の成長戦略により産業集積を目指す。この状況下における日本と中国との経済協力の方向を第13章で示す。

注

1) 大連エリア管理弁法（2018年1月1日施行）は、制度改革を実施した。
2) https://www.sankei.com/world/news/180115/wor1801150016-n2.html（2018年11月19日アクセス）
3) 文涛、ジェトロ通商弘報2016年12月7日。
4) 日本経済新聞2019年7月7日電子版。https://spc.jst.go.jp/education/univ/univ_013.html
5) https://spc.jst.go.jp/policy/talent_policy/callingback/callingback_03.html（2019年7月25日アクセス）
6) https://vipo.or.jp/u/180308_2.pdf（2018年11月11日アクセス）
7) 上原正詩、JCER.「北京、VCと集積」北京市内で合計16科技園、面積488平方キロメートルである。
https://www.jcer.or.jp/jcer_download_log.php?post_id=35829&file_post_id=35852（2018年11月11日アクセス）
8) ジェトロ短信2019年5月22日。

参考文献
河合明宜・朽木昭文編著（2017）『アジア産業論』、放送大学。
朽木昭文（2020）「中国の「一帯一路建設」、「環境配慮」の産業クラスター網によるサプライチェーン形成、『日中経協ジャーナル』、9月号。

第4章　米中経済戦争下の「中国製造 2025」と
　　　一帯一路構想

鄭　海東

はじめに

　米国は、2017 年にトランプ政権が誕生して早々、貿易問題などで中国への厳しい批判を始めた。2018 年 7 月、米国は米中 2 国間協議の不調を背景に、中国製品への追加関税徴収を決定した。同時に、米国が中国の代表的企業に米国製品の禁輸措置を相次ぎ発動し、中国企業などを米国から締め出す法整備を強化するなど、米中は貿易問題を越えて、実質的に全面的な経済戦争に入っている様相を呈している。2020 年 1 月、米中双方は 2019 年 10 月に達した「第一段階」合意の合意書に署名したものの、両国の対立がこれで解消することはない。

　本稿は、米中経済戦争が中国にどう影響するかについて、中国の「中国製造 2025」、一帯一路構想、さらに米中分離問題の行方という 3 つの問題に絞り、中国の資料を中心に検討したい。

第 1 節　米中経済戦争と「中国製造 2025」

　今回の経済戦争に窺えるように、米国が中国にこれほどの敵愾心を剥きだしにしたのは、1987 年の米中国交樹立以降未曾有のことである。そしてまた、これはトランプ政権だけの対中政策ではなく、米国の総意そのものの反映である。その背景には、中国の科学・技術における急速な進歩がある。これについて、科学研究と技術開発という 2 つの面で、簡単に観察する。

　まず科学研究の場合、ネイチャー社が、自然科学系の一流ジャーナル 68 誌での掲載論文から算出した「ネイチャー・インデックス」において各国の

科学の研究水準を比較している。2019年のネイチャー・インデックスの順
位では、米国は20,153で1位、中国は13,566で2位、ドイツは4,546で3
位、イギリスは3,774で4位、日本は3,024で5位となっている（Nature In-
dex、2020）。

　一方の技術開発はどうか。一国の研究開発水準を測る場合、国際特許
（PCT特許）の出願件数が重要な指標になる。表4-1の米国、日本、中国の
国際特許出願件数を見ると、2013年はそれぞれ5万7,239件、4万3,918件、
2万1,516件で、世界トップ3を占めていたが、2019年の同出願件数では、
米国の5万7,840件、日本の5万2,660件に対し、中国は5万8,990件とな
り、初めて世界で首位となった。

　中国の科学・技術が急速に世界の先進水準に接近しつつあることは、中国
が海外技術への依存状態から脱却して、真の経済大国へ脱皮する可能性を大
きく示唆するものである。

　しかし、「ネイチャー・インデックス」や国際特許出願件数だけで一国の
科学技術水準を見るのは必ずしも十分ではない。事実、中国は先進国に比
べ、特に工業製造技術の多くの分野で後れを取っている。その対策として、
中国政府が2015年5月に打ち出したのは、「中国製造2025」という包括的
な産業育成政策である。その具体的な目標は、次世代情報技術、NC工作機
械・産業用ロボット、宇宙・航空、新素材、新エネルギー車などの10分野
で、まず2025年に先進国の仲間入りを果たし、2035年に先進国の中位の水
準に、さらに2050年には先進国のトップレベルに到達するとするものであ

表4-1　PCT特許出願件数の国際比較

（単位：件）

年	2013	2014	2015	2016	2017	2018	2019
米国	57,239	62,133	57,881	56,595	56,824	56,142	57,840
日本	43,918	41,298	43,285	45,239	48,208	49,702	52,660
中国	21,516	27,107	31,031	43,168	48,882	53,345	58,990

出所：WIPO、https://www.wipo.int/edocs/pctndocs/en/2020/pct_news_2020_4.pdf
https://www.wipo.int/pct/zh/activity/

る。

　「中国製造 2025」に対して、トランプ政権は強烈な拒否反応を示している。2018 年 3 月、米国のピータ・ナバロ大統領補佐官が、「中国製造 2025」は我々（中国）が未来のすべての新興産業を主導し、貴方たちの経済にはもう何も未来がないと宣言したようなものだと断罪し、今後の米国の追加関税措置は間違いなく「中国製造 2025」に入っている産業に照準を合わせるものになると予告した（王、2018）。実際、彼の言う通り、米国が米中協議の中で最も執拗に攻撃したのも「中国製造 2025」であった。

　米国の「中国製造 2025」批判は企業への政府補助金に集中しているが、具体的にどこが問題なのかについて、まだ何も WTO ルール上の根拠を示せていない。WTO の補助金協定では、問題視される補助金を「レッド補助金」と「イエロー補助金」との 2 種類に分けている。「レッド補助金」の対象は輸出補助金及び国内産品優先補助金で、完全禁止とされている。一方、「イエロー補助金」の対象は特定の企業・産業に限定した補助金の交付といった「特定性」のあるもの、国内産業に対する損害、関税譲許の利益の無効化及び「著しい害」といった他国に悪影響を及ぼすものである（経済産業省、2019）。

　「中国製造 2025」は先端技術の開発を中心とする産業政策である。輸出拡大が直接の目的ではないため、「レッド補助金」に当たらないのは明白である。一方の「イエロー補助金」の「著しい害」の中には、輸入代替などが入っている。「中国製造 2025」が輸入代替の効果を持つ産業育成政策であるため、「イエロー補助金」に当たるかは見方によって判断が違う。

　この場合、日本政府の見方が参考になる。2019 年 6 月に公表された経済産業省の『不公正貿易報告書 2019 年版』では、WTO の補助金ルール違反の事例として「中国製造 2025」を取り上げていない。2001 年末中国のWTO 加盟後、日本は WTO ルールに照らして中国の貿易関連政策を細かくチェックしてきた。「中国製造 2025」に対して日本も非常に警戒している中、「不公正貿易報告書 2019 年版」においてそれについての言及がなかったことは、現行の WTO ルールの下、「中国製造 2025」をルール違反と見做さ

ないとの判断があったのであろう。

　実際、政府補助金問題に関連して、米国は逆に中国から WTO 提訴にされているのである。2012 年、中国からの鉄鋼製品などが政府補助金を受けたとして、米国が中国製品に相殺関税をかけた。同年、中国は米国の措置をWTO に提訴した。2019 年 7 月、WTO は米国の相殺関税の根拠が不明確で不当であるとする判断を示した（『日本経済新聞』、2019 年 10 月 23 日）。また、2019 年 9 月 4 日、中国は米国が同月 1 日に発動したいわゆる「第 4 弾」の対中追加関税を WTO に提訴した。この「第 4 弾」の対中追加関税を発動した理由の 1 つも、中国の産業政策への政府補助金の使用であるとする（『日本経済新聞』、2019 年 9 月 5 日）。しかし米中協議において、米国が中国に米国の報復関税に対する WTO 提訴の取り下げを要求した。これは、中国の政府補助金への米国の批判が WTO ルールでは通用しないことの証拠である。

　一方、「中国製造 2025」が米中の主要の争点となっている中、その動向は大きく注目されていた。「中国製造 2025」という用語は、2015 年から 2018 年まで毎年の中国全国人民代表大会の「政府工作報告」で言及されているが、2019 年の同報告は言及がなくなった。それ以来、「中国製造 2025」は用語としてほぼ公的な場から消えた。しかし、これで中国が「中国製造 2025」のような産業育成政策を諦めたとは到底考えられない。

　中国は「中国製造 2025」のような産業政策を推進しなければ、今後の発展が見込めない。「中国製造 2025」に掲げた技術、製品、製造装置の多くが、海外からの輸入を西側に厳しく管理・禁止されている中、中国が産業構造の高度化を図るには強力な産業政策を盾に国産化を進める以外に方法がない。2018 年以降、米国が中国企業にその半導体製品などの輸出を禁止したことは、中国の産業育成政策の強化に一層拍車をかけたはずである。

　半導体産業は中国製造業の急所である。中国の半導体産業はそれなりの規模を有しているが、世界の先進水準との差は大きく、2020 年現在、需要の約 9 割を輸入に依存している。2008 年、中国の集積回路の輸入額は 916 億ドルに上り、原油を超えて中国最大の輸入品目となった。その後も輸入額は年々巨額化し、2019 年には 3,056 億ドルに達した。2014 年 6 月、中国国務

院が半導体産業の資金不足を解決するため、「国家集積回路産業発展綱要」
を公布した。従来のような財政依存型の支援方式を見直して市場の資金を動
員できるような投資方式への転換を図った。これに基づき同年 9 月に発足し
たのが、"大基金" とも呼ばれる「国家集積回路産業投資基金」である。

　"大基金" の第 1 期において、2018 年 9 月までの実際の出資額は 1,000 億
元（1 人民元 = 0.15 米ドル、以下同）を超え、さらにそれに集まったエクイティ
ファイナンス、企業債券、銀行融資などの市場資金額が約 5,000 億元に上っ
た。そして、中央財政にあっては出資額に占める割合は 20% で、市場資金
額に占める割合は 5.2 ％であった（第一財経、2019）。また、"大基金" の影響
で地方にも相次ぎ半導体産業投資基金が設立され、2019 年 3 月時点でその
規模は 4,000 億元に達している（中国半導体産業連盟、2019）。

　"大基金" の成果について、具体的に評価する資料はまだ少ないが、2014
年 "大基金" 1 期目発足後の中国半導体産業の足跡は確かなものである。
2015 年、中国の半導体受託生産メーカーの中芯国際集成電路製造（SMIC）
が 28nm 半導体の量産を実現し、さらに 2019 年に 14nm 半導体の量産を開
始した。ついで 2016 年、メモリーメーカーの長江存儲科技（YMTC）が発
足し、2019 年に 64 層 256Gb 3D-NAND フラッシュの量産を開始した。さ
らに 2016 年には、DRAM メーカーの長鑫存儲科技（CXMT）が創設され、
2019 年に DDR4 8GbDRAM の量産を開始した。最先端との差は依然大きい
ものの、確実に世界半導体製品の主流を捉えつつあるのである（寧、2019）。

　"大基金" の設置は、当初から WTO 補助金ルールに対する意識があった
かは定かではないが、産業振興の資金源が財政支出から市場調達にシフトし
た点は、政府補助金をめぐる海外の批判を回避する効果があることが確かで
ある。中国は "大基金" の第 1 期の運営で自信を深め、2019 年 10 月には第
2 期の募集を開始した。第 2 期の出資額は約 2,000 億元、それに動員される
社会資金は 6,000 億元と見込まれている（張旭寧、2019）。たとえ「中国製造
2025」は過去の言葉となったにしても、中国は米国に影響されずに、確実に
産業育成政策を導入していくであろう。

第2節　一帯一路構想下における中国の経常収支

　2013年、中国は陸と海との2つのルートでアジア・ヨーロッパ・アフリカとの三大陸を繋ぐ交通網を整備して、沿線国との投資・貿易関係を強めていくという「一帯一路」の構想を打ち出した。これは2008年リーマンショック後、中国の伝統的な海外輸出市場の飽和感が強まる中、将来において必要な海外市場の確保を視野に入れた政策大転換である。

　2020年1月現在、一帯一路の参加国は138ヵ国、うち沿線国が65ヵ国である。これらの沿線国にある莫大なインフラ投資需要は、一帯一路構想の出発点である。中国交通銀行チーフエコノミストの連平氏らによれば、一帯一路の投資需要はインフラ建設だけで6兆ドルが見込めるという（連・李、2019）。これら沿線国の投資需要に対して、世界銀行、アジア開発銀行（ADB）も資金供与を行っているが、2013年以降は一帯一路唱導国としての中国が重要な資金供与者になっている。

　一方、米国などは一帯一路構想が世界の勢力図を大きく変えるという可能性に強い警戒心を抱き、中国の同構想への資金供与のあり方に厳しい批判を展開してきた。ゆえに、米中経済戦争にあって、これまで潤沢な外貨準備をバックに展開されていた中国の一帯一路向け投融資がどう変化するか、世界から大きな注目を受けている。

　データが十分でないため、中国の一帯一路向け投融資の全体像はまだ正確に把握しにくい。主要なもので見ると、中国企業の沿線国への直接投資額は、2019年9月まで累計で1,000億ドルを超えている（新華網、2019）。また、中国の金融機関は一帯一路事業に対し、2019年4月までに4,400億ドル以上の資金を提供している。しかし、この4,400億ドルの中に、元建て資金の3,200億元が含まれており、その点に留意する必要がある（人民日報、2019年11月1日）。

　中国は構想の初期から元建て融資を行っているが、一帯一路向け投融資で使用される通貨は、およそ2017年10月まではほぼ米ドルのみであった（張岸元、2017）。中国発展改革委員会研究所の張岸元氏らによれば、中国の一帯一路への資金供与は主に、国家開発銀行など商業銀行の市場化間接融資、ア

ジアインフラ投資銀行（AIIB）・シルクロード基金などの直接融資、企業の直接投資の 3 ルートで行われており、いずれも米ドルを使用していた。これらのドルを提供しているのは、2012 年に発足した中国外貨管理局の外貨準備委託融資弁公室である（中国経済導報、2015 年 10 月 13 日）。

　表 4-2 が示すように、中国の外貨準備高は、2014 年末にピークの 3 兆 8,430 億ドルに達したが、2015 年に入ってから大幅な減少を見せる。2020 年 2 月現在は 3 兆 1,067 億ドルで、2006 年以来の世界一の規模を維持しているが、2014 年に比べ約 7 千億ドル減っている。この減少は、一帯一路への資金供与をはじめ、国際収支統計上の「誤差脱漏」の巨額化と大きく関係していると考えられる。

　他方、2014 年以降、中国の対外債務の急増、特に短期債務の割合の高さの点から中国の外貨準備の充足度を問題視する向きもある。中国の外債高は 2013 年の 8,632 億ドルから、2019 年の 2 兆 573 億ドルに膨れ上がった。そのうち短期債務の割合は、2013 年に 78.4 ％であったが、2018 年、2019 年にはそれぞれ 65.0%、58.6% へと下がっている。一方、短期外債の外貨準備高に占める割合は 2013 年に 17.7 ％であったが、2018 年、2019 年にはそれぞれ 42.0%、38.8% に達している（中国国家外貨管理局、2020）。このため、IMF

表 4-2　中国の経常収支と外貨準備高の推移

（単位：億ドル）

年	財貿易収支	サービス貿易収支	第一次所得収支	第二次所得収支	経常収支	誤差脱漏	外貨準備高
2012	3,116	-797	-199	34	2,154	-871	33,116
2013	3,590	-1,236	-784	-87	1,482	-629	38,213
2014	4,350	-2,137	133	14	2,360	-669	38,430
2015	5,762	-2,183	-411	-126	3,042	-2,130	33,304
2016	4,889	-2,331	-440	-95	2,022	-2,295	30,105
2017	4,759	-2,589	-100	-119	1,951	-2,130	31,400
2018	3,952	-2,922	-514	-24	491	-1,602	30,727
2019	4,253	-2,611	-330	103	1,413	-1,981	30,924

出所：中国国家外貨管理局ホームページ。

が 2011 年に公表した外貨準備充足度の算出方法で見れば、2018 年の場合、中国の外貨準備高は 3 兆ドルあっても不足するとの見方も現れた（中田、2019）。しかし実際には、2018 年に中国を視察した IMF は、中国の外貨準備高について「充分すぎる水準を維持している」と結論付けたのである（露口、2019）。

　無論、上述の IMF の結論は、中国の外貨準備が今後も一帯一路事業へ巨額のドル建て資金を提供し続けられることを意味しない。理由は明白である。一帯一路沿線国のインフラ整備などの資金需要は一国の外貨準備だけで供与可能なものではなく、米中経済戦争が長期化する中、貿易黒字に大きく依存する中国の外貨準備の規模を維持する保障もない。

　中国の経常収支の動向を見よう。経常収支は、財貿易、サービス貿易及び第一次所得収支、第二次所得収支からなっている。表 4-2 の通り、中国の貿易黒字の稼ぎ頭である財貿易の黒字額は 2015 年の 5,762 億ドルをピークに減少してきている。それに伴い、経常収支の黒字は 2015 年の 3,042 億ドルから、2018 年の 491 億ドルに激減した。2019 年、経常収支は前年より持ち直したものの、まだ 2015 年の水準の約半分にとどまっている。

　表 4-3 が示すように、これまで中国の貿易黒字は米中の財貿易に大きく依

表 4-3　中国の対米財貿易の推移

（単位：億ドル）

年	対米輸出	対米輸入	対米輸出入差額	全体の貿易収支
2012	3,518	1,329	2,189	2,319
2013	3,684	1,523	2,161	2,354
2014	3,961	1,590	2,371	2,213
2015	4,095	1,987	2,108	3,579
2016	3,851	1,344	2,507	2,558
2017	4,297	1,539	2,758	2,170
2018	4,784	1,551	3,233	1,030
2019	4,187	1,227	2,960	1,642

出所：『中国統計年鑑』各年版；中国海関総署ホームページ。

存している。対米財貿易黒字がなかったら、中国の貿易収支も経常収支も赤字に転落する可能性がある。前述した米中の「第一段階」の合意で、中国は今後 2 年間での対米輸入を 2017 年より 2,000 億ドル以上に増やすことを約束させられているため、これまでのような対米貿易黒字の水準は期待しにくいのである。

　実際、中国自身もすでにドル依存の限界を強く意識し、人民元の国際化、即ちドル建て投融資から元建て投融資への転換を図り始めている。2017 年 5 月に 1 回目の一帯一路サミットが開催された際、中国は、中国政府によるシルクロード基金へ 1,000 億元の増額、中国金融機関による 3,000 億元規模の海外基金設立の奨励、中国国家開発銀行・中国輸出入銀行によるそれぞれ 2,500 億元、1,300 億元のプロジェクト融資の提供という一連の施策を公表したのである。

　人民元の国際化について、中国はこれまで人民元決済銀行の設置及び通貨スワップ協定の締結などによって意欲的に推進してきた。しかし、中国が資本勘定の自由化を認めていないこともあり、進展は満足のいくものではなかった。2017 年、中国が一帯一路事業において元建て資金の大規模な導入に踏み切ったのも、2016 年 10 月に人民元が IMF の特別引出権（SDR）に採用され元の国際地位が上がったためである。短期的には一帯一路事業において元建て資金がドル建て資金を大幅に代替することは非現実だが、2017 年以降元建て融資の消化は概ね順調であり、今後も元建て資金への需要がさらに拡大される見通しである。

　しかし、投資需要は旺盛だが債務返済能力が低いという問題は、多くの沿線国の共通点である。前出の張岸元氏は、沿線国と中国との間で持続的な「資本循環」が形成できないことが問題であると指摘する。張氏の言う資本循環とは、①相手国が中国への商品輸出で得た収入によって中国融資の元本を支払う「経常勘定と資本勘定の組合せ的バランス」、②中国が資本輸出し、相手国が国家財政または融資プロジェクトの利益によって融資の元本などを支払う「資本勘定下の流出入の自動的バランス」の 2 パターンである。そして、一帯一路沿線国の多くは輸出産品が少なく財政能力も低いため、中

国との間で持続可能な資本循環が形成されず、債務返済能力が弱いという（張岸元、2017）。

　投融資案件の質の問題は債務返済問題と関連しているため、中国が対応を間違えれば、元建て融資の拡大に支障をきたすだけでなく、一帯一路自体への批判にも繋がりかねない。2019年4月に開催された2回目の一帯一路サミットにおいて、中国はその投融資方針について言わば「負担可能、持続可能」とする軌道修正を行った。具体的には、開発プロジェクトの建設・運営・購買・入札などにおいての国際スタンダードの導入、また、投融資における他国との第三者市場での連携などを通じてプロジェクトの透明度を高め、中国以外の投融資者を誘い込んで資金力不足を補うことである。同時に、市場原理に基づき、「『一帯一路』融資原則」、「『一帯一路』の債務持続可能性に関する分析枠組み」を作成し、一帯一路事業に関する投融資の審査基準の規範化を図った。

　このように、2017年と2019年の2回にわたる一帯一路サミットを経て、一帯一路事業の進め方はそれ以前に比べて非常に大きく変化した。1つは人民元の国際化の推進によって、沿線国向けのドル建て投融資は極力抑えることであり、いま1つは融資ルールを厳格化して不良債権のリスクを回避することである。これらは実態に即した必要な政策転換であるが、その結果として、一帯一路構想は従来のスピード感を失い、普通の中国の海外投資に変わってしまう可能性もある。

　同時に、これらの軌道修正はそのいずれもがドル依存の脱却に収斂するため、米中経済戦争によって中国の貿易黒字の規模が縮小しても、それ自体の一帯一路構想に及ぼす影響はかなり限定的であろう。

第3節　米中デカップリングの行方

　既述したように、米中経済戦争の真因は中国の急速な科学技術の進歩に対する米国の危機感である。ヘンリー・キッシンジャー元米国国務長官によれば、現代科学技術は一国に想像以上のパワーを持たせるもので、中国はその科学技術の発展で米中の力の均衡を破ることができるとする（観察者網、

2020 年 1 月 7 日）。中国の科学技術の発展の可能性を根本から取り除くという
トランプ政権の対中戦略は、米国のロジックからして至極当然のことである。手法も単純明瞭そのもので、技術の遮断と中核部品の禁輸である。

　技術の遮断は中国の企業と技術者、研究者を米国から締め出すことである。2019 年 8 月に成立した「2018 年外国投資リスク審査現代化法（FIRR-MA）」は、外国企業の対米投資の審査を強化し、半導体や情報通信など 27 産業を規制対象に指定した。さらに、中国出身の研究者や留学生などの滞在と雇用への監視・規制がかつてなく強化されているだけでなく、米国で開催される国際学術会議への中国人研究者の参加が禁止されるケースも出ている。

　対中技術封鎖においては、同盟国の立場が重要な意味を持つ。温度差はあるが、同盟諸国は一応対米追随で歩調を揃えている。同盟国によっては、米国よりも中国の科学技術の台頭の影響を受けやすいため、対中技術封鎖に関して米国以上に意欲的である場合もある。2019 年 2 月に EU 初の対内直接投資審査法案が成立、2019 年 11 月には日本の改正外為法が成立これらは、その代表的な動きである。

　一方の中国企業への中核部品の禁輸について、2018 年 4 月に中興通訊（ZTE）、2019 年 5 月に華為技術（ファーウェイ）が米国のエンティティー・リスト（EL）に載せられ、2 社への米国製半導体製品の供給を断たれたことがよく知られている。EL とは、米国商務省が安全保障上の懸念があるとして米国製品（米国企業の部品・ソフトが 25% 以上を占める製品を含む）の供与を禁止する企業のリストである。米国の対中禁輸の動きは、その後さらに強まる様相を呈している。たとえば、オランダ ASML 社の半導体製造用の EVU 露光装置の対中出荷の阻止、ファーウェイへの EL 規制基準を米国製品割合の 25% から 10% に引き下げることの検討、ゼネラル・エレクトリック（GE）の中国国産旅客機 C919 へのエンジン輸出阻止の検討など、中国の中核企業を狙い撃ちする報道が後を絶たない。

　米国当局の一連の動きを受け、米国は中国との経済的繋がりを切り離す、いわゆる米中デカップリングを布陣し始めたのではないかとの見方が強まっ

てきている。ファーウェイが2019年5月に禁輸措置を受けた当初、中国では米中はサプライチェーンで複雑に繋がっていることなどから、さすがに米国も米中デカップリングには踏み切れないだろうとの期待論もあった。しかし、上述のEVU露光装置の対中輸出の阻止や対中エンジン販売禁止の検討などが明るみになるにつれ、中国において中国を封じ込める米国の意志を疑う人はもはやいない。

　問題は、米国がどこまでできるかである。完全な対中デカップリングは、米国企業にとって中国市場の放棄を意味することに他ならない。米国のボストン・コンサルティング・グループ（BCG）はその2020年3月の報告書で、米中対立による米国半導体産業への影響について以下のように予測する。米国の対中規制が現状維持の場合、3から5年後には、米国半導体企業の中国市場と世界市場全体での売り上げがそれぞれ55%と16%減少、研究開発費が13〜25%減少する。完全な米中デカップリングの場合、3から5年後には、米国半導体企業が中国市場をすべて喪失し、世界市場での売り上げが17%減少、研究開発費は30〜60％減少する。研究開発費の減少の結果、米国半導体産業の世界リーダーの地位は短期的には韓国、中長期的には中国に譲ってしまうというのである（程、2020）。

　だが、米国は中国の台頭を抑え込むことに国運を賭けているのは事実であり、大きな代償を払ってでも完全な対中デカップリングに踏み切る可能性は排除できない。中国は最悪の事態に備えて対策を採っていくしかないが、中核技術と中核部品の多くを海外企業に握られている中、中国にはこれまで以上に国産技術の開発を加速させるしか選択肢がない。中国にとって、技術や部品の供与が断たれた際、すぐに国産技術に切り替えられるかどうかが勝負所である。いばらの道ではあるが、米中デカップリングは逆にこれまで海外技術への経路依存性で日の目を見ることのできなかった国産技術のチャンスになることも認識されるべきである。

　実際、米中経済戦争が始まって以来、中国は投資の拡大など半導体産業育成のピッチを速めている。前掲のBCG報告書も半導体製品の対中禁輸は、中長期的には中国の半導体自給率を現在の14%から85%に高めさせること

を予測している（程、2020）。また、米国の禁輸措置が中国企業の自主技術の採用を早めた事例としては、ファーウェイが自社 OS の「鴻蒙（Harmony）」によってグーグルのモバイル OS であるアンドロイドを代替したことを挙げられる。

　一方、対中デカップリングの進展次第によって、米国は中国と世界との金融の繋がりを断つことが予想できる。米国がかつてイランの対外金融ルートを切断したように、国際銀行間通信協会（SWIFT）を利用すれば、簡単にそれができる。SWIFT は 1973 年に成立した各国の海外送金を取り次ぐ民間協会であるが、9.11 事件以降、次第に米国が世界各国を監視・制裁するための重量級装置という側面を持つようになった（鉄流、2015）。

　中国は自国の金融安全のため、さらに人民元の国際化のため、2015 年 10 月に人民元の国際銀行間決済システム（CIPS）を立ち上げた。CIPS は確かに中国の金融安全と人民元国際化の促進に効果を上げているが、当初最も期待されていた SWIFT からの自立の実現にはまだほど遠い。CIPS は基本的に元建て取引のための決済システムであり、中国自身がまだドル建て取引が圧倒的に多い現状の下では、おのずから限界がある。

　この問題に関連して、2019 年に入ってにわかに注目を集めているのは、中国のデジタル通貨の開発である。2014 年から開発が始まった中国の法定デジタル通貨は、2020 年 4 月に内部実験が始まったことから、正式使用が近づいているとみられている。デジタル通貨開発の目的について、中国の専門家は一様に、①デジタル経済化への順応、②通貨発行コストの削減、偽札・マネーロンダリングなどの撲滅、③デジタル主権の防衛と人民元国際化の促進である（中国経営報、2020 年 4 月 21 日）として、「米国要因」への言及を避けている。しかし、デジタル通貨はブロックチェーンの分散型台帳技術によって銀行を介さずに資金の移動が可能なため、SWIFT の監視網を回避できるのである。

　米国との関係で見た場合、中国にとってデジタル通貨発行の意義は、対外金融ルートの確保と人民元国際化への促進にある。SWIFT の利便性を考えて、米国が"言いがかり"的な行動を取らなければ、デジタル通貨発行後も

中国は SWIFT との関係を維持していくであろう。一方で、デジタル通貨発行は確実に人民元国際化への大きな推進力になり、一帯一路事業におけるドル不足のボトルネックの突破口になる可能性もある。またこの場合も、米国がSWIFT を盾にむやみな制裁行為をするほど、各国はデジタル通貨による元建て取引を増やし、その結果、ドル覇権の衰退が加速化するのである。

　デジタル通貨の発行は中国の重要な対米抑止力になるが、米中の力関係を根本から変えるものではない。米中経済戦争以来、米中デカップリングを恐れるあまり、中国は防戦一方の姿勢に徹している。こうした恐慌心理に一石を投じたのが、中国人民大学国際貨幣研究所研究員・翟東升氏の米中デカップリング有利論である。

　翟氏は、1979 年以後、中国は経済のグローバル化の波に乗って急速に工業化を実現した反面、ピーク時には海外資本に毎年 4,000 億ドルほどの純利益を提供するという大きな代償を払っていたという。10 年以前に比べて現在は、中国の輸出や米国市場への依存度がかなり小さくなり、米国の市場、技術、ドルを頼れば中国が発展できるという考え方はすでに過去のものである。中国は実体経済であり、対しての米国は貨幣信用経済である。中国の商品生産は、米国の虚構信用の生産速度には永遠に追い付かない。中国は徐々にドル体制から脱却する条件が熟しており、米中デカップリングは逆に中国の米国超越の追い風になるというのである（翟、2019）。

　米中貿易戦争が長期戦の様相を呈しており、その着地点についての予測は難しい。中国人民大学の金燦栄氏は、第 4 次産業革命に対する主導権争いこそが、米中経済戦争の本質であると述べる（金、2019）。彼は、第 4 次産業革命は新素材のグラフェン、遺伝子工学、人工知能（AI）、量子技術、核融合という 5 つの方面と絡んで生まれるであろうが、その主導権を争えるのは米中のみとする。米国の強みは新技術の創造力であるが、新技術を生産力に転化する力が弱くなっている。それに対して、中国の強みはフルセット型経済をバックに新技術を早く産業化する能力である。金氏はこの分析を踏まえて、巨大な工業力を持つ中国には、米中経済戦争において大きなミスさえなければ、第 4 次産業革命において勝機が十分あると展望した（金、2019）。

おわりに

　米中経済戦争の勃発は、中国が1979年以降享受してきた外部環境の終焉を告げた。その外部環境とは、1971年の金ドル交換の停止を機に強まった経済のグローバル化の波に、中国が1979年以降打ち出した対外開放路線が乗り、中国の低賃金労働と先進国の大量生産技術の結合で形成された垂直的分業を米国が許容したことにより形成された。しかし、1949年建国後の猛烈な産業政策で築き上げた分厚い産業基盤と改革・開放路線で得た新しい知識の結合が、中国に先進国との分業を垂直的分業から水平的分業へ転換させる可能性を持たせた。

　米国の技術封鎖と部品禁輸の前に、中国は危惧されていた垂直的分業の脆弱さを露呈した。中核技術、中核部品を開発するには、国内市場の庇護が必要である。国内市場の多くが海外資本に抑えられている中、部品供給網の寸断にどこまで備えればよいか、強いて自主技術の開発が必要なのかは、長年中国の中心的論争の1つであった。米国の政策の変化は、明白にこの論争に終止符を打った。中国にとって、これは米中経済戦争がもたらした大きな収穫であろう。

引用文献

Nature Index（2020）*Nature Index 2020 Annual Tables*、*2020 tables: Countries/territories*、Nature Index.
　https://www.nature.com/articles/d41586-019-01921-0 April 29, 2020.
王曉（2018）「美国徴税就是針対"中国製造2025"計劃日.
　http://www.guancha.cn/america/2018_03_29_451930.shtml　2019年11月1日.
経済産業省（2019）『不公正貿易報告書2019年版』、251-254頁.
第一財経（2019）「国家大基金加碼投資芯片領域、中国半導体如何走出"車灯理論"」.
　https://baijiahao.baidu.com/s?id=1640579839368207958&wfr=spider&for=pc　2019年7月31日.
中国半導体産業連盟（2019）「国家大基金重点支持中国半導体産業発展」.
　http://guba.eastmoney.com/news,002023,811405240.html　2019年3月24日.
寧南山（2019）「貿易戦20个月以来中国芯片製造業進展」.
　https://user.guancha.cn/main/content?id=201976&page=0　2019年11月29日.
張旭寧（2019）「中国半導体産業発展情況浅析」.
　https://cloud.tencent.com/developer/news/418157　2018年8月20日.
連平・李津津（2019）「"一帯一路"拓展人民幣国際化新空間」『中国外滙』2019年第7期.

https://www.sohu.com/a/305393946_99973137　2019 年 4 月 2 日.

新華網（2019）「中国企業対"一帯一路"沿線国家投資累計超 1000 億美元」.
　http://www.xinhuanet.com/2019-09/29/c_1125057885.htm　2019 年 9 月 29 日.

張岸元（2017）「"一帯一路"資本循環：宏大命題的小心求証」『財経』2017 年第 24 期.
　http://magazine.caijing.com.cn/20171027/4350561.shtml　2017 年 10 月 16 日.

中国国家外貨管理局（2020）「1985-2019 年中国長期和短期外債的結構与増長」.
　http://www.safe.gov.cn/safe/2018/0410/8816.html　2020 年 3 月 27 日.

中田理恵（2019）「中国：外貨準備高は 3 兆ドルでも足りない？」.
　https://www.dir.co.jp/report/column/20190527_010254.html　2019 年 5 月 27 日.

露口洋介（2019）「中国の外貨準備水準」.
　https://spc.jst.go.jp/experiences/tsuyuguchi/tsuyuguchi_1908.html　2019 年 8 月 26 日.

観察者網（2020）「基辛格：希望貿易談判将開啓一場政治層面的対話」.
　https://www.guancha.cn/JiXinGe/2020_01_07_530671_s.shtml　2020 年 1 月 7 日.

程小康（2020）「波士頓咨詢：限制対華貿易、令美国半導体領導地位岌岌可危」.
　https://www.guancha.cn/industry-science/2020_03_13_541437_s.shtml　2020 年 3 月 13 日.

鉄流（2015）「中国人民元跨国支付系統 CIPS：抵御跨境金融戦的護身符」.
　https://www.guancha.cn/tieliu/2015_10_13_337277.shtml　2015 年 10 月 13 日.

金燦栄、2019、「特朗普先生第一反応説、華為肯定是偸我們的的 5G ！」.
　http://user.guancha.cn/main/content?id=189486&s=fwzxfbbt）2019 年 11 月 1 日.

第5章　中国の投融資体制と対一帯一路直接投資

門　　闖

はじめに

　改革開放後の中国経済は、特に21世紀に入ってから、WTO加盟（2001年）を契機に、国際貿易を通じて着実に世界経済におけるプレゼンスの拡大を実現してきた。これは、GDP（国内総生産）および貿易額の世界シェアからも明らかで、2000年代に入ってから、中国の輸出額シェアは5％以下（2000年、3.6％）から10％を超える（2010年、10.3％））まで急拡大し、GDPシェアでは、2010年代に入って10％以下（2010年、9.2％）から15％（2016年、14.8％）まで著しい伸びを示している（図5-1）。

　一方、経済の高成長とともに、急激に増え続ける中国の対外直接投資（out-ward FDI、以下、OFDI）は注目を集めている。2016年に、中国企業の対外直接投資（金融機関を含まないOFDI、フロー）は初めて中国の外資導入（FDI、フロー）を超えた（図5-1）。中国OFDIの規模は、わずか10数年の間に、世界の20位以下（2002年、26位）から世界2位（2016年、米国に次ぐ）まで急上昇した（『中国対外直接投資統計公報』2018年版、p.6）。中国のOFDIは短期間、大規模かつ伸びが速いという特徴を呈している。

　このように拡大の勢いを増している中国の対外進出については、政府による強力な推進によって戦略的に展開されることがしばしば指摘されている（Shambaugh、2013）。グローバル経済における中国の台頭に対して、アメリカの主導権に対する挑戦や国際秩序の崩壊、さらに地域政治経済におけるパワー・トランジションや周辺地域との摩擦や対立など、懸念をあらわにする研究が多い（Shambaugh、2016）。これを裏付けるのは、2000年代に入ってか

図 5-1　中国の GDP と輸出額の世界シェアと対外直接投資（OFDI）

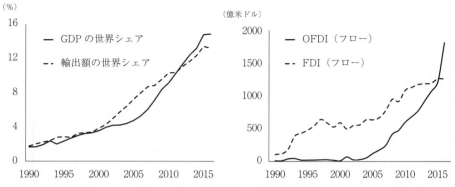

出所：中国国家統計局、IMF、UNCTAD、商務部（商務省）『中国対外直接投資統計公報』。

ら中国企業の対外進出を後押しする「走出去戦略」[1]が五カ年計画（「国民経済・社会発展第 10 次五カ年計画要綱（2001 ～ 05 年）」）に盛り込まれたことに始まり、さらに 2012 年の習近平政権誕生以降、「一帯一路構想」（The Belt and Road Initiative、以下、BRI）の提唱や「アジアインフラ投資銀行」（Asian Infrastructure Investment Bank、以下、AIIB）、「シルクロード基金」（Silk Road Fund）の創設までにいたる、一連の対外政策の変化がある。これらの出来事は中国資本や中国企業の対外進出の急拡大と相まって、中国を取り巻く対外関係の変化と世界経済に与える影響について、研究者の関心を高めている。その中で、イデオロギーの輸出や国家資本主義の台頭を懸念して中国の膨張によるパワー・シフトを重要視する国際レジーム論が研究の中心となっている（Bremmer、2014）。

　しかしながら、中国の改革開放の歴史を振り返れば明らかなように、対外政策における一連の変化は、単に習近平政権で生じた出来事ではなく、鄧小平時代、さらに江沢民、胡錦濤政権下で試行錯誤を積み重ね、紆余曲折を経た結果でもある。これに対して、現状の活況に着目する中国の対外関係研究では、歴史の積み重ねのもとで形成された中国経済システムの特性が十分に意識されているとは言い難い。門（2019a）は、金融機関の海外支店開設に対する考察を通じて中国の対外進出を固有の特性を有する中国経済の外延的

拡大として理解し対外進出の決定要因を分析している。すなわち歴史的観点から中国の対外関係を連続的に捉えることにより、システムとして機能する中国経済の固有特性によって中国経済が如何なる形で対外関係の拡大をもたらし、それがどのような経路で世界経済および周辺地域へ影響を及ぼすのかを究明しようとしている。

　これについては、中国が主導する BRI（一帯一路）地域の投融資でも、中国経済の固有特性の影響がみられている。本報告では、まず中国国内の投融資体制を説明し、そこからみられる中国経済の構造的特徴を検討し、その上で、中国 OFDI の急伸と対 BRI 直接投資の実態を考察し、中国経済の固有特性に影響される中国の対外進出の特徴、および今後の展望について見解を述べていきたい。

第 1 節　中国の投融資体制

　このように短時間で急速に対外進出の拡大を実現できたことは中国の投融資体制と関係する。これについて、海外の研究は、政府の主導や国有企業への依存を特徴とする国家資本主義の性格が強いという点に関心が集まっている（Bremmer、2014）。しかし、中国対外進出の主体を確認すると、国有企業による対外直接投資は OFDI 投資額（フロー）に占める割合が年々減少し、2000 年代前半の 9 割以上から 2018 年の 4 割以下（37.7%）に落ちている[2]。その中で、政府がどのようにして資源を動員し戦略的投資を実現しているのか、そして投資先地域をはじめ世界経済にどのような影響を及ぼしているのかなど、政府の主導や国有企業だけで説明できない対外進出の内実を探ることが重要となってくる。

　計画経済から脱皮した中国の投融資体制は、市場化への移行の過程に、資金調達の市場化と運用主体の多様化を実現している一方、計画経済で形成された経済運営の特徴も色濃く残っている（郭励弘、2003）。計画経済下の資金配分は、金融と財政を問わず政府によって管理されたことによって、各レベルの政府（中央・地方）に応じて資金配分を統括する部署と機能が設けられていた。改革開放以降、企業部門への資金供給を政府の財政支出から銀行融

資に改めたことから始まり、資金配分の市場化や投資主体の多元化では大き
な進展を見せている一方、かつて地方政府がもつ資金配分の部署や機能が多
元化する投資主体を取り込む形で継続されている（門、2019b）。これによっ
て、域内の資金動員を中心に各レベルの政府に応じる地方の投融資体制が作
りあげられている。もちろん、1994年以降、政策金融機関の設立によって、
中央政府レベルでの投融資体制を構築しはじめたが、一方、市場化と多元化
しつつある地方政府の投融資も根強く存在している[3]。

　そのため、中国の投融資体制は、日本のそれに比べると、政府債券発行へ
の依存度が低く、地方政府の投融資を中心に資金供給と運用の主体が複雑で
ある。この点については、地方財政の赤字歳出から確認できよう。まず税収
などの一般財源について、1994年の分税制改革以後、過半の財政収入は中
央政府によって徴収され、大半の財政支出を担う地方政府の収入割合が低下
した[4]。2010年代以降、営業税改革や税収に対する中央と地方の取り分調整
などで地方の税収割合が増えたものの、中央政府が依然として半分近くの割
合をもっている[5]。しかし、改革開放以後、計画経済期に半数以上中央政府
によって行われた財政の支出と投融資は地方政府によって担われるようにな
り、一般歳出に占める地方の割合が8割以上に達している。よって、1990
年代までは、黒字で推移してきた地方財政は、分税制改革以降、赤字歳出が
急速に拡大し、規模も1990年代の数百億元から2018年の9兆元まで膨らん
でいる。地方歳入に占める赤字歳出（支出超過分）の比率は80～90％と高
い水準まで拡大している（図5-2）。

　そのため、多くの財政支出と投融資活動を抱える地方政府は、財源を確保
するために、資金源の多様化や調達手段の市場化を率先して推し進めてき
た。この点については、中華人民共和国誕生後に導入した計画経済システム
の下で生じた地方分権に大きく関係している。中国の計画経済については、
「緩い集権」と表現される中央と地方の関係が存在していた（中兼、2002）。
金融と財政に関して言えば、地方政府の「積極果敢な楽観主義」（「金融と財
政の分権主義」）が存在する（梶谷、2011）。またメカニズム論の観点からすれ
ば、伝統的な中央集権の一元体制（unitary hierarchical structure）に対して、

図 5-2　地方歳出の赤字額・赤字比率と一般歳出における地方の割合

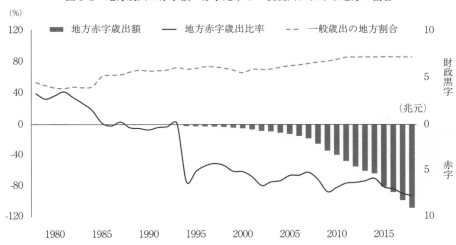

出所：中国国家統計局『中国統計年鑑』各年版。

注：地方歳出の赤字額は地方財政支出と収入の差額（支出超過）である。地方赤字歳出比率は地方財政収入に占める支出超過部分の比率より算出した。

　財源確保や産業発展などで裁量権を認められる地方政府の多部門体制（multi-divisional form）は中国経済の分権化の特徴とされる（Qian & Xu、1992）。さらに周黎安（2004）などは、地方から中央まで敷かれる官僚昇進におけるGDP成長を目標とする業績の競合に注目し、「成長レース」と呼ばれる地域間競争のインセンティブメカニズムを見出している。

　このような成長メカニズムの存在によって、地方による財政の支出と投融資活動は経済の成長を大きく左右するものになっている。ただし、ここで留意すべきは、産業と金融における各地の類似構造、いわゆる同質化という点である。その理由は、中国の広大さと伝統的な市場圏（市場の階層性）の存在以外に、計画経済の導入と実施にも大きく関係する。モノ・ヒトの移動が大きく制限された計画経済体制の下、経済の発展は域内資源に頼らざるをえないため、小規模かつ容易に技術を把握できる分野（比較的汎用性の高い技術）が優先的に推進され、各地に類似する属地性を有する産業部門が現れてきた（田嶋、1978）。移行経済期に入ると、類似する産業構造をもつ地域間の「同

質化競争」が生じ、経済成長を促した一方、類似する地方の経済行動により、大小の経済躍進（サイクル）ももたらしていた（田嶋、1990）。そのため、地域開発を中心とする中国の投融資行動にも、地方政府の「投資レース」が存在し、地方主体の類似する投資行動によって生じる投融資のサイクルは、景気循環を決める要因として捉えられている（周黎安、2007）。

第2節　中国 OFDI の投資主体

　前節でみてきたように、中国の投融資体制は市場経済への移行に伴って資金調達・配分の市場化と投資主体の多元化を実現した。その結果、投融資における国有部門の割合が低下している一方、複雑な投資主体をもつ地方部門が主力として台頭してきた。果たして中国の対外直接投資にも同様の特徴がみられるだろうか。国家資本主義で論じられてきた中国の対外進出に対して、地域主義の特徴が存在するかどうかを確認していきたい。

　これについて、まず OFDI 企業の主体類型を見てみよう。2018 年末時点において、2.7 万社を超える中国企業は、株式や債権投資などを通じて 188 カ国・地域の 4.3 万社の海外企業に投資し、投資先企業の資産総額が 6.6 兆ドルに上っている（『中国対外直接投資統計公報』2018 年版、p.4）。投資先企業の業種は製造業から小売や金融、農林水産業まで幅広く及んでいる。また投資先の地域はアジアを中心としつつも、北米やラテンアメリカやアフリカにも投資を広げている。その中で、投資を行う主体は、国有企業から民間企業へシフトしつつ、企業類型（所有形態）の多様化が進んでいる。

　2003 年と 2018 年の企業海外進出を比較すると、OFDI 企業は 2003 年の3439 社から 2018 年の 2.71 万社まで増加した。そのうち、国有企業の割合は、2003 年の 43 ％から 2018 年の 5 ％程度にまで激減した。代わりに大きく割合を伸ばしたのは私営企業と有限責任制企業である。私営企業の割合は2003 年の 10 ％から 2018 年の 27 ％まで上昇し、有限責任制企業は、2003 年の 22 ％から 2018 年の 44 ％まで割合が増えた。企業社数でみれば、国有企業は 2003 年のおよそ 1500 社弱から 2018 年の 1300 社強まで微減したが、私営企業と有限責任制企業は 1.8 万社以上増えている（図 5-3）。もちろん企業

民営化などで所有形態を国有から他の形式に改める企業は多数存在するが、所有形態上では国有以外の企業が投資の主体を占めるようになったことに間違いない。外資企業にしても株式企業にしても、企業社数の割合は大きな変化を示していない。集団所有制企業は2003年の3％から2018年の0.6％までシェアを落としたが、会社数は100数社程度で大きな変化がみられていない。

　しかしながら、民間企業と比べ国有企業の場合は、一般的に規模が大きく投資額も大きい。国有企業の位置付けを正確に示すには、金額ベースでのOFDI（フローとストック）に占める国有部門の割合を確認する必要がある。まずフローでOFDIに占める国有企業の立ち位置を確認しておこう。2008年末時点において、OFDIに占める国有企業（中央企業が多い）のシェアは9割以上を占めていた。それは次第に低下し、2018年になると4割を割るまで低下した。次に、ストックでOFDIに占める国有部門の位置付けを確認すると、そのシェアは2006年の8割を超える水準から年々縮小しているが、2013年から2018年までは5割前後で一定の割合を維持している（図5-4）。すなわち、企業数でみる投資主体における国有企業の割合は激減して

図5-3　中国OFDI企業の企業類型（所有形態）割合

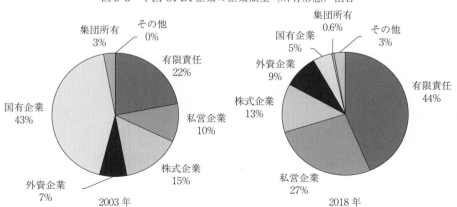

出所：商務部『中国対外直接投資統計公報』2003、2018年版。
注：私営企業には個人経営企業、株式企業には株式合弁企業、外資企業には香港・マカオ・台湾企業、集団所有制企業には聯合経営企業が、それぞれ含まれる。

図 5-4　中国 OFDI の部門別・地域別割合

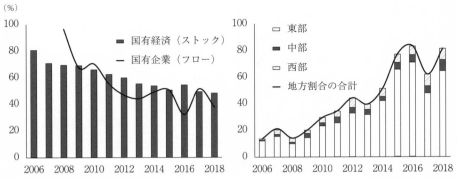

出所：商務部『中国対外直接投資統計公報』各年版。
注：国有経済割合（ストック）は『中国対外直接投資統計公報』2018 年版より算出した。東部地域の統計には、東北部三省
　　（黒竜江、吉林、遼寧）も含まれる。

いるが、大型案件を中心に投資を行うため、投資額に占める国有部門のシェ
アは大きく後退はしていない。

　これに対して、投資主体にはもう 1 つの変化が現れている。それは、投資
主体が中央から地方へとシフトしていることである。OFDI（フロー）に占
める地方企業の割合からわかるように、2005 年には地方のシェアは 2 割以
下、2018 年になると 8 割以上まで上昇した。特に 2008 から 2016 年までの
間に地方企業の上昇が著しかった。詳しく地域別に各地方の割合を確認して
いくと、東部地域による OFDI の上昇は大きいことがわかる。OFDI に占め
る東部の割合は 2005 年の 1 割以下から 2018 年の 6 割強まで増加した。これ
に対して、中部と西部地域は東部ほど増加していないものの、2010 年以前
の数パーセントから 2018 年の 10 ％近くまで中西部企業のシェアが伸びてい
る。その中で、中部と比べて西部の上昇幅は大きいことがグラフから確認で
きる（図 5-4）。OFDI における地方企業のシェア拡大を 2000 年代に入って
からの OFDI の推移（図 5-1）に照らし合わせると、対外進出の急拡大は地
方の企業によるところが大きいことがわかる。

第3節　対一帯一路直接投資と地方の対応
(1) 対一帯一路直接投資と資金の融通

　2014年以降、BRI（一帯一路）が国家戦略として位置付けられてからは、中央政府レベルでの制度設計が進められた。2015年2月に副首相をリーダーとする「推進一帯一路建設工作領導小組」（BRI作業チーム）が設けられ、3月に、国家発展改革委員会、外交部（外務省）と商務部（商務省）は連名で「シルクロード経済ベルトと21世紀海上シルクロードを共に推進・建設するビジョンと行動」（以下、「BRIビジョンと行動」）を公表した。「BRIビジョンと行動」では、「政策の疎通」、「施設（主に交通インフラ）の連結」、「貿易の円滑化」、「資金の融通」、「人々の相互理解」等分野において目標を掲げて地域間の経済連携を強めようとする方針が示された[6]。その後、2017年5月と2019年3月に、北京で第1回と第2回の一帯一路国際協力サミットフォーラム（BRIサミットフォーラム）が開催された。また2019年3月に、中国政府のBRI作業チームによる5年成果報告書が刊行され、「BRIビジョンと行動」に盛り込まれた諸分野について2014〜2018年におけるBRIの進展状況が紹介された[7]。同報告書によれば、2019年3月時点において、中国は125カ国（BRI沿線地域は65ヶ国）とBRI協定を結んだ。これらの協定に基づいて、中国はデジタルエコノミー、税収、知的財産権、農業などの分野で共通基準の策定を進め、また鉄道や港建設およびエネルギー開発を中心としたBRI沿線地域の施設連結を通じ、同地域の投資・貿易の拡大を図ろうとしている。

　具体的な数字については、中国商務部が公開した対BRI直接投資統計より確認することができる。まず対BRI沿線地域のOFDIについては、2014年にすでに125.4億米ドルに達し、2015年になると、148.2億米ドルに増え、2018年には156.4億米ドルに増加した[8]。OFDI総額に占めるBRI沿線地域の割合も2016年の8.5％から2019年の13.6％まで上昇した。また、工事請負等の受注契約金額については、2014年の862.6億米ドルから2019年の1548.9億米ドルに増え、6年間でおよそ1.8倍増加した。中国企業が受注を受けた契約総額に占めるBRI沿線地域の割合はわずか5年で44.1％（2015

年）から 59.5 %（2019 年）まで上昇した。さらに現地での完成営業高は 2014
年の 643.7 億米ドルから 2019 年の 979.8 億米ドルに増え、海外における中国
企業の完成営業高に対して、BRI 沿線地域の割合は 45 %（2015 年）から
56.7 %（2019 年）まで増加した（表 5-1）。工事請負を中心とする中国企業の
現地営業活動は BRI 沿線地域に集中したことが見て取れる。また BRI 作業
チームの報告書からは、製造業による OFDI が増える一方、エネルギー開
発や交通インフラの整備を中心とする工事請負の受注と現地での営業活動は
拡大し続けていることも確認できる。

　ここで、BRI 沿線地域における中国企業の経営拡大を支える金融サポート
に焦点を当ててその活動を見てみよう。前述したように、BRI の提唱と軌を
一にして、中国主導でシルクロード基金と AIIB が創設された。AIIB は開
業して以来、2019 年末まで 57 の創始者メンバーを 100 ヶ国と地域までに増
やした。ただし、AIIB は BRI のために設立された金融機関ではなく、BRI
の情報を提供する中国政府のホームページ（「一帯一路網」）には AIIB に関す
るコラムが設けられていない[9]。またシルクロード基金に関しては、設立
早々の 2015 年からインフラ整備やエネルギー分野を中心に、カザフスタン
とエネルギー共同開発ファンドの設立などが報じられたが、最近 2 年の活動
については、「一帯一路網」に設けられているシルクロード基金のコラムか

表 5-1　対 BRI 直接投資および工事請負等受注契約金額と完成営業高

（単位：億米ドル）

	OFDI	割合	契約金額	割合	完成営業高	割合
2014 年	125.4	n.a.	862.6	n.a.	643.7	n.a.
2015 年	148.2	n.a.	926.4	44.1%	692.6	45.0%
2016 年	145.3	8.5%	1260.3	51.6%	759.7	47.7%
2017 年	143.6	12.0%	1443.2	54.4%	855.3	50.7%
2018 年	156.4	13.0%	1257.8	52.0%	893.3	52.8%
2019 年	150.4	13.6%	1548.9	59.5%	979.8	56.7%

出所：中国商務部ホームページより筆者作成。
注：2014 年の数字は対前年比で算出したものである。
　　割合は当該年度の総額に占める比率を示している。

らは詳細に確認できない[10]。

BRI 作業チームの報告書によれば、中国投資有限責任公司（ソブリン・ウェルス・ファンド）とアブダビ投資庁が共同で設立する BRI 沿線地域ファンドやシルクロード基金と欧州投資ファンドが立ち上げた共同投資ファンドの活動開始（2018 年 7 月）が報告している。さらに、政策金融機関に限らず、国有商業銀行を利用して中国企業への資金融通を行っている。例えば、中国銀行、中国工商銀行、中国農業銀行、中国建設銀行などは BRI 沿線地域 28 ヶ国に拠点をもち、代理行などを通じて中国企業への融資をサポートしている。また中国出口信用保険公司（輸出信用保険）が BRI 沿線地域への貿易と投資を担保した金額は 2018 年末時点に 6000 億米ドルを超えた。その他、人民元建てのパンダ債や中国輸出入銀行人民元建て金融債の発行など、BRI 沿線地域における人民元の利用を推し進める努力もみられる。2018 年末時点に BRI 沿線地域で設立した中国の OFDI 企業は 1 万社を超え、官民一丸となって取り組む姿勢が鮮明にみえる（『中国対外直接投資統計公報』2018 年版、p.17）。

(2) 地方の対応

2010 年以降における OFDI の急拡大と同様に、BRI 沿線地域への直接投資も地方によるところが大きい。この点について、多くの研究は BRI が国内の地域振興および産業の構造調整を結びつけるための戦略であると指摘している（佐野、2017）。中国国内の学者でも BRI の成功は地方政府が鍵を握っているとみている（趙磊、2019）。BRI が提唱してからは、地方政府がどのような対応をみせているだろうか。以下では、地方政府が策定した BRI 関連の事業計画および地方版シルクロード基金の創設を中心に、地方の対応をまとめてみよう（表 5-2）。

各地が本格的に BRI 関連の事業計画を策定し始めたのは「BRI ビジョンと行動」の公表を受けてからである。各省の事業計画を整理するに当たって、「BRI ビジョンと行動」で戦略的位置を示した各省を西北、西南、東北と東南地域に分けて表記する。例えば、シルクロード経済ベルトにおいて重

表 5-2　地方版の BRI 事業計画と地方版シルクロード基金

		BRI 関連事業計画		地方版シルクロード基金		文化観光重点プロジェクト	OFDI の増加率（2014 ～ 18 年）
		計画数	時期	基金数	規模（億元）		
西北部	新疆	5	2016 ～ 2018	5	88.5	3	7.2%
	陝西	5	2018	4	306.0		11.7%
	甘粛	6	2014 ～ 2018	1	10.0		23.3%
	青海	2	2015 ～ 2018				8.6%
	寧夏	1	2015	2	30.5		6.8%
	内モンゴル	6	2014 ～ 2015			1	-4.1%
西南部	重慶	2	2017 ～ 2018			1	14.7%
	雲南	7	2015 ～ 2016			2	-1.0%
	広西	3	2017 ～ 2018			3	91.3%
	チベット	1	2017	1	20.0		2399.2%
東北部	黒竜江	1	2015			1	-5.4%
	吉林	1	2019				-17.7%
	遼寧	1	2018				3.3%
東南部	上海	1	2017	2	66.0	2	41.4%
	広東	3	2016~2018	18	302.5	4	9.5%
	浙江	2	2018	2	41.0		43.6%
	福建	2	2015 ～ 2018	2	8.5	1	66.4%
	海南	3	2017	1	1.0		56.1%
その他	北京	1	2018	4	1630.3	4	-2.2%
	天津	4	2015~2018	1	200.0	2	-3.7%
	河北	4	2015~2018	1	8.5		6.3%
	山西	2	2015~2018				14.3%
	江蘇	2	2017~2018	4	233.8	5	10.0%
	江西	2	2015~2018				1.6%
	河南	5	2015~2018	1	100.0	1	121.1%
	湖北	2	2017			1	12.2%
	山東	2	2016~2017	2	30.0		14.2%
	安徽	2	2016~2017			2	104.7%

四川	3	2016〜2017	1	5.0	3		11.5%
湖南	1	2015			1		18.4%
貴州	1	2018					-1.4%

出所：中国社会科学院一帯一路研究中心等『一帯一路建設発展報告』（2016 〜 2019）、国家信息中心一帯一路大数拠中心『一帯一路貿易合作大数拠報告 2018』、商務部『中国対外直接投資統計公報』2018 年版、中国政府の「一帯一路網」（www. yidaiyilu.gov.cn）より整理作成。

注：文化観光重点プロジェクトは 2019 年に公表したもの、地方版シルクロード基金は 2017 年末までに設立したもの、OFDI（フロー）の増加率は 2014 〜 2018 年の 5 年平均である。

要な位置を付けられる西北地域の新疆や陝西、21 世紀海洋シルクロードの出発点とする東南地域の福建などが、それに当たる。またこれらの地域の重要性は内陸部の開発戦略や 2013 年以降進められてきた自由貿易区の拡大政策にも共通するものであり、西北の陝西、西南の重慶、雲南、広西、東南の上海、広東、福建、浙江と東北の黒竜江、遼寧は自由貿易実験区として指定されている[11]。各省から出された BRI 関連事業計画の数からみれば、西北部の各省は比較的多い。新疆、陝西、甘粛と内モンゴルは 5 つ以上の事業計画を立てた。ほかには、東南アジアと国境を接する西南の雲南および中部に位置する河南省は事業計画 5 つを超えている。ただし、事業計画においては「BRI ビジョンと行動」で重要な位置を示した地域とその他の地域との間に大きな違いがみられない。

　国内の開発戦略と同様に、各地方政府はシルクロード基金に倣って、地方版シルクロード基金の設立を進めた。2014 〜 2017 年の間に設立した地方版シルクロード基金は 15 地域にわたって 52 基金に達した。資金規模は 3082 億元に達し、政府や国有企業より出資金を受ける一方、民間企業からも資金を調達している。地域別に、北京は資金規模が 1600 億元を超えて最大である。また広東だけで 18 の基金が立ち上げられ、300 億元を募っている。ほかに多数の基金を立ち上げた地域は新疆、北京、陝西、江蘇、上海、浙江、寧夏、山東、福建である。そのうちの 7 省（市）は東南と西北部に位置する。こうして地方版シルクロード基金の創設は、地域開発のために行う資金の動員を中心とする地方の投融資に共通する特徴である。ここでも、経済発達の東南部を除けば、重要な位置を示した地域とその他の地域との間に大き

な違いがみられない。

　地域開発戦略の一環として進められる BRI への対外進出は交通インフラの連結や地域間の産業協力を中心とする。2017 年に開かれた「第 1 回 BRI サミットフォーラム」では、中央省庁が交通インフラの整備やエネルギー開発のプロジェクトを主導した[12)]。2019 年に開かれた「第 2 回 BRI サミットフォーラム」からは、中央省庁だけでなく、地方セクターを主体とする共同開発の覚書も交わされ、16 プロジェクトに及んだ。その詳細をみると、多くは産業パークや工業団地など、国内の産業構造調整に関わるものである[13)]。具体的に、セルビア、アラブ首長国連邦、カンボジア、タジキスタン、セネガルなどで工業団地と産業パークの建設計画が立てられた。それに加えて、中央省庁でも地方を主体とする重点プロジェクトの立案・実施が行われている。2019 年に、中国の文化観光省（文化旅游部）が公表した文化・観光分野でのBRI 重点プロジェクトは 17 省（市）にわたり、37 プロジェクトがある（表5-2）。

　BRI が提唱されてから、中国の対外進出が加速され、各地の OFDI は大幅に増加した。2014 ～ 2018 年における各省（市）の OFDI 増加率（5 年平均）を確認すると、チベット（年平均 2,399 ％）を除けば、各地の平均は年 20 ％を超えている。比較的増加幅が大きい地域は東南部に集中し、上海、浙江、福建と海南が 40 ％を超えた。ほかには、甘粛省は年平均 20 ％、広西は年平均 90 ％、河南と安徽は年平均 100 ％を超えた。その他の各地は年平均が20 ％以下であるが、内モンゴル、雲南、黒竜江、吉林、北京、天津、貴州は OFDI の成長が微少でありながらマイナスに転じた（表5-2）。西北、東北、西南地域の増加にはばらつきが大きいのに対して、東南の各省（市）は一律に高い伸びを示している。各地における対外進出の拡大については、一部の差が経済力の違いを反映するものとして認めるものの、BRI において重要な位置付けが示された地域とそうでない地域の間に大きな差がみられない。BRI の推進においては、各地が類似する行動をとっている。

おわりに

　本報告では政治主導の成長モデルの下、地域の開発と結びつけて進められた中国の対外進出に対し、地方セクターの進出拡大に注目してその特徴を検討した。そこで、中国の対外進出を中国経済の外延的拡大と理解し、短時間でOFDIの急成長を達成させた要因を、歴史の積み重ねで形成した中国の投融資体制に求めた。以下、検討結果の概要を要約する。(1) 短期間で急拡大を達成させた中国のOFDIは、地方セクターの投資拡大によるところが大きい。ただし、2010年代に入ってからOFDI増加のスピードが速まる中、国有企業による対外進出は企業数では大幅にシェアを低下させたものの、金額ベースのOFDIでみると一定規模を維持している。(2) このような躍進をみせている中国の対外進出は、中央と地方の関係構造に規定される投融資体制と関係する。財政支出や設備投資の大半を担う地方部門は、産業発展にしても資金配分にしても類似する構造を持ちながら、地域開発戦略と結びつけて対外投資の行動を行った結果、短期間でOFDIの急成長をもたらした。(3) BRIも国内の地域開発と産業構造調整を結びつけるために提唱された。この点については、各地のBRI関連事業計画や地方版シルクロード基金の設立を通じてその特徴を確認することができた。またBRIの推進における各地の対応からは、重点地域と以外の地域の間にほとんど差がみられず、政策立案と実施プロセスの類似性が伺える。

　ただし、立案や実施の類似性をもつ各地の対外進出は、今現在活気を呈している一方、地方の疲弊などによって、一気に冷え込む可能性がある。すなわち、類似する産業・投融資構造の下、中国OFDIの持続性は課題として浮かび上がっている。また各地が主体として進める対BRI直接投資案件の増加は、BRI沿線地域の経済にどのような影響を及ぼすだろうか。これをより深く掘り下げるには、詳細な情報を収集し、BRI進出における各地政策の相違や投資案件の特色を考察する事例研究が欠かせない。しかし、BRIに関する情報の開示は不透明な部分が多く、本報告で利用する中央省庁が発行する公開資料だけでは、限界がある。

注

1) 中国企業の対外進出については、共産党指導部が1990年代の早い段階から意識し始め外資の導入（「引進来」）と同様な位置付けを示した（丸川・大橋、2009）。初めて「走出去戦略」という用語が登場したのは、1997年の全国外資工作会議での江沢民談話とされる。

2) 2002年以降、中国商務部と外為管理局は、民間企業による海外への投資手続きを緩和し、民間企業による対外直接投資が増えはじめた。ちなみに2003年における中国OFDI（フロー）に占める民間企業の割合はわずか1.5%で、2008年になっても3.6％にとどまっていた（『中国対外直接投資統計公報』2003、2018年版）。

3) 1994年に設立した政策性金融機関は国家開発銀行、中国農業発展銀行と中国輸出入銀行である。

4) 1994年の分税制改革は、中央政府の財源確保とマクロ経済へのコントロールを強化するため、税収を中央税、中央地方共有税と地方税に分けて、税収における中央政府の取り分を増やす税制改革である。

5) 2012年以降、地方税である営業税を中央が徴収する増値税（付加価値税）に統合し、あわせて中央と地方の税収取り分を調整した。

6) 「BRIビジョンと行動」では、既存の協力体制を充実した形で国際協力関係の構築を推し進めることが掲げられた。例えば、上海協力機構（SCO）、中国ASEAN自由貿易協定（ACFTA）、中国アフリカ協力フォーラム、中国アラビア協力フォーラムなどが挙げられた。BRI沿線地域は65ヶ国であるが、2019年10月まで中国とBRI協定に署名したのは137ヶ国を超えている（http://www.xinhuanet.com/fortune/2019-11/15/c_1125237972.htm、2020年4月11日参照）。

7) 「推進一帯一路建設工作領導小組弁公室」編『共建一帯一路倡議進展、貢献興展望2019』北京：外文出版社。

8) 『中国対外直接投資統計公報』2018年版に公表された対BRI直接投資（2013～2018年）は商務部ホームページでの公表より金額が大きい。その原因はBRIに含まれる国・地域の違いによると推測できる。

9) 一帯一路を専門的に取り扱う中国政府のホームページ（http://ydyl.china.com.cn/、2020年4月11日参照）。

10) シルクロード基金のホームページからは投資案件の説明を確認することができない（http://www.silkroadfund.com.cn、2020年4月11日参照）。

11) 自由貿易区指定の拡大は2013年の上海から始まり、2015年には広東、天津、福建、2017年には遼寧などの6省と重慶市、2018年には海南、2019年には雲南などの6省、合計18地域まで広がっている。

12) 協力内容は交通インフラ整備やエネルギーの共同開発に限らず、教育や環境、文化の分野まで279のプロジェクトを実施した。

13) 中国政府ホームページ（http://www.gov.cn/xinwen/2019-04/28/content_5386943.htm、2020年4月11日参照）。

引用文献

- Bremmer I., (2014). The new roles of globalization, *Harvard Business Review*, 92（1）.
- Shambaugh D., (2013). *China Goes Global: The Partial Power*, Oxford University Press.
- Shambaugh D., (2016). *The China Reader: Rising Power*, Oxford University Press.
- Qian Y., & C., Xu (1993). The M-form hierarchy and China's economic reform, *European Economic Review*, 37（2-3）.
- 伊藤亜聖（2015）「中国「一帯一路」の構想と実態：グランドデザインか寄せ集めか?」『東亜』「「一帯一路」特集」579 号。
- 大橋英夫・丸川知雄（2009）『叢書　中国的問題群 6　中国企業のルネサンス』岩波書店。
- 佐野淳也（2017）「一帯一路の進展で変わる中国と沿線諸国との経済関係」日本総合研究所『JRI レビュー』Vol.4 No.43。
- 梶谷懐（2011）『現代中国の財政金融システム：グローバル化と中央－地方関係の経済学』名古屋大学出版会。
- 田嶋俊雄（1978）「中国における中小鉄鋼企業の存立条件」『中国研究月報』第 369 号。
- 田嶋俊雄（1990）「中国の経済変動－大躍進・小躍進と経済改革」『アジア経済』第 31 巻第 4 号。
- 中兼和津次（2002）『シリーズ現代中国経済 経済発展と体制移行』名古屋大学出版会。
- 門闖（2019a）「中国銀行業の海外進出と政治的サイクル」『グローバル化とその反発—生活・移動・通商』大阪産業大学アジア共同体研究センター。
- 門闖（2019b）「金融業の規制緩和と競争」小原篤次・神宮健・伊藤博・門闖編著『中国の金融経済を学ぶ』ミネルヴァ書房。
- 郭励弘（2003）「中国投融資体制改革的回顧與回前瞻」『管理世界』2003 年第 11 号。
- 趙磊（2019）「地方政府是推進一帯一路的関鍵力量」『2011 ～ 2018 年 Charhar 学会ラウンドテーブル会議資料集』。
- 周黎安（2004）「晉升博弈中政府官員的激勵與合作—簡論我国地方保護主義和重複建設問題長期存在的原因」『経済研究』2004 年第 6 号。
- 周黎安（2007）「中国地方官員的晋昇錦標模式研究」『経済研究』2007 年第 7 号。

［謝辞］本研究は大阪産業大学令和元年度産業研究所分野別研究組織研究費（19b09）を受けており、記して感謝したい。

第Ⅲ部　東アジア諸国への影響と対応

第6章　米中貿易紛争が韓国経済に及ぼす
　　　　影響と政策対応

李　　基東

はじめに

　世界1、2位の経済大国である米中間の対立が今後とも続くならば、世界景気への悪影響が出るであろう。韓国のように貿易への依存度が高く、特にこれら両国とも緊密な経済的関係を持っている国としては、貿易紛争は脅威である。本章では、米中間の貿易摩擦が韓国経済に及ぼす影響について考察する。そのために、まず、貿易摩擦が米国、中国の貿易に与える影響をデータで見たうえで、関税の引き上げが韓国経済に及ぼす影響について、直接的影響、米国産、中国産製品の価格上昇に対応する貿易転換効果、および、生産拠点の移管に伴う貿易転換効果という視点から、国レベル、産業レベルで分析する。そして、この分析結果にもとづき、米中経済戦争への短期的、長期的な政策含意を述べる。

第1節　貿易摩擦の経済的波及効果
(1)　米中貿易への影響

　米中を中心とする貿易の動向を見よう。表6-1は米商務省の貿易統計による2019年上半期の米国と主要国との貿易量を表す。まず指摘できることは、米中貿易摩擦の影響で両国間の交易量が減少したことである。米国の2019年上半期の対中国輸出は520億ドルであり、前年同期に比べて18.9％減少した水準である。同じく、対中国輸入は2,190億ドルであり、前年同期

表 6-1　米国の主要国との貿易額（1〜6 月、原数値）

（単位：100 万ドル、%）

順位	国家	輸出			輸入			収支		
		2018 年上半期	2019 年上半期	前年同期比	2018 年上半期	2019 年上半期	前年同期比	2018 年上半期	2019 年上半期	前年同期比
1	メキシコ	131,475	129,274	-1.7	168,979	179,612	6.3	-37,504	-50,338	34.2
2	カナダ	152,802	148,123	-3.1	159,955	158,143	-1.1	-7,153	-10,020	40.1
3	中国	64,107	52,000	-18.9	249,996	219,044	-12.4	-185,889	-167,044	-10.1
4	日本	35,919	36,844	2.6	70,174	72,886	3.9	-34,254	-36,042	5.2
5	ドイツ	29,432	30,376	3.2	62,324	62,268	-0.1	-32,892	-31,891	-3
6	韓国	27,085	28,282	4.4	35,408	39,196	10.7	-8,323	-10,914	31.1
7	英国	34,059	34,118	0.2	29,322	30,997	5.7	4,737	3,121	-34.1
8	フランス	18,416	19,433	5.5	25,682	29,665	15.5	-7,267	-10,233	40.8
9	インド	16,128	18,351	13.8	26,792	29,476	10	-10,664	-11,125	4.3
10	台湾	13,776	15,347	11.4	21,641	26,016	20.2	-7,865	-10,669	35.6

11	イタリア	11,574	11,937	3.1	26,803	28,141	5	−15,229	−16,204	6.4
12	オランダ	23,684	26,088	10.2	10,668	13,733	28.7	13,015	12,355	−5.1
	世界計	831,886	823,610	−1	1,232,372	1,235,760	0.3	−400,486	−412,150	2.9

出所：JETRO（2019）

に比べて 12.4 ％減少した。結果として、米国の対中国への貿易収支赤字は
1,670 億ドルであり、前年同期に比べると 10.1 ％の減少した規模である。明
らかに米国の 1974 年通商法 301 条に基づく対中制裁措置の発動とこれに対
する中国の報復関税の結果である。両国間の交易規模が減少したことによ
り、両国の相手国に対する貿易依存が下落した。米国に限ってみるならば、
米国の対世界貿易の中で占める中国の割合が 15.2 ％（2018 年上半期）から
13.2 ％（2019 年上半期）に下落した。その下落した分はメキシコ、ベトナム、
台湾、オランダ、フランスなどとの貿易の増加によって補われている。

　米国の対中貿易額の変化を品目別に見よう。表 6-2 は 2018 年、2019 年上
半期における米国の対中輸出品目別構成を表す。対中輸出は石油・歴青油
（原油に限る）が 65.9％ 減と大きく減少しており、それから乗用車 20.1％ 減、
民間航空機、エンジン、部品 19.7％ 減、半導体関連 12.7％ 減となっている。
次に、対中輸入の品目別構成を見よう（表 6-3）。米国の対中国輸入で、1、2
位の品目であるスマートフォーンとコンピュータがそれぞれ前年同期比
21.6％ 減、6.5％ 減であり、コンピュータ部品も 69 ％減を表すなど、電気機
器や一般機械での対中輸入減少が目立つ。特に、対中輸入が減少した品目で
輸入が伸びている国家（輸入転換地域）は主にベトナム、台湾、カナダ、メ
キシコなどである。

表6-2　米国の対中国輸出の品目別構成

（単位：100万ドル、%）

順位	HTS番号	品目	2018年（上半期）	2019年（上半期）	前年同期比	輸出転換地域
1	8800	民間航空機、エンジン、部品	6,860	5,512	△19.7	フランス、ドイツ
2	8542	集積回路	2,690	4,134	53.7	-
3	8703	乗用車	4,180	3,340	△20.1	ベルギー
4	1201	大豆	2,906	2,919	0.4	-
5	8486	半導体ボール、ウエハー・デバイス	2,005	1,751	△12.7	台湾
6	9018	医療・獣医用機器	1,353	1,581	16.9	-
7	2709	石油・歴青油（原油に限る）	4,478	1,527	△65.9	韓国、インド、オランダ
8	3002	免疫血清・産品	442	1,163	162.9	-
9	9027	物理・化学分析用機器	808	780	△3.4	シンガポール
10	3004	医薬品	687	772	12.4	-
総計			64,107	52,000	△18.9	-

出所：JETRO（2019）

表6-3　中国の対米国輸出の品目別構成

（単位：100万ドル、%）

順位	HTS番号	品目	2018年（上半期）	2019年（上半期）	前年同期比	輸入転換地域
1	8517	スマートフォン	31,447	24,649	△21.6	ベトナム、台湾
2	8471	コンピュータ	23,720	22,186	△6.5	台湾
3	8528	テレビ・モニター	5,144	6,170	19.9	-
4	9401	腰掛け	5,530	4,841	△12.5	ベトナム
5	9403	家具・家具の部品	6,019	4,830	△19.8	ベトナム、カナダ
6	8708	自動車部品	5,352	4,720	△11.8	メキシコ、韓国
7	9503	三輪車・スクーター	3,876	4,176	7.7	-
8	9405	照明器具	3,349	2,918	△12.9	カナダ

9	8473	コンピュータ部品	9,409	2,915	△ 69.0	台湾
10	3926	その他プラスチック製品	2,483	2,715	9.3	-
総計			249,996	219,044	△ 12.4	-

出所：JETRO（2019）

(2) 経済的影響の波及経路

　両国間の貿易摩擦が長期にわたり続くのであれば、両国に対する輸出依存度が 40％を超える韓国の関連産業での輸出および生産は直接的な打撃を受けると思われる。米中の相互の追加関税の賦課で展開される貿易摩擦の波及効果はおおむね次の3つの形態で区分される。第1は直接的（静態的）影響、第2は間接的影響、そして第3は GVC の変化を通じた影響である。

　直接的影響は両国相互の関税の引き上げが相対価格を変化させることで資源配分の効率性に影響をもたらす効果であり、これは2つの経路を通じて韓国の輸出に影響を及ぼす。第1の経路は垂直的市場関連による波及効果である。米中相互の輸入規制によって両国における輸出と生産が減少すると、生産工程において上流（upstream）に位置する韓国産中間財への両国の輸入需要が減少する。これによって、韓国内の関連産業の輸出減少と生産減少が招かれる。特に、韓国は中国に対し中間財と資本財の輸出依存度が高く、中国の輸出減少による影響は米国での影響より大きくなるであろう。

　第2の経路は、中国産及び米国産製品に対する代替可能性による貿易転換効果である。両国間の関税の引き上げは米中相互の関税のみを引き上げるので、関税が低いままで米中両国に輸出する国家の立場からすると有利になる。これはちょうど加盟国間に関税を引き下げる自由貿易協定（FTA）とは逆のケースである。自由貿易協定では輸入先が非加盟国から相互に関税が削減された加盟国へと変更される貿易転換が発生するが、ここでは反対に、米中相互からの輸入から第三国へと輸入先が変更されるので韓国の立場からは輸出増加の機会が発生する。

　間接的効果とは、両国間の貿易摩擦によりもたらされる両国の成長減少と

世界的な景気の後退を通じた影響を指す。両国間の長期化の様相で展開される貿易摩擦により世界経済への影響が大きな懸念として表れている。国際通貨基金（IMF）は「世界経済見通し」において、米国と中国をはじめとする貿易相手国との間の追加的関税措置が実質 GDP へ及ぼす影響を独自の計量モデルを用いて推計した。様々なシナリオの中で、米中が全ての輸入に対する関税率を 25 ％に引き上げた場合、米国の成長率は 0.2 ％ P、中国の成長率は 1.16 ％ P 下がると予想している。両国関税引き上げの応酬は両国以外に対しては成長にポジティブな効果として作用するので、これらが米中の押し下げ効果を相殺し、世界経済に対する成長押し下げ効果は 0.2 ％ P にとどまる。ここで米国より中国の方が関税引き上げの影響が大きく表れるのは中国の貿易依存度が米国より高いことに起因する。しかし上記の影響には企業マインドの悪化、調達金利の上昇による効果は考慮されてない。もしこれらの効果をも考慮するならば、成長押し下げ効果はより大きくなるであろう。

　一方、両国間の貿易摩擦はサプライチェーンに影響をもたらす。米中間貿易摩擦により、アジアやメキシコなどでは成長にポジティブな影響がもたらされるのは、中国の対米輸出が ASEAN 諸国およびメキシコなどに振り替えられるからである。米国による対中制裁関税が実行されるに伴い、米国市場における中国産製品の価格競争力は低下するであろう。中国に立地する企業は中国に代わる新たな生産拠点を探し、そこから米国に製品を輸出しようとする（生産拠点のシフト）。結果として中国の対米輸出は第三国による対米輸出に振り替えられる。これは、いわば生産拠点のシフト（GVC の変化）による貿易転換効果ともいえるであろう。そしてこの生産拠点のシフトの対象となる地域は主に、ベトナムを筆頭とするアジア新興国になる可能性は極めて大きい[1]。

第 2 節　韓国産業への影響

〈産業全体の影響〉

　では、米中間貿易摩擦が韓国における関連産業の輸出及び生産に及ぼす影響についてみよう。ここでは、特に、韓国の国策研究所である韓国対外経済

政策研究院（KIEP）と韓国産業研究院（KIET）での推計[2]を中心に分析を進める。表6-4は貿易制裁１～３弾までの措置が全てとられる場合、米中貿易紛争が韓国の対米、対中輸出に及ぼす影響を推計したものである。表から指摘できることは、少なくとも第３弾までの措置を考慮するならば米中貿易紛争の輸出への影響は大きくない。

　まず、米国による貿易制裁第１～３次弾までの追加関税の措置が全てとられ、そして中国もこれに相応する報復関税を課す場合に、韓国の対米輸出は中間財の派生需要の減少による輸出減少 1.0 億～ 1.14 億ドル、成長減少による輸出減少 4.3 億ドル、全体として 5.3 億ドル減少する。この規模は前年度輸出規模と比較し、0.8 ％の減少を表す。韓国の対中輸出減少は対米輸出減少よりは大きいが、中間財の派生需要の減少による輸出減少 12.9 億～ 13.4 億ドル、成長減少による輸出減少 11.4 億ドル、全体として 24.8 億ドル減少する。そしてこれは前年度の対中国輸出規模に比べると 1.6 ％減少に過ぎない。米国と中国が韓国にとって最大の交易相手国であること、これらの国に対する韓国の輸出規模及び GDP 規模に照らしてみると、貿易紛争による輸出減少は成長率下落による間接効果をも考慮しても 0.8 ％（対米輸出）、1.6 ％（対中輸出）に過ぎない。ただ、上記の推定には１～３弾までの貿易制裁のみを分析の対象にしたものであり、第４弾の貿易制裁を考慮するならば、その

表6-4　米中間貿易紛争による韓国の対米及び対中輸出減少効果

（単位：億ドル、％）

	韓国の対米輸出減少		韓国の対中国輸出減少	
	KIEP	KIET	KIEP	KIET
直接効果	1	1.14	13.4	12.9
	-0.10%	-0.10%	-0.90%	-0.87%
間接効果	4.3	―	11.4	―
	-0.60%	―	-0.80%	―
総効果	5.3	―	24.8	―
	-0.80%	―	-1.60%	―

出所：ヤン・ビョンソプ他（2019）、キム・バウ、キム・ジョンヒョン（2019）

影響はより大きいものになるであろう。

〈貿易転換効果〉

　中国産及び米国産製品に対する代替可能性による貿易転換効果は韓国にとっては輸出機会が増加することを意味する。たとえば、米国による制裁関税により市場での中国製品の価格が上昇することによって米国市場で中国製品のシェアが下落し、中国以外の国からの輸出が増加する可能性があるからである。しかしながらこのような貿易転換による韓国からの輸出増加および生産増加はそれほど大きくないと思われる。これは、先に述べた中国のサプライチェーンの変化と関連する。中国はすでに米中貿易紛争以前からベトナム、マレーシア、タイ、インドネシアなどのアジア新興国を対象に中国を中心とする垂直的サプライチェーンを形成している。米国の制裁関税に直面する中国としては、その生産拠点をベトナム、マレーシア、タイなどに移転する可能性が高い（生産拠点のシフト）。よって米国の追加関税の賦課により米国市場での中国製品のシェアが減少した場合、一時的には韓国からの対米輸出が増加する可能性はあるが、長期的にはアジア新興国からの輸出によって賄われる可能性が高い。アジア新興国は中国を中心とした垂直的サプライチェーンがすでにビルトインされていることから、米中貿易摩擦によって発生する貿易転換の恩恵はこれらの国の分になるであろう。

〈業種別影響〉

　全体として輸出減少の効果がそれほど大きくなくても業種別にはその効果は異なる。米中貿易摩擦が製造業の生産及び輸出に及ぼす業種別影響を表6-5を中心に見ることにしよう。米国政府による1-3弾までの追加関税の対象品目は、前述したように、主に資本財と中間財が中心であり消費財は制裁の対象から除外されている。まず、米国の対中国関税賦課による韓国の対中国輸出減少の影響を製造業に限定するならば、おもに情報通信・家電部門において7億3,000万ドル（総輸出減少の56.5％）、化学部門で1億9,140万ドル（同14.8％）、そして電気機器部門で4,740万ドル（同3.7％）であり、情報通

表 6-5　米中貿易摩擦による韓国の品目別輸出・生産減少効果

（単位：百万ドル、%）

	対中輸出減少		米国の対中制裁と韓国の生産減少		対米輸出減少		中国の対米制裁と韓国の生産減少	
	金額	比重	金額	比重	金額	比重	金額	比重
石油精製	39.2	3	143.5	4.8	5.3	4.7	18.5	6
化学	191.4	14.8	427.3	14.2	17.7	15.6	44.6	14.3
情報通信・家電	730	56.5	1141.5	37.9	16.7	14.7	41.8	13.4
電気機器	47.4	3.7	106.7	3.5	2.5	2.2	8.4	2.7
一般機械	32.5	2.5	72.5	2.4	5.3	4.7	11.4	3.7
自動車	21.9	1.7	44.2	1.5	26.5	23.3	39.4	12.7
他の運送機器	13.5	1	38.9	1.3	1.2	1.1	4.2	1.4
製造業合計	1183.9	91.6	2387.8	79.2	104.5	92	242.8	78.1
その他	107.9	8.3	625.8	20.8	9.1	8.1	65.9	21.2
全産業	1292	100	3013.6	100	113.6	100	310.9	100

出所：キム・バウ、キム・ジョンヒョン（2019）

信・家電と化学の2つの部門で対中国輸出減少の70％が発生する。これに従い韓国の生産も、主に情報通信・家電部門において11億4,150万ドル（総生産減少の37.9％）、化学部門で4億2,730万ドル（同14.2％）、そして石油精製部門で1億4,350万ドル（同4.8％）で発生する。1-3次までの追加関税の賦課の場合には対中国の輸出減少及びそれに従う生産減少は主に中間財と資本財部門で発生することが分かる。

　中国政府による対米追加関税の対象品目は、第1弾では米国の主力輸出品である農林漁業、自動車が、第2弾では石油精製、基礎金属、紙・紙製品が、そして第3弾では一般機械、情報通信・家電、化学、電気機器などが含まれている。中国の対米関税賦課による韓国の対米輸出の業種別影響を見るならば、自動車部門において2,650万ドル（総輸出減少の23.3％）、化学部門で1,770万ドル（同15.6％）、そして情報通信・家電部門で1,670万ドル（同14.7％）であり、この3つの業種で対米輸出減少の53.6％が発生する。これに従い韓国の生産も、主に化学部門で4,460万ドル（14.3%）、情報通信・家

電部門で 4,180 万ドル（13.4%）、そして自動車部門で 3,940 万ドル（12.7%）と、3 つの部門で総生産減少の 40.7 % が発生する。

〈情報通信産業への影響及び企業の対応〉

　前節で指摘したように貿易摩擦の産業別影響において最も大きい影響を受けるのは情報通信・家電産業である。ここでは特に、情報通信産業に焦点をあて、米中貿易摩擦の影響と代表的企業の対応についてみることにしよう。

　まず、情報通信分野での輸出入を見ると 2019 年度韓国の情報通信製品の総輸出は 1,769 億ドル、総輸入は 1,084 億ドルであり、685 億ドルの貿易収支黒字である。これは同産業の 2018 年度の貿易収支黒字 1,132 億ドルに比べ、39.5 % 減少した水準である。品目別には半導体の輸出が前年対比 25.7 % 減の 951.6 億ドル、ディスプレイの輸出が前年対比 21.3 % 減の 218.4 億ドル、スマートフォンの輸出が前年対比 17.8 % 減の 120 億ドル、そしてコンピュータおよび周辺機器の輸出が前年対比 19.3 % 減の 90.9 億ドルなど主力製品での輸出が不振である。

　地域別に 2019 年度の輸出規模を見ると、韓国の情報通信製品の最大の輸出先である中国への輸出が前年対比 27.3 % 減の 867.8 億ドル、ベトナムへの輸出が 2.6 % 減の 271.6 億ドル、そして米国への輸出が 10.5 % 減の 183.8 億ドルであり、主要国への輸出減少が顕著である。特に、中国への輸出減少の主要品目はスマートフォン（輸出額 30.7 億ドル、前年対比 28.4% 減）、ディスプレイ（輸出額 113.8 億ドル、前年対比 19.5% 減）、半導体（輸出額 596.2 億ドル、前年対比 30.5% 減）と全体の輸出減少の品目構成と一致する。米国への輸出もスマートフォン（輸出額 35.9 億ドル、前年対比 29.0% 減）、半導体（輸出額 64.2 億ドル、前年対比 6.7% 減）、コンピュータおよび周辺機器（輸出額 23.1 億ドル、前年対比 8.2% 減）などを中心に減少している。一方、ベトナムへの情報通信製品の輸出減少の規模は相対的に小規模であるが、これは完成品の現地生産のためのスマートフォンの輸出増加（27.6 億ドル、前年対比 10.0% 増）が半導体（輸出額 107.5 億ドル、前年対比 1.9% 減）およびディスプレイ（輸出額 83.2 億ドル、前年対比 12.5% 減）での輸出減少を相殺しているからである。このよう

な情報通信関連産業での輸出減少は、熾烈な国際競争による部分もあろうが、米中貿易摩擦による直接的影響として米国および中国での関連製品の派生需要の減少、間接的影響としてグローバルな景気の停滞に起因する部分も大きいことは言うまでもない。

　情報通信産業での輸出不振は企業の成果と直接的に関連する。電子製品分野における韓国の代表的な企業であるサムスン電子の 2019 年度の経営成果は、前年度に比べ不振を強いられている。韓国金融監督院（Financial Supervisory Service）の電子公示システムによると、2019 年度上半期におけるサムスン電子の中国市場での売り上げは 17 兆 8,139 億ウォン（155.2 億ドル）であり、前年度上半期での売り上げ規模 27 兆 4,102 億ウォン（245.6 億ドル）に比べ 35 ％減少した水準である。企業全体の売り上げに占める中国の比重も、32.7 ％（2018 年度上半期）から 23.6 ％（2019 年度上半期）下落した。中国市場での売り上げの減少は企業全体の成果にも影響を及ぼしている。2019 年度上半期の三星電子の全体売り上げは 75 兆 1,881 億ウォン（655.4 億ドル）であり、これは前年度の同じ期間での 83 兆 9,217 億ウォン（751.8 億ドル）より 10.4 ％減少した実績である。

　このようにサムスン電子の経営実績での不振は、米中貿易摩擦の影響として中国市場での不振による部分が大きい。例えば、中国の代表的な情報通信企業であるファーウェイは米国による制裁措置で大きな打撃を受けており、結果的に取引関係にあるサムスン電子も影響を及ぼしている。ファーウェイは通信装備、スマートフォンおよびその部品産業においてサムスン電子と競争関係にあるが、同時に DRAM と NAND フラッシュメモリなど半導体に関しては大きな需要企業である。サムスン電子は 2018 年にファーウェイだけで 8 兆ウォンほどの売り上げを達成しているが、特に半導体を中心に大幅な対中輸出減少に直面している。

　米中貿易摩擦による経営不振の中、企業としてサムスン電子の対応は概ね次の 3 つに整理することができる。第 1 は GVC の変更である。中国での人件費の上昇とともに、米国による対中制裁関税が実行されるに伴い、米国市場におけるサムスン電子の中国産製品の価格競争力は大きく低下するように

なった。サムスン電子は中国に代わる新たな地域に生産拠点を移し、そこから米国に製品を輸出する戦略をとる（生産拠点のシフト）。スマートフォンの場合、サムスン電子はこれまでに中国内で運営してきた生産工場を閉鎖し（2018年4月に深圳工場、12月に天津工場、そして2019年10月に恵州工場）、新たにベトナムとインドに生産工場を建設した。中国からの対米輸出はベトナムやインドによる対米輸出に振り替えられるのであり、いわゆる生産拠点のシフト（GVCの変化）による貿易摩擦への対応である。第2は、生産の現地化（localization）である。サムスン電子は米国での保護主義的な貿易政策への対応として米国現地での生産規模を拡充するか、または生産拠点を米国の現地に移すことを計画している。サムスン電子は以前から米テキサス州オースティンに35億ドルを投じて300mmNAND型フラッシュメモリウェハー工場の稼働中であり、現在その生産能力の拡充を検討している。また洗濯機に関しては、米国サウスカロライナ州のニューベリー洗濯機工場を完工して、すでに稼動に入っている。第3は高付加価値事業への積極的な進出である。サムスン電子はこれまでの主力産業の1つはメモリー半導体であり、世界市場でDRAMの市場占有率が40％を超えるほどこの分野で大きい競争力を持つ。しかし、このようなメモリー半導体を中心としたサムスン電子の競争力が今後とも続くとは限らない。中国の製造業の育成プロジェクトである「中国製造2025」が本格的に効果を現すことにつれ、中長期的には中国は半導体の分野で世界的な競争力を持つことになると予想される。また5Gの商用化や人工知能（AI）技術の進展に伴い、次世代半導体の微細加工への需要が高まると予想される。この脈絡でサムスン電子はメモリー半導体中心のビジネス体制から、非メモリー半導体分野への進出を図っており、すでに大規模の投資に踏み切っている。

おわりに

　現在進行中である米中間の貿易摩擦は相互の関税の引き上げから始まり、為替レート、技術を含む多様な分野にまで広がっており、今後は非経済的要因での衝突可能性をも排除することができない。世界1、2位の経済大国間

のこのような衝突は、韓国を含めた世界経済に不確実性要因として作用することで、未来への展望を暗くしている。では、米中間の貿易葛藤が高潮する中、韓国はどのように対応すべきであろうか。ここでは前節での分析を踏まえ、短期的そして長期的な政策含意を導出しよう。

　まず、韓国は貿易摩擦が世界経済に及ぼす否定的な影響に備えて EU などと輸出市場を多辺化する必要がある。これとともに短期的には米国市場での貿易転換効果による輸出増加の可能性を活用することも重要である。米国による対中制裁に対応し、中国企業はその生産拠点をベトナム、マレーシア、タイなどに移転するであろうが、このような生産拠点のシフトは即時に行われるものではない。それに加えて中国の対米輸出の規模は第三国が簡単には代替できないほど大きい。したがって米国による対中制裁が実行された場合、産業によっては米国市場での中国製品のシェアが急落し、その分だけ韓国からの輸出機会が増加するであろう。この輸出増加の可能性を活用することも重要である。

　しかしながら、米中貿易摩擦が韓国経済に及ぼす影響が限定的であるという認識から消極的な政策にこだわったり、または貿易摩擦による付随的効果のみに焦点を合わせた政策では、米中間に展開されている貿易摩擦への効果的政策とは決していえない。米中間貿易での葛藤は現在も進行中である米国の莫大な対中貿易収支赤字の是正の側面と今後展開されるであろうハイテク産業での覇権競争において自国の競争力を先導的に確保するための戦略的側面を同時にもつ。何よりも両国の貿易摩擦は状況展開によっては世界経済のブロック化、世界的なレベルでの保護主義の蔓延といった望ましくない方向に進展する可能性を含んでいる。これまでに自由貿易の恩恵を受けてきた韓国としては最も避けるべき状況である。

　韓国は自由貿易の追求という同一の目的と利害関係を持つ国々との協力を強化し、世界経済の保護主義的な動きに共同で対処する必要がある。このような観点から見るならば、韓国と日本は自由貿易体制の維持と拡大のために、自由貿易への認識を共有し世界経済の場でより協力を強化すべきであろう。特に、日本の場合には世界経済で重要なプレイヤーとしてのリーダシッ

プを発揮し、世界の主要国が自国優先主義に陥没して自由貿易均衡から離脱する、いわゆる囚人のジレンマ（prisoners' dilemma）にならないように努力すべきであろう。何よりも米中間の貿易摩擦が長期に続き固着されるならば、自由貿易が崩壊することがあるとの認識を共有し、その認識を拡散させるための体系的な努力が必要である。

注

1)　実際、米国が対中制裁関税を課したことで、中国からアジア新興国への直接投資は急増している。例えば、中国のベトナムへの直接投資は 2019 年 1 〜 7 月までの累積金額が 2018 年 1 年間の金額を上回っている。また、中国からタイへの直接投資は 2019 年上半期の新規の申請額が前年同期に比べ 5 倍の水準である（古橋櫻子、2019）．一方、中国から米国への輸出がすでに減少する中、アジア新興国においては同時期の対米輸出額が増加傾向にある。特に、ベトナムから米国への輸出は 2019 年に 304 億ドルであり、前年同期に比べ 33.4% 増である。
2)　両機関とも米中貿易摩擦の波及効果を国際産業連関表（World Input-Output Table）を用いた産業連関分析に基づいて推計している。

引用文献

キム・バウ、キム・ジョンヒョン（2019）、「米中貿易摩擦の経過と影響」、『KIET 産業経済』2019 年 8 月号、韓国産業研究院
ヤン・ピョンソプ、キム・ヨンギ、キム・ヒョックファン、パク・ミンスク、クオン・ヒョクジュ（2019）、「最近米中間追加関税賦課の主要内容と影響」、『KIEP 今日の世界経済』Vol.19、No.21．韓国対外経済政策研究院
古橋櫻子（2019）、「米中貿易摩擦によるアジア貿易・投資の変化」、大和総研
日本貿易振興機構（2019）、ジェトロ地域・分析レポート

第7章　GVC の構造からみた米中貿易摩擦の
タイ国への影響と戦略

キティ・リムスクル（福井清一訳）

はじめに

　米中貿易戦争は、中国市場へ輸出された米国製品に課せられた高率関税への非難から始まり、2018 年における中国の実質 GDP 成長率を低下させた。実質 GDP 成長率は、2012 年から 2017 年までの平均成長率 7.2 ％から 6.6 ％に低下し、2019 年における成長率はさらに低下すると予想されている。

　2019 年 12 月には、暫定的な第一段階の合意に達したものの、2020 年 1 月の時点では、米国が米中貿易協定の第 2 段階が完了するまでは、中国製品に対する関税を維持することになった。

　第 1 段階の合意では、2019 年 12 月 15 日に発効する予定であった中国製の携帯電話や、ノートパソコン、および他の製品に対する 1,600 億ドル相当の関税賦課を保留し、他の製品の 1,200 億ドルに対する既存の関税を 7.5 ％へ引き下げる事で合意した。しかしながら、米国が他の中国製品 2,500 億ドル相当に課している 25 ％の追加関税は維持され、この関税負担は最終的に大部分が米国の消費者によって負担されることになった。

　本章では、当事国以外で、グローバル・バリューチェーンを通して両国と密接な経済的関係にある東南アジアのタイ国に焦点を当て、製造業の GVC への参加という視点から、米中貿易摩擦がタイ国の経済成長、および、貿易におよぼす影響と、今後の戦略について検討する。

第1節　タイ国の製造業と GVC の構造的変化
(1) タイ製造業の費用効率性と要因

　1990 年から 2016 年の期間、GDP に占める農業部門の付加価値シェアは、1990 年の 9.7 ％から 2016 年の 6.0 ％まで低下してきた。製造業の付加価値シェアは、1990 年の 24.7 ％から上昇し、2008 年の GDP における 30.4 ％でピークを記録した。このシェアが 1997 年から 1998 年のアジア金融危機を乗り越え、2008 年の世界金融危機の年にピークを迎えたという事に注目すべきである。このシェアは 30.4 ％から、2016 年には 27.6 ％に低下している。この付加価値ベースで見た製造業の構造的変化は、1990 年から 2016 年の期間における製造業の成長サイクルを検証する事によって説明できるかもしれない。

　図 7-1 は、製造業の付加価値の時系列データを示したものであるが、この製造業の成長が金融危機に対して敏感であった事、特に 1997 年から 1998 年のアジア金融危機と 2007 年から 2008 年の世界金融危機に敏感だった事がわかる。

　米中貿易摩擦がタイの製造業に及ぼす経済的影響を分析するために、本章

図 7-1　1990 年から 2016 年のタイにおける製造業の成長サイクル

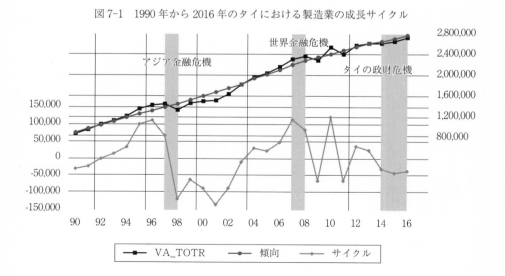

では、リムスクル（2020）による分析結果にもとづき、タイ製造業の供給サイドの特徴を簡単に紹介する。

　まず、リムスクル（2020）で用いたタイ国家統計局の工業センサス調査データ（2012 年）により、タイ製造業の特徴を見てみよう（以下、表7-1 参照）。

　2012 年には、製造業の総生産高は 7 兆 800 億バーツだった。370 万人が雇用され、正味固定資産は 3 兆 8,000 億バーツだった。1 人当たりの平均の生産力は 191 万バーツで、労働資産比率は 1 人当たり 103 万バーツだった。労働生産性は石油およびコークス分野と、基本的な金属および鉄鋼製品、そして自動車輛および輸送用機器、化学製品、電子機器および電気機器の下位分野で高かった。これらの分野の平均の生産性は 2012 年の全体としての製造業の平均を上回っている。労働生産性は、繊維およびアパレル部門や家具部

表 7-1　タイの製造業の下位分野の生産構造の描写

製造業	総生産高 （1 年当たりの百万バーツ）	総労働力 （人数）	純固定資産 （百万バーツ）	平均生産性 （百万バーツ／人）	資産労働比率 （百万バーツ／人）	サンプル企業の数
全体	7,081,791	3,705,442	3,829,122	1.91	1.03	80,720
加工食品、飲料	1,665,616	979,560	1,327,629	1.70	1.36 [5]	20,329
繊維およびアパレル	483,159	885,962	266,187	0.55	0.30	14,408
紙および印刷	196,144	98,962	104,063	1.98 [7]	1.05	1,368
石油およびコークス	202,875	21,980	154,122	9.23 [1]	7.01 [1]	128
化学製品	496,924	174,876	403,070	2.84 [4]	2.30 [3]	2,623
ゴムおよびプラスチック	778,154	294,655	233,889	2.64 [6]	0.79	2,990
非金属鉱物	321,133	199,540	293,964	1.61	1.47 [4]	5,449
基本的金属および鉄鋼	457,035	96,630	228,774	4.73 [2]	2.37 [2]	1,354
加工金属	386,176	301,333	181,802	1.28	0.60	7,878
輸送用機器	1,639,431	385,943	487,635	4.25 [3]	1.26 [6]	3,620
電子機器、電気機器	369,151	137,448	105,922	2.69 [5]	0.77	1,071
家具	85,992	128,553	42,064	0.67	0.33	2,620

出所：工業センサス調査、タイ国国家統計局。

門では非常に低かった。近代的部門が高い生産性を見せた一方で、これらの部門の競争力は高くなかったので、これは驚くにはあたらない。

　また、この表は、タイの製造業部門の中で、一般的に重工業として理解される石油およびコークス分野と、基礎的な金属および鉄鋼製品、そして化学産業における資本集約度が高いという常識的な傾向を示している一方、非金属製品や加工食品および飲料などの軽工業が平均以上の資本集約度であるという興味深い事実も示している。

　費用面で見た特徴は表7-2に示されている。

　総費用に占める原材料費の割合は54.16％であるのに対して労働費の割合は18.7％、生産管理費のそれは、27.6％となっており、費用構造はノーマルである。

　リムスクル（2020）は、このタイ国家統計局データを用いトランスログ費用関数による実証モデル（Kumbkar et al.,2015,ch.6,pp.149-172）を援用し、タイ製造業の「投入指向技術的非効率性（Input-oriented technical inefficiency）」を推定することにより、タイの製造業が企業規模が大きいほど効率性が高いことを見出した[1]。企業の全体としての効率性は、雇用人数が51人未満である場合に著しく低下する。そこで援用されたシック・フロンティア・アプローチ（Thick frontier approach）による推計では、非効率的な企業は効率的な企業よりも費用が35.2％高いことが見出されている。クインタイル回帰アプローチ（Quintiles regression approach）では、費用の低い企業は平均で非

表7-2　パーセンテージシェア（×100％）における平均（全体としてサイズ）での
　　　　パーセンテージ測定値における投入の構造

費用要素	平均	標準偏差	サンプルサイズ
総支出もしくは費用	1.00		80,000
（1）生産＆管理、労働費	.4583992	.2583465	
－生産＆管理のシェア費用	.2706584	.226911	
－労働費のシェア	.1877407	.2230575	
（2）原材料のシェア	.5416008	.2583465	

出所：工業センサス調査、2012年、タイ国家統計局。

効率的な企業の費用の 26.49 ％の費用である事が見出されている。最後に、首都バンコク付近に位置している企業は効率性の面で優位性を持っていることも明らかとなった。

　要約すると、タイ製造業は規模が大きく空間的に有利な立地をしている企業は非常に効率的だという事である。

　この分析結果は、タイ製造業が GVC に浸透してゆくためには国際競争力を強化する必要があるが、そのためには、規模の拡大と立地面での優位性を確保せねばならないことを示唆している。

　2019 年、現政権は「東部経済回廊（EEC）」と呼ばれる大規模な作業開発地域を開始した。この地域は、AI やバイオテクノロジーなどに関する研究と開発によって新たな産業を（立地と規模の面で）強化する事を目的としている。これはタイ国の近代的な製造基盤を強化するためであり、本章で紹介したフロンティア分析の結果とも整合的である。

(2)　タイの製造業の GVC と米中貿易摩擦の影響

　OECD によって作成された GVC のデータは、2005 年から 2016 年の期間におけるタイ製造業の構造に関して興味深い事実を示している。タイ製造業は、この間一貫して、中間財と資本財の輸入に依存した生産構造となっており（2016 年の総輸入のうち、中間財が 60.5 ％、資本財は 18 ％；表 7-3 参照）、この構造は大きくは変化していない。

　2016 年におけるタイ製造業の輸出の構造は、中間財（44 ％）、資本財（14.5 ％）、そして様々な最終財（16.2 ％）となっている（表 7-4）。

　タイ製造業の構造は GVC の指標によって分析する事ができよう。GVC は、1995 年、2000 年、2005 年、2008 年、および 2009 年の国際産業連関表（ICIO）の下にある枠組みで計算されている。この国際産業連関表は OECD が公開したものである[2]。この表は 37 の産業における 58 の経済（34 の OECD と、23 の非 OECD、そして世界の他の経済）をカバーしている[3]。国際産業連関表には、特定の国の 1 つの産業によって使用された全ての投入の価値を示す係数、および、国内投入および国外投入に分解される係数が記載され

表 7-3 製造業製品輸入、2005 年から 2016 年、パーセンテージ表記

	2005	2006	2007	2008	2009	2010	2011	2012	2013	2014	2015	2016
総輸入（十万 USD）	118.2	128.6	143.8	.178.6	133.8	182.4	228.5	247.6	250.7	227.9	202.0	195.7
製造業輸入	94.0	100.7	113.1	135.6	105.5	147.8	181.7	197.4	197.8	180.6	168.2	167.3
パーセンテージシェア、%	100	100	100	100	100	100	100	100	100	100	100	100
内訳、中間財	67.7	69	70.9	67.3	66.4	67.4	60.9	60.5	59.2	61.2	60.6	60.5
家計消費	6	6.3	6.4	7	7.7	6.9	6.9	7.3	7.7	8.1	9	9.5
資本財	16.8	15.2	14.9	15.5	16.3	14.9	16.3	19.3	17.8	17.7	17.9	18
雑多な最終使用	7.5	7.1	5.9	9	8.5	9.7	14.1	11.2	13.3	9.8	10.7	9.7
内訳												
− パソコン	2	1.9	1.6	1.6	1.8	1.7	1.8	2.3	2	2	2.1	1.9
− 乗用車	0.4	0.2	0.2	0.3	0.4	0.5	0.5	0.7	0.7	0.7	0.6	0.6
− 個人用電話機	1.6	1.5	1	0.9	0.9	0.8	1	1.4	1.6	2.1	2.3	2.3
− 貴重品	3	2.8	2.4	5.5	4.4	5.9	10	6	8.3	4.2	4.8	4.1
− 包装された医薬品	0.6	0.7	0.7	0.7	1	0.8	0.7	0.7	0.7	0.8	0.9	0.9
その他	2	2.3	1.9	1.2	1.1	1.2	1.8	1.8	1.9	3.1	1.8	2.3

出所：https://www.oecd.org/sti/ind/measuring-trade-in-value-added.htm
注：雑多な最終使用は、パソコン、乗用車、個人用電話機、貴重品、および包装された医薬品で構成されている。

ており、これらの係数によって国内生産と国外生産の段階にしたがって付加価値を分解できる。

　2016 年には、タイ製造業の輸出シェアは、44 ％の中間財と、23 ％の家計消費財、そして 14.5 ％の資本財の輸出で構成された。この輸出シェアの構成要素の傾向は、2005 年から 2016 年の期間でそれほど変化していない。中間財と資本財の輸入シェアは、同期間のタイにおける工業製品の輸入の主要な構成要素だった。国内付加価値は、1995 年から 2011 年の間の GVC の計算における総輸出高に大きな貢献をしたが、貢献度は低下している。国内付加価値の貢献の低下は総輸出高における国外付加価値の増加によって代替されてきた。

　国内付加価値の最終財輸出への貢献度は低下している。これは、生産にお

表 7-4　製造業製品輸出、2005 年から 2016 年、パーセンテージ表記

	2005	2006	2007	2008	2009	2010	2011	2012	2013	2014	2015	2016
総輸出（10 億 USD）	110.1	130.6	153.6	175.9	152.3	195.3	228.9	229.5	228.5	227.6	210.9	213.6
製造業輸出	101.4	119.7	141.9	163.7	143.8	182.4	209.2	213.8	213.6	214.9	200.3	203.5
パーセンテージシェア、%	100	100	100	100	100	100	100	100	100	100	100	100
中間財	46.9	47.2	47.9	43.6	43.2	44.2	46.9	43.8	45.4	45.4	44.2	44
家庭消費	25.9	23.9	23.3	24.4	25.7	23.4	23.6	22.7	22.6	22.9	23	23
資本財	12.9	12.6	11.8	12.1	11.2	12.8	12.3	14.9	15	15.6	15.4	14.5
雑多な最終使用	11.7	12.9	13.5	14.4	15.5	15.5	12.3	13.3	11.6	11.5	14	16.2
内訳												
− パソコン	8.2	9.1	8.8	8.2	7.8	7.1	5.4	6.4	5.7	5.7	5.7	5.2
− 乗用車	2.1	2.5	2.7	3.2	2.8	3.9	3	2.7	3.1	3	4.7	5.7
− 個人用電話機	0.2	0.1	0	0	0	0.1	0.1	0	0.1	0.2	0.3	0.3
− 貴重品	1.1	1.2	1.8	2.9	4.7	4.3	3.7	4	2.6	2.5	3.2	4.9
− 包装された医薬品	0.1	0.1	0.1	0.1	0.1	0.1	0.1	0.1	0.1	0.1	0.1	0.2
その他	2.6	3.4	3.5	5.5	4.4	4.3	4.9	5.3	5.4	4.6	3.4	2.4

出所：https://www.oecd.org/sti/ind/measuring-trade-in-value-added.htm
注：雑多な最終使用は、パソコン、乗用車、個人用電話機、貴重品、および包装された医薬品で構成されている。

いて国内産投入要素の利用における非効率性を示唆しているかもしれない。これに対して、中間財輸出の総額に占める中間財の再輸出の割合が著しく増加してきた。総輸出高に占める国外付加価値の割合は、タイ製造業の「GVC後方参加（Backward GVC participation）」と見做される。反対に、総輸出高に占める国内付加価値の割合は、タイ製造業の「GVC 前方参加（Forward GVC participation）」と見なされる（表 7-4）[4]。

　このように、タイ国は国外からの輸出需要に大きく依存しており、世界の他の地域への輸出の不安定さは、タイ製造業に重大な影響を持つだろう。総輸出高への国内付加価値の貢献度は、30 ％から 40 ％と非常に大きかった。要素支払という観点から見ると、賃金と非賃金所得が総輸出価値の 20 ％から 30 ％を占めた。

　中間財の再輸出（パートナー国から輸入した中間財を用いて自国で生産された中間財の再輸出）は、2011年の中間財の輸出の58.2％を占めた。総輸出高に占める国外付加価値の割合によって測定されるGVC後方参加は、2011年には32.2％へ増加した。一方、タイ国の総輸出高に占める、第三国に製品輸出をするパートナー国に輸出される国内付加価値の割合として測定されるGVC前方参加は12.4％だった[5]。このことは、タイ国がGVCへの参加により利益を得たということを意味する（表7-5）。

第2節　直近の経済的影響と今後の戦略

　2019年、タイ国はASEANのパートナー国と共にRCEPの合意を推進する予定であった。インドの参加の有無によってどのような影響があるかは不透明であるが、現在、中国が主導するASEANのGVC構築は、インド無しのRCEPの下で加速化するのが困難なのかもしれない。また、貿易の如何なる分野においても、米国市場に代わる市場は見い出だせないかもしれない。中国主導のGVCがインド抜きでうまく機能しなければ、後方GVCに依存しているタイの経済活動は鈍化するだろう。経済が景気循環の下降局面にあり財政的な経済刺激政策を講じているタイ国であるが、2019年10月に

表7-5　タイの製造業のグローバル付加価値チェーンへの参加

（単位：％）

	1995	2000	2005	2008	2009	2010	2011
総輸出高に対する産業の国内付加価値の貢献	42.27	39.96	38.08	35.07	38.62	37.71	34.4
総輸出高に対する産業の国外付加価値の貢献	19.68	26.25	30.51	32.23	28.62	30.65	32.19
総輸出高のシェアとしての最終製品の輸出における国内付加価値	34.07	27.58	23.91	22.69	24.24	22.78	21.39
中間財の輸入の％としての再輸出された中間財の輸入	38.25	59.21	55.5	57.92	58.61	58.05	58.2
総輸出高の％として輸出で表現された国外VA（GVCにおける後方参加）	19.7	26.3	30.5	32.2	28.6	30.7	32.2
総輸出高の％として国外輸出で表現された国内VA（GVCにおける前方参加）	9.6	12.1	13.2	12.4	12.8	13.6	12.4

出所：https://www.oecd.org/sti/ind/measuring-trade-in-value-added.htm

思いがけない打撃を被った。米国通商代表部（USTR）が、タイ国から米国への約 573 の輸入品に対する特恵関税制度（GSP）を撤回したのである。タイ政府は、国の経済を繁栄させるために、強制労働を含む搾取および酷使といった最悪の労働形態を許してきたが、USTR は、2013 年以来、アメリカ労働総同盟・産業別労働組合会議（AFL-CIO）によって非難されてきた、タイ国におけるこの甚だしい労働者の権利の侵害に対する大統領命令に応じたのである。この措置は 2020 年 4 月まで有効で、現政府は見通しもなく USTR と交渉しようとしているが、この厳しい非難が容易に見直される事は無いだろう。

　著者は、この USTR の動きが、直接的には、米中貿易摩擦に直結していないものの、米国のグローバル戦略に一致したものと見ている。タイ国は中国が主導する GVC における連鎖の一部であり、USTR の GSP 差し止めは、間違いなくタイ国の輸出における立場を悪化させ、製品の輸出の競争力を損なうだろう。中国の経済的力に従属的である一方で米国によって撤回された GSP の恩恵に浴していたタイ国は、米中貿易摩擦の間で均衡を取りにくい位置に立たされるという予想だにしなかった状況に陥っている。中国はタイ国を「一帯一路」構想の枠組みに巻き込むため、様々な経済的協力の覚書に調印している。タイ国は、中国に「テクノロジーとインフラ」への投資と中国人観光客の回帰などを期待している。この中国寄りの覚書が米国から何らかの反応を引き起こすかどうか興味深い。超大国の間で完璧なバランスを保ってきたタイ国の過去 50 年間の外交姿勢と比較すると、これはタイ国にとって従来にない事態である。むろん、タイ国は中国や米国にとっては小さな市場なので、何も起こらないかもしれないのだが。

　タイ国は、2019 年から 2020 年の米国との貿易戦争による中国経済の減速によって影響を受けるかもしれない。この見通しは、民間シンクタンクおよび国際機関の両方の間で共通している。その理由は、タイ国の GVC 構造が、GDP に影響を与える輸出構造を通じ、外国需要と密接に結びついているからである。この後方連関効果は、バンコクと国内の他の産業地域におよぶ広範な地域で、企業の雇用を悪化させるだろう。世界銀行とタイ当局は、

貿易転換効果によって引き起こされた輸出需要の減少の結果として、GDP
成長率の予測値を 3.5 ％から 2.7 ％に引き下げている。バーツ高を維持する
金融政策はタイ国の競争力を阻害している。

　ここでは、タイ国で合弁事業を営む海外の企業について、米中貿易摩擦や
マクロ経済政策により企業が影響を受けたいくつかの事例を紹介しておこ
う。

① 金型や、部品、および産業用金型の製造を手掛けるサンヨーエンジニア
　リング。同社は累積損失によって廃業する事を発表した。業績悪化の一
　要因は、貿易戦争に関連した需要の減少であると考えられる。

② ラヨーン県のマープタープット工業団地にあるタイヤ部品の製造メー
　カーである SRF インダストリーは、2019 年 10 月に廃業を発表した。同
　社は、その 1 か月前に 400 人の従業員の解雇を通知している。その理由
　は、バーツ高および貿易戦争による輸出需要の減少の結果としての市況
　の悪化だった。

③ タイ・トヨタ自動車は希望退職を募り、1 万 7,000 人の総従業員の 40 ％
　を占める契約労働者の 800 人から 1,000 人が対象になっている。同社は、
　会社の構造を電気自動車生産のための新技術に向けて再構成するため
　に、2 年 - 3 年前からこのプログラムを開始している。しかしながら、同
　社は国内の自動車販売と輸出の需要の減少にも直面している。これは、
　直近 5 年間のマイクロ経済運営と最近の貿易戦争の結果かもしれない。

④ タイの日本製鉄は、2019 年 9 月からの一時的な生産停止と、それに伴う
　従業員の雇用と給与の停止を発表している。その理由は、国内外市場の
　需要の縮小である。同社は労働保護法（no.2）、BE、2551 措置 75 を利用
　しているので、従業員には通常の賃金の 75 ％が支払われる。

⑤ チョンブリー県シーラーチャー郡にある自動車部品と、鉄鋼、プラス
　チック部品、オイルフィルター、およびエアフィルターのメーカーであ
　るタイ・サミット・レムチャバン・オートパーツ社は、2019 年 10 月 26
　日から 12 月 25 日までの生産停止を発表している。その主な理由は、主

に海外からの注文の急激な減少によるものであり、これは米中貿易戦争の結果である可能性がある。同社は労働保護法に従っているので、従業員には賃金の 75 ％が支払われる。

⑥ 自動車産業は、2018 年の 216 万 7,694 台の生産と比較して、215 万台から 200 万台へ生産を減少させる事に同意している。この事が、タイにおける自動車部品の需要が減少している主な理由である可能性がある。詳細は不明であるが、米中貿易摩擦と自動車に対する国内需要の縮小が、輸出需要の縮小に間接的に関連している可能性がある。すでに指摘したように、タイ国の製造業は強い GVC 後方および前方連関を持っており、貿易戦争が需要の減少と技術的変化に加え、タイの産業にも負の影響をもたらしていると推測されるものの、米中貿易摩擦のインパクトを過剰に強調しないように注意すべきである。直近 5 年間（2014 年から 2018 年）のマクロ経済運営における失敗も批判されるべきで、これが国内需要停滞の主な理由である可能性もある。

おわりに―結論と今後の戦略

　米中貿易摩擦はタイ国の経済成長のパフォーマンスをわずかに悪化させる影響を持つものと結論づけられる。この事は、直近 5 年間におけるタイ国の景気循環の下降局面をさらに押し下げる効果を持つであろう。それでは、米中の超大国間で暫定的に貿易戦争休戦協定を結んだとしても、タイ国は依然として 2020 年の次の第 2、第 3 四半期までビジネスサイクルの底に落ち込んだままなのだろうか？

　このような状況で、タイ国の採用すべき戦略は以下のようなものである。

　2020 年に暫定休戦中の貿易戦争に結論が出なければ、タイ国および他の ASEAN 加盟国はインド抜きの RCEP を締結することによって、中国中心に構築された GVC に依存せざるを得なくなるだろう。この場合、タイ国は米国が被る貿易転換の費用を負担する必要があるだろう。

　これに対する残された乏しい戦略の 1 つは、米国が世界中で圧倒的な競争力を持つ「知的財産」と、「IT および AI」、そして「金融商品」のタイ市場

を米国に開放する事だろう。

　例えば、①タイ国とカンボジア、ラオス、ミャンマー、ベトナム（CLMV）
における世界的な気候変動への対処と災害予防のための気象学的インフラの
デジタル開発に関する投資機会を、米国の企業に暫定的に与える事ができ
る。近年、気候変動は洪水・干ばつなどによる農業生産への直接的および間
接的な被害を頻繁にもたらしてきた。これらの技術の調達費用は中国より高
いものの、米国は中国を上回る高度な技術を持っている。

　②金融と、銀行業、そして保険業界のインフラ投資は、米国企業に関連し
た別の課題であろう。これは、今後の数年間における予想される銀行業界と
金融業界における、デジタル化、AI 化と関連した大きな変化のために準備
をする事である。ここでは、米国は他国と競争する上で優位なポジションに
あるだろう。明らかに、タイ国によるこの戦略は、中国を中心とする GVC
環境において物財・サービスの生産面で優位に立つ中国やタイ国における製
造業の投資パートナーである日本との間でバランスを取りながら実行される
べきであろう。タイ国の経済規模は最適な投資規模という視点からは小さす
ぎるが、CLMV 諸国を組み合わせれば、米国の投資家たちにも魅力的に映
るだろう。むしろ、この金融業の混乱は ASEAN の市場全体におよぶであ
ろう。「フィンテック」のデジタルインフラは、バイオテクノロジーを用い
た近代的な食品および農業と金融商品の統合の促進を助けるだろう。米国
は、「スマート農業」のモデルや植物由来タンパク質に基づく環境に優しい
食品などで技術的な優位性を持っている。

　③米国 – 日本 – 中国の間の 3 者関係のバランスをとる事は世界にとって極
めて重要である。日本は中国とアメリカ合衆国の間の仲介者としての役割を
果たすことが期待されている。2020 年には、中国と日本の間でサミットが
予定されている。1 つの考えられる合意は、BRI のインフラ開発における日
本 – 中国の協力である。どうすれば利益を得られるのか熟慮した上で、この
開発プロセスに参加することが、タイ国にとって懸命な戦略といえる。

注

1）定義：この研究における企業規模は以下のように定義される：（1）小規模企業（SE）とは、雇用人数が 51 人から 250 人の企業の事である（51 人未満の非常に小規模な企業を除く）。（2）中規模企業（ME）とは、雇用人数が 251 人から 500 人の企業の事である。（3）大規模企業（LE）とは、雇用人数が 501 人以上の企業の事である。

2）デ・バッカー、K および S．ミロードット（2013 年）、付録 1：GVC に関する指標、44 頁、グローバルバリューチェーンのマッピング、OECD 貿易政策文書、№. 159、OECD 出版、パリ。http://dx.doi.org/10.1787/5k3v1trgnbr4-en。

3）http://oecd.org/sti/ind/inter-country-input-output-tables.htm を参照。

4）「GVC 後方参加」と「GVC 前方参加」については、補論を参照のこと。

5）ミッチェル・マンチーニ（2019 年）

引用文献

1. AFL-CIO（2019），"Egregious Worker Rights Violations Cause Thailand to Lose Trade Benefits", Global Worker Rights https://aflcio.org/2019/10/28/egregious-worker-rights-violations-cause-thailand-lose-trade-benefits, October 2019. Accessed 30 October 2019.

2. Cooer William W., Seiford Lawrence M., and Tone Kaoru（2007），Data Envelopment Analysis, Second Edition, Springer.

3. Coelli, T.（1995），"Estimators and Hypothesis Tests for a Stochastic Frontier Function: A Monte Carlo Analysis," Econometric, 39,255-6.

4. De Backer, K. and S. Miroudot（2013），Annex1: Indicators on global value chains, page 44, Mapping Global Value Chains, OECD Trade Policy Papers, No. 159, OECD Publishing, Paris. http://dx.doi.org/10.1787/5k3v1trgnbr4-en.

5. Kumbhakar Subal C. and Lovell Knox, C.A.（2003），Stochastic Frontier Analysis, Cambridge University Press.

6. Kumbhakar Subal C., Wan Hung-Jen, and Horncastle Alan P.（2005），Stochastic Frontier Analysis Using STATA, Cambridge University Press.

7. Kodde, D.A., and Palm, F.C.（1986），"Wald Criteria for Jointly Testing Equality and Inequality Restrictions," Econometrica, 54, 1243-8.

8. Limskul（2020），Estimation of the Stochastic Frontier Function: Applying the Thai Manufacturing Census 2012, Discussion Paper series SU-RCSDEA 2020-001, Saitama University, Japan.

9. Michele Mancini（2019）Guiding note for the "gvc_data.csv" dataset used in the World Development Report 2020: Trading for Development in the Age of Global Value Chains. Washington, DC: World Bank（Michele.Mancini@bancaditalia.it）. GVC forward participation（value of domestic productions re-exported by the bilateral partners, gvcf）; GVC backward participation（foreign and domestic value in imported inputs that are re-exported, gvfb）; GVC exports（value of production crossing more than one border, gvcb+gvcf）.

10. Office of Industrial Economics（2011），National Industrial Development Plan 2012 -2031,

The Ministry of Industry, Thai Government.

11. Punyawich Sessomboon (2017), Decomposition Analysis of Global Value Chain Impact on Thai Economy, Faculty of Economics, Thammasat University. https://www.bot.or.th/Thai/.../Student/.../M_Doc_Prize3_2559.pdf.

12. Schmidt, P., and Lin, T.-F (1984), "Simple Test of Alternative Specifications in Stochastic Frontier Models," Journal of Econometrics, 24, 349-61 Skewness test.

13. Shepherd Ronal William (1970), Theory of Cost and Production Functions, Princeton Legacy Library.

補論　後方 GVC 参加と前方 GVC 参加について

「後方 GVC 参加」は、GVC への参加の程度を、輸出する財やサービスを生産するために輸入する中間財の買い手の側から見たものであり、次のように定義される。

後方 GVC 参加＝〔輸出のために生産された中間財、最終財・サービス生産のために輸入された投入財の付加価値〕／〔当該国からの総輸出額〕

「前方 GVC 参加」は、パートナー国がバリューチェーンを通して第3国に輸出することを目的に当該国から輸入した中間財の付加価値の程度を把握し、投入要素の売り手から見た GVC への参加の程度を表す概念であり、以下のように定義される。

前方 GVC 参加＝〔第3国に製品を輸出するパートナー国に輸出された中間財の付加価値〕／〔当該国からの総輸出額〕

第8章　ベトナムにとっての米中貿易戦争

池部　亮

はじめに

　2018年春から顕在化した米国と中国の貿易摩擦は、度重なる両国の制裁と報復が繰り返されてきた。米国は2018年7月の対中制裁第1弾を皮切りに、第2弾（2018年8月）、第3弾（2018年9月に10％、2019年3月に追加で15％）を実施し、2019年9月には第4弾Aの発動に至った[1]。

　日本貿易振興機構（以下、ジェトロとする）によると、対中追加関税のリスト毎に見た対象品目の中国依存度は、第1弾から第4弾Aまでで12.2〜28.9％であったものの、第4弾Bの制裁リストではパソコンやスマートフォンなど貿易額の大きい消費財が制裁対象品目に多く含まれているため、中国依存度は88.7％にも達するとされた（ジェトロ、2019a）。その後、2020年1月になると米中貿易交渉の第1段階の合意文書が署名され、制裁と報復の応酬に歯止めがかかった（『日本経済新聞』、2020年1月16日）。ただし、発動済みの対中制裁関税は段階的に関税率を引き下げるなどの措置がとられるものの、米中貿易摩擦の背景にある様々な課題の一部が合意されたに過ぎず、根本的な解決の道筋はまだ見通せない状況にある。

　いずれにしても、「世界の工場」としてグローバル企業の大規模な輸出生産拠点を立地してきた中国が、世界最大の市場である米国への輸出で制裁をかけられる状態であることに変わりはない。本章では、グローバル企業が中国生産を縮小し、他国へ生産シフトを行う中で、その受け皿として注目されるベトナムについて論考を進めていく。

　米中貿易戦争によるベトナムへの影響として、佐藤（2018）は人民元安が

進めばベトナム通貨ドンの切り下げも余儀なくされ、インフレなど同国マク
ロ経済運営にマイナスの影響が出ること、中国の余剰在庫がベトナムに流入
し、一部は米国に迂回輸出されることなどが懸念されるとしている。一方、
ポジティブな影響としては中国からの生産移管などでベトナムの工業化が進
むとする見方を紹介している。

　本章では、主にサプライチェーンの再編の中で中国生産がベトナムにシフ
トする動きを貿易データから検討する。第1節では、ベトナムが対外関係の
改善を進める中で対米貿易の規模が拡大し、現在ではベトナムが米国にとっ
て第5位の貿易赤字相手国となっていることなどを示す。第2節では、中国
からの生産シフトでベトナムが選好される背景を考察する。第3節では米国
と中国の貿易摩擦によってベトナムと米国間の貿易構造にどのような変化が
見られるか東南アジア諸国連合（ASEAN）も含めた米国の輸入依存度の変
化を検証する。第4節でベトナムの課題と展望について述べ結びとする。

第1節　ベトナムの対米貿易

　ベトナムは1976年に南北統一を果たし、社会主義体制下での国家建設を
急いだ。しかしながら経済運営はうまくいかず、1980年代末より「ドイモ
イ（刷新）」政策を導入し、改革開放へと政策転換した。1990年代に入ると、
中国との国交正常化（1991年）、日本の政府開発援助（ODA）再開（1992年）、
ASEANへの加盟（1995年）、米国との国交樹立（1995年）、アジア太平洋経
済協力（APEC）への加盟（1998年）など、相次いで国際関係の改善を実現
した（池部、2012a）。2001年末には念願の米越通商協定が発効し、米国への
最恵国待遇（MFN）での輸出条件を手に入れ、世界最大の輸出市場である米
国へのアクセスが可能となった。ベトナムはその後の輸出主導型経済成長モ
デルの基盤となる国際通商秩序への参入の糸口を掴んだのである。その後、
2007年には世界貿易機関（WTO）への加盟を実現させ、ベトナムは世界市
場向け輸出生産拠点としての通商条件を整えるに至った。

　図8-1は1995年以降の米国の対ベトナム貿易の推移を示す。2001年末の
米越通商協定発効を機に米国の対ベトナム輸入が拡大を続け、2019年には

図 8-1　米国の対ベトナム貿易推移

（単位：100 万ドル）

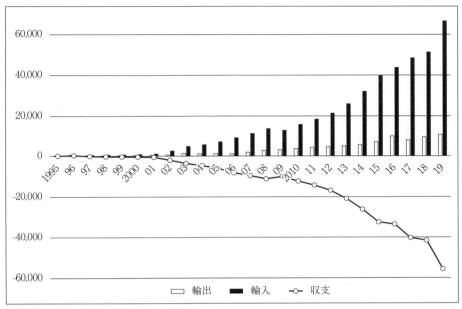

出所：UN Comtrade および Global Trade Atlas より筆者作成。

558 億ドルの対越貿易収支の赤字となっている。米国の対ベトナム貿易赤字
の拡大は顕著で、表 8-1 で示す通り、ベトナムは米国の貿易赤字国の中で第
5 位となっている。Global Trade Atlas によると、2019 年の米国の対中輸入
額は前年比 16.2 ％減となった一方、ベトナムからの輸入は同 35.6 ％増と急
拡大した。これにより、表 8-1 が示すように米国の赤字額に占める中国の
シェアは 2018 年の 46.8% から 2019 年には 40.5% へと減少し、その他の上位
国のシェアは軒並み上昇した。中でもベトナムのシェアは 2018 年の 4.4% か
ら 2019 年には 6.5% と上位国の中で最大の伸びを示している。
　こうした貿易額だけでは断定できないものの、米国が従来の輸入先であっ
た中国からベトナムなど他国からの輸入に切り替えていることが想定できよ
う。生産者サイドでも米国向け生産を手がける企業が従来の中国生産を減ら

表 8-1 米国の対外貿易赤字 相手国の推移と赤字構成比

(単位：100万ドル、%)

2000 年

順位	対世界	-466,101
1	中国	19.4
2	日本	18.2
3	カナダ	11.7
4	ドイツ	6.5
5	メキシコ	5.6
6	台湾	3.9
7	マレーシア	3.3
8	イタリア	3.2
9	韓国	2.9
10	ベネズエラ	2.8
50	ベトナム	0.1

2010 年

順位	対世界	-690,628
1	中国	42.2
2	メキシコ	9.9
3	日本	9.1
4	ドイツ	5.2
5	カナダ	4.7
6	ナイジェリア	4.0
7	アイルランド	3.9
8	ベネズエラ	3.3
9	サウジアラビア	3.0
10	ロシア	3.0
15	ベトナム	1.8

2015 年

順位	対世界	-737,091
1	中国	49.6
2	ドイツ	10.1
3	日本	9.3
4	メキシコ	7.9
5	ベトナム	4.2
6	アイルランド	4.1
7	韓国	3.8
8	イタリア	3.8
9	インド	3.1
10	マレーシア	2.9

2017 年

順位	対世界	-859,467
1	中国	47.1
2	メキシコ	8.9
3	日本	8.6
4	ドイツ	8.1
5	ベトナム	4.8
6	アイルランド	4.8
7	イタリア	4.0
8	マレーシア	3.1
9	インド	2.9
10	韓国	2.9

2018 年

順位	対世界	-946,130
1	中国	46.8
2	メキシコ	8.9
3	ドイツ	7.5
4	日本	7.5
5	アイルランド	5.0
6	ベトナム	4.4
7	イタリア	3.5
8	マレーシア	2.9
9	カナダ	2.7
10	インド	2.4

2019 年

順位	対世界	-853,228
1	中国	40.5
2	メキシコ	11.9
3	日本	8.1
4	ドイツ	7.9
5	ベトナム	6.5
6	アイルランド	6.2
7	イタリア	3.9
8	マレーシア	3.2
9	カナダ	3.2
10	スイス	3.1

出所：UN Comtrade および Global Trade Atlas より筆者作成。

し、ベトナムや他国での生産を増やしていることなどが考えられる。

　また、佐藤（2018）が指摘したように、中国製品がベトナムを経由して米国に輸出される迂回輸出などが含まれる可能性もある。実際、米国政府は迂回輸出の疑いがあるとしてベトナムからの鉄鋼輸入に 400% を超える関税を課したほか（Sankei Biz、2019 年 12 月 27 日）、ベトナム政府もラベルの張り替えによる原産地偽装を防止するため、取り締まりの強化に乗り出している（『日本経済新聞』、2019 年 8 月 7 日）。報道によると、農産物、繊維、鉄鋼、アルミニウムなどの不正出荷が摘発されたとしている（Bloomberg、2019 年 6 月10 日）。

　中国生産のベトナムシフトについてみると、外資系企業の生産工場を誘致し工業化を進めたいベトナムにとって好機とする見方もある。一方、米財務省は 2019 年 5 月末、貿易相手国の通貨政策を分析した半期為替報告書を公表し、対米貿易黒字が大きい日本や中国など 9 カ国を「監視リスト」に指定し、新たにベトナムなどもこのリストに加えた（『日本経済新聞』、2019 年 5 月29 日）。監視リスト入りは、米国が通貨安誘導をけん制する狙いがあり、米国にとって輸入増加が著しい相手国としてベトナムが要注意となったことを意味している。実際、表 8-1 が示すように、2019 年の米国の対外貿易赤字額 8,532 億ドルのうち、対ベトナム赤字額は 558 億ドルと 6.5% を占め、ドイツや日本に迫る水準に達している。今後も米中貿易摩擦が長期化する中、米国の対中輸入が減少し、生産移管先となるベトナムからの輸入が増加していくものと考えられる。ベトナム政府は野放図な対米輸出の規模拡大を抑え、米国を刺激することなく自国の工業化を進めていく必要がある。

第 2 節　ベトナムが選好される背景
(1)　中国リスクと生産分散

　中国の安価な労働力に依存した労働集約型産業は中国の人件費などのコスト上昇に直面してきた。中国に一極集中した生産体制を調整するため東南アジアなどに新工場を展開し、生産の分散を進めてきた。いわゆるチャイナ・プラス・ワンと呼ばれるこうした二次展開の動きは以前から継続しているも

のである。米中貿易戦争がなかったとしても、グローバル企業は中国生産への過度な依存を軽減するため、他国への生産移管の必要性に迫られたであろう。つまり、今回の米中貿易摩擦による生産シフトの動きは大きな潮流変化というよりも、加速要因として捉えることが重要である。

　チャイナ・プラス・ワンの動きは2000年代初頭から一極集中生産リスクの回避といった観点、産業構造の高度化が進む中国に適合した生産体制の再構築という観点から模索されてきた。グローバル企業にとって、中国生産体制の再編は、端的に言えば「中国市場向けは中国で生産し、輸出市場向けは中国以外で生産する」というものであった（池部、2019a）。また、中国リスクを踏まえても、原材料や部品調達、輸送の利便性や費用など総合的な事業環境は引き続き中国生産にメリットが多かったことも事実であろう。他国への分散投資は「将来の課題」として認識するものの、現在は「できるところまで中国での生産を続ける」という判断をした企業も少なくなかった（池部、2012b）。

　図8-2は中国リスクと考えられる項目について列記したものである。また、中国リスクと言われるものの多くは他国にも当てはまるものが少なくない。例えば、感染症や知的財産権保護の不徹底、高度化過程の法令変更などは多くの発展途上国にもリスクとして存在している。あくまでも、中国生産の一極集中の解消が課題であり、ことさら中国特有のリスクがたくさん存在すると考えるのは誤りである。中国リスクを脱して、新たな生産地を見つけても、そこでも中国と同様なリスクに加え、その国特有のリスクが存在するのである。

　図8-2に掲げたリスクは日常的なものも含まれている。例えば、人治から法治への転換過程で制度変更が頻繁に行われ、企業は翻弄されている。一方、感染症の流行や労働者の権利意識の高まりで労働争議が相次いだ時期もあった。非日常的なこうしたリスクが現実のものとなると、企業は生産停止を余儀なくされる。企業の中国一極集中の生産体制の再編の必要性は、中国リスクの顕在化とともに継続的に認識されてきた事象なのである。

図 8-2　中国リスクの例

自然災害・感染症	新型肺炎（SARS、新型コロナ）各種インフルエンザ大地震・洪水

中国の高度化過程	労働法の国際標準化社会保険制度の外国人への適用最低賃金上昇労働者権利意識の高まり加工貿易制度の厳格化人治から法治

知的財産権保護の不徹底	模倣品蔓延イノベーション意欲の減退商標権先願主義の悪用技術漏洩

自国優先的政策	Buy China通信規格など自国規格

国家管理と情報統制	デジタルエコノミーの国家管理サーバ設置義務とソースコード開示国際的なネットサービスの遮断企業活動への国家の介入

大国ゆえの非妥協的外交	アンチダンピングの乱発貿易摩擦国内市場を人質とした外交姿勢

歴史認識・領土・安保	尖閣諸島・南沙諸島領有権反日デモTHHAD 配備への対抗

出所：筆者作成。

（2）　中越の対米輸出構造

　表8-2 は 2019 年の米国の対中国輸入品目と対ベトナム輸入品目を比較したものである。中国からの輸入額はベトナムからの輸入額の約 6.8 倍の規模となる。ただし、2018 年は約 11 倍であったことから中国が急減しベトナムが急増したことがわかる。両国の品目を比較すると、対中輸入の上位 20 品目のうち、13 品目が対ベトナム輸入品目にも含まれており、上位 10 品目ずつを比較すると 7 品目が一致している。また、米国の対中輸入品目上位 10 品目が対中輸入額全体に占める割合は 77.7 ％であり、対ベトナム輸入でも同じ 10 品目がベトナムからの輸入額全体に占めるシェアは 84.3 ％となる。中国とベトナムは産業発展レベルや産業高度化の度合いは異なるとはいえ、対米輸出品のほとんどが工業製品であり、消費財の比率が高い構造にあることが分かる。つまり、中国からの輸入品が減少した場合、自ずとベトナムが代替生産地としての候補となりやすいと言える。

（3）　選好されるベトナム

　では、こうした分散投資の受け皿としてベトナムが選好されてきたのはな

表 8-2　2019 年の米国の対中、対越輸入品目

(単位：100 万ドル、%)

順位	対中国				対ベトナム			
	HS	品目	輸入額	シェア	HS	品目	輸入額	シェア
1	85	電気機械	125,399.5	36.2	85	電気機械	21,507.3	6.2
2	84	一般機械	91,988.3	24.8	61	衣類（ニット）	7,714.4	16.5
3	94	家具	26,538.0	42.5	94	家具	7,190.8	11.5
4	95	玩具	25,447.6	78.1	64	履物	6,991.3	25.8
5	39	プラスチック製品	17,939.5	31.1	62	衣類（ニット以外）	5,764.0	15.1
6	87	輸送機器	14,009.3	4.6	84	一般機械	3,677.5	1.0
7	61	衣類（ニット）	13,631.8	29.2	95	玩具	1,284.4	3.9
8	64	履物	13,448.6	49.6	42	革製品	1,266.4	9.9
9	62	衣類（ニット以外）	11,748.9	30.9	08	果実・ナッツ類	1,047.4	5.8
10	90	光学機器、医療機械	11,284.2	11.8	03	水産物	948.7	5.4
11	73	鉄鋼製品	11,037.1	28.3	90	光学機器、医療機械	825.8	0.9
12	63	紡織用繊維	8,936.1	55.7	40	ゴム製品	821.9	2.9
13	29	有機化学品	7,884.5	14.7	39	プラスチック製品	799.5	1.4
14	83	卑金属製品	5,205.7	40.9	73	鉄鋼製品	733.6	1.9
15	42	革製品	4,989.3	39.2	16	肉・魚などの調整品	554.2	10.1
16	82	卑金属の工具、道具、食器など	3,884.9	37.3	09	コーヒー・茶・香辛料	482.1	6.2
17	96	雑品	3,424.2	52.3	44	木材製品	450.3	2.5
18	48	紙製品	2,902.0	17.8	87	輸送機器	430.7	0.1
19	44	木材製品	2,881.9	15.9	72	鉄鋼	366.8	1.6
20	70	ガラス製品	2,713.6	35.8	34	石鹸・有機界面活性剤	272.5	7.5
合計			452,243.4	18.1	合計		66,680.3	2.7

出所：UN Comtrade

注：1）シェアは米国の当該品目輸入額全体に占める割合。
　　2）網掛けは中国の上位 10 品目と一致する品目。

ぜであろうか。まず、国際分業を考える際、チャイナ・プラス・ワンが中国リスクを意識した生産再編である点に注目する必要がある。経済効率だけを念頭に生産分散を検討するのであれば、フラグメンテーション論が唱えるように、工程の一部を他国に分散立地する戦略が採られる。企業内の生産工程を例にすれば、ベトナムの賃金は中国よりも安価であるため、主に組立てや検査といった労働集約的な工程が中国から切り離されベトナムに新設される。しかし、中国からのリスク分散投資である以上、工程の一部だけを切り離して他国に分散することはリスク回避とはならない。このため、チャイナ・プラス・ワンによるベトナムへの進出の多くが、工程間分業ではなく、一貫生産を前提としたフルセット型の工場、つまり自社の生産領域を完結できる工場を新設するという戦略となる。こうしたことから中国からの生産分散がベトナムに向かい、表8-2で確認したように、衣類、履物、電気機械、家具といった対米輸出品目が中国とベトナムとで相似してきた背景にあると考えられるのである。

　ベトナムが選好される理由は、①単純労働者の月額賃金が236ドルと中国の493ドルの約半分となること（ジェトロ、2019b）、②中国と陸続きでサプライチェーンが組みやすいこと、③儒教的な労働倫理観が通底し東アジアの社会や文化と親和性があること、④中国と政治体制（社会主義市場経済）が同じで政治、経済、社会構造が似ていること、⑤中国よりも多くのFTAを保有しており自由貿易地域への輸出が有利なこと、などが挙げられよう（池部、2019b）。

　また、経済学的な視点では、ベトナムは中国との間の比較生産費で労働力に優位性がある。このため主に労働集約的な産業（例えば、衣類、履物、IT関連製品の組立など）が中国からベトナムに率先して移管しやすい。こうした雁行形態論が示すキャッチアップ型の発展過程で、後発国のベトナムが先発国の中国から生産の拡延を取り入れてきたのである。リスク分散のためだけでなく、比較生産費の面もまた、多くの企業がベトナムに生産立地を進めた背景となる。

(4)　最終製品の生産シフトが中心

　表8-2が示す通り、米国の対中国輸入品目の上位10位は全て資本財、消費財、部品・コンポーネントである。本章が取り扱うデータは通関統計であるため、輸入は原産地をベースに計上されている。つまり、様々な財の輸入が増加しているとしても、計上された製品の最終生産地がどこかということを議論しているに過ぎない。米中貿易戦争によって中国生産が他国に代替されるとはいえ、それは最終製品の生産工程の移管である場合が多いと想定でき、その製品を構成する部品や素材加工といった段階での中国シェアの低下までは観察できないのである。これについて三浦（2019）は経済協力開発機構（OECD）の付加価値ベースの貿易データを使って、2015年に全世界の製造業が対米輸出する製品付加価値に占める中国シェアが25.5%に達したことを挙げ（表8-3）、「中国の生産能力が短期間で別の国・地域によって円滑に代替されるとみるのは非現実的である」としている。

　表8-3はOECDの付加価値ベースの貿易データで、米国の国・地域別の輸入額（付加価値）のシェアを示す。ここでは米国の対世界、対中国、対ベトナム輸入を取り上げ、製造業製品に占める国・地域別の付加価値を示す。例えば、表8-3の対世界輸入では、米国が世界から輸入する全ての製造業製品に占める中国付加価値比率が25.5%であることを示している。つまり、米国で流通する輸入製品の4分の1は中国で付加価値が添加されているということである。

　スマートフォンがベトナムで組み立てられて米国に輸出された場合、通常の貿易統計であれば原産地をベトナムとするため、ベトナムからの輸入となる。しかし、ベトナムでのスマートフォン生産に使用されるモジュールや部品の多くが中国で作られたものだとすると、付加価値ベースの貿易統計では中国の比率が大きくなる。既述の通り、貿易統計では2019年の米国の輸入に占める中国からの輸入は18.1%を占め、ベトナムからの輸入シェアは2.7%を占め、中国がベトナムより6.8倍の規模を有す。一方、2015年の付加価値ベースの貿易を見ると、中国が25.5%を占め、ベトナムは1.0%に過ぎず、その差は約25倍ということになる。

表 8-3　米国の輸入に占める国・地域別付加価値率の推移

(単位：%)

対世界輸入

		2005	2010	2015
1	中国	13.4	19.8	25.5
2	メキシコ	5.2	6.2	6.9
3	日本	11.6	8.6	6.8
4	カナダ	10.3	8.3	6.3
5	ドイツ	6.5	5.6	6.1
6	米国	6.5	6.1	5.9
7	韓国	3.8	3.4	4.1
8	インド	1.7	2.7	2.6
9	イタリア	2.8	2.0	2.2
10	フランス	2.7	2.3	2.2
17	ベトナム	0.4	0.6	1.0
	ASEAN	4.8	4.9	4.3

対中国輸入

		2005	2010	2015
1	中国	71.4	77.5	81.2
2	韓国	3.5	2.3	2.3
3	米国	2.8	2.1	2.1
4	台湾	3.2	2.0	1.8
5	日本	5.2	3.0	1.8
6	ドイツ	1.1	0.8	0.9
7	オーストラリア	0.8	1.2	0.8
8	マレーシア	0.7	0.6	0.5
9	サウジアラビア	0.7	0.7	0.5
10	シンガポール	0.7	0.5	0.4
23	ベトナム	0.1	0.1	0.2
	ASEAN	2.6	2.4	1.9

対ベトナム輸入

		2005	2010	2015
1	ベトナム	58.7	54.8	52.4
2	中国	6.7	11.2	17.0
3	韓国	5.0	4.7	5.4
4	日本	4.7	4.3	3.4
5	台湾	5.0	3.1	2.4
6	米国	1.7	2.1	2.4
7	タイ	1.8	2.1	1.6
8	インド	0.7	1.1	0.9
9	ドイツ	0.8	0.9	0.9
10	インドネシア	1.0	1.2	0.9
	ASEAN	5.4	5.5	4.4

出所：OECD Stat. "Trade in Value Added（TiVA）"
注：ASEAN はベトナムを除いた数値。

　では、表 8-3 で米国の対ベトナム輸入の付加価値を見てみよう。ベトナムを原産地とする財の輸入のため、当然のことながらベトナムでの付加価値が大きく、2015 年は 52.4％であった。しかしながら、農産物や海産物といった一次産品の加工品の比率が減り、スマートフォンやコンピュータ、衣類、履物といった製品の比率が上昇したことで、付加価値比率は 2005 年と比べて 6.3 ポイント減少し、その代わりに中国の付加価値比率が 6.7％から 17.0％に上昇している。ベトナムは最終製品輸出の量的拡大を遂げたものの、部品や中間材料は輸入に依存しており、中でも中国の部品・材料に依存していることが背景にあると考えられる。

　本章では米中貿易戦争によって、中国からの製品輸入が減少し、ベトナムからの輸入が増加したことを示した。しかしながら、それは単に最終生産地が移っただけであり、サプライチェーン全体で見た付加価値生産がどこでな

されたかということを示していないのである。

第3節　ベトナムへの生産移管
(1)　最終生産工程のベトナム移管

　表8-4は米国の対ベトナム輸入の上位20品目（HSコード4桁ベース）について、輸入額に占めるベトナム、中国、ASEAN（ベトナムを除く）のシェア（依存度）の変化を示す。

　米国の対中輸入依存度は2017年以降21.6％、21.2％、18.1％と推移しており、米中貿易戦争が激化したことで2019年にシェアが大きく低下した。一方、ベトナムの依存度は同期間に2.0％、1.9％、2.7％と上昇し、ASEAN依存度も5.3％、5.3％、5.6％と上昇した。中国依存度は20品目全てが低下し、ベトナム依存度は集積回路を除く19品目が上昇した。また、ASEAN依存度が上昇した品目は14品目であった。

　ここで注目したいのは品目の多くが最終製品ということである。衣類が4品目、履物が3品目、家具が2品目、玩具、通信機器（スマートフォン）、印刷機械、コンピュータなどである。通信機器や印刷機械には部品類も含まれるものの、モジュールや部分品などであり、最終製品が大部分を占めている。最終製品の生産は組立や検査工程を多く含む労働集約型産業である。このため、米中貿易摩擦の顕在化以前より中国からベトナムなどの東南アジア諸国へと生産が移管なり分散する動きが強まっていた品目でもある。例えば、衣類と履物の対中制裁関税は第4弾からであり、2019年上半期までは関税率上昇の影響を直接は受けていない。それでも、衣類と履物の依存度の変化を見ると、2018年には既に中国依存度が低下し始めていることがわかる。このように、対中制裁関税の有無にかかわらず中国生産の減産傾向が見られる品目も少なくない。

　次に通信機器、集積回路、コンピュータ及び構成品、ダイオード・トランジスタ、印刷機械、ワイヤーハーネスといった品目について見てみよう。ダイオードやトランジスタなどの電子部品は比較的設備集約型の産業である。一方、その他の品目はほぼ労働集約的な産業となる。通信機器はスマート

表 8-4　米国の輸入と依存度の変化

（単位：%）

HS	品目	ベトナム依存度			中国依存度			ASEAN 依存度		
		2017	2018	2019	2017	2018	2019	2017	2018	2019
	合計	2.0	1.9	2.7	21.6	21.2	18.1	5.3	5.3	5.6
8517	通信機器	4.8	5.9	13.8	64.1	65.2	58.9	8.4	7.2	6.0
9403	家具（その他家具・部品）	14.5	14.2	19.5	48.6	49.4	37.6	6.4	6.1	7.9
6404	履物（本底がゴム製か樹脂製か革製で甲が革製）	30.8	33.1	36.2	54.7	51.5	48.0	8.2	9.0	9.8
6110	ニット製衣類（ジャージー、プルオーバー、カーディガン、ベストなど）	16.0	15.9	17.6	33.0	32.0	28.2	12.3	12.0	12.3
6403	履物（本底がゴム製か樹脂製か革製で甲が紡織用繊維製）	17.7	19.6	22.2	47.9	44.5	40.2	7.3	8.0	10.0
9401	家具（腰掛け）	5.5	5.9	9.9	44.0	44.6	37.8	2.4	2.3	3.1
8542	集積回路	6.5	4.0	5.8	8.2	9.2	4.7	46.5	52.3	55.0
8541	ダイオード、トランジスタなど	7.5	4.5	15.2	19.9	16.4	8.6	30.2	29.3	37.9
6104	ニット製衣類（女子用スーツ、アンサンブル、ジャケット、ドレス、半ズボンなど）	26.8	27.8	29.2	29.8	29.2	27.4	17.4	17.4	17.4
6204	衣類（女子用スーツ、アンサンブル、ジャケット、ドレス、半ズボンなど）	13.2	14.1	16.3	38.8	37.4	33.2	9.9	9.4	9.3
8471	コンピュータ及び構成品	1.1	0.9	1.4	60.0	55.8	49.7	7.9	7.8	7.2
6402	履物（本底と甲がゴム製か樹脂製）	19.5	20.3	21.7	66.3	65.4	63.5	8.0	6.8	7.1
4202	バッグ類、小物ケース類	10.0	8.5	11.0	58.2	55.2	39.4	8.0	10.2	19.6
8443	印刷機械	5.8	6.3	6.7	36.6	35.8	30.6	22.3	23.0	25.0
0801	ナッツ類（カシューナッツなど）	66.7	73.5	74.4	0.1	0.1	0.0	8.3	9.1	9.8
6203	衣類（男子用スーツ、アンサンブル、ジャケット、ズボンなど）	11.2	11.0	11.9	18.1	17.1	13.8	7.0	7.3	7.6
8544	電線、光ファイバー線、ワイヤーハーネス	3.0	3.0	4.3	22.1	21.7	16.4	4.6	4.1	5.1

9503	玩具（縮尺模型、電気式鉄道模型）	3.2	3.6	4.8	85.8	84.7	84.2	2.3	2.6	3.2
4011	ゴム製の空気タイヤ（新品のみ）	3.2	3.4	4.2	14.0	15.8	7.9	20.9	21.4	25.2
0304	魚のフィレ、その他の魚肉	8.9	11.4	9.6	22.3	21.8	19.1	5.7	5.7	7.0

出所：Global Trade Atlas

注：HS コード 4 桁分類でベトナムからの輸入額が大きい順に 20 品目を記載。

フォンの組立やモジュールの組立であり、コンピュータも同様に組立工程が中心となる。また、集積回路もベトナムでは後工程（組立と検査工程）を実施しており、ワイヤーハーネスも労働集約的な産業である。伝統的な労働集約型産業である衣類、履物、家具などと同様、エレクトロニクスを中心とした軽機械産業でもベトナムは最終財の生産を行っており、その多くが労働集約的な工程である。集積回路はベトナムと中国の依存度がいずれも低下し、ASEAN 依存度が上昇しており、上流部のサプライチェーンにどのような変化があったのかを見る必要がある。

おわりに　まとめ

　本章で述べたように、米国の工業製品の対世界輸入に占める中国の付加価値比率は 2015 年時点で既に 4 分の 1 に達していた。中国は産業構造の高度化に伴い、工程の自動化や高付加価値製品への生産シフトを進めており、世界の工業製品に占める付加価値比率はさらに高まっていると考えられる。中国は圧倒的な工業力を川上生産部門に持ち、中間材料や部品生産の川中工程、そして労働集約的な最終製品の生産工程まで完結した工業力を有してきた。そして、中国は長い間、アジア諸国内でも労働力に比較優位を持ち続けてきた。世界の工場となった中国の工業生産を安価で豊富な労働力が支えたことは事実であるが、同時に資本集約型産業や技術集約型産業の成長も著しく、むしろこうした産業構造の高度化が中国の圧倒的な付加価値比率を決定づけている。

　米中貿易摩擦の激化、あるいはそれ以前から中国での最終生産の優位性が

失われ、ベトナムなどに移管する動きが見られた。そのことは、中国を軸とするグローバル・サプライチェーンの出口部分が中国からベトナムに移ったことを示しているに過ぎない。そして、工業生産の川中、川上部分の多くで、引き続き中国が競争力を有していると考えられる。米国一国による制裁関税によってこの巨大で重層的な中国の工業生産力を中国以外の国に移転させることは不可能であろう。

　本章では貿易データを使った初歩的な分析を行った。米国による対中制裁関税の発動は中国からの生産移管を促し、特に労働集約型産業のベトナムへの移管が顕著であることを確認した。ベトナムの上位品目の中でも、ダイオード、トランジスタなど（HS コード 85.41）は労働集約的な産業というよりもむしろ設備集約型の品目である。さらに詳細を見ると、ベトナムが対米輸出を拡大しているのは光電性半導体であった。外資系企業の生産立地で設備集約型のこうした品目の生産と輸出も始まりつつある。

　労働集約型の工程を必要とする製品は、ベトナムが引き続き対米輸出拠点として中国生産の一部を引き受けながら生産と輸出を伸ばしていくと考えられる。ベトナムの課題としては、最終製品の生産立地に対応する上で、生産に必要な部品や材料、素材加工といった前工程に関わる工業化をどこまで進めることができるかということであろう。この点、衣類生産や履物生産に必要な生地や資材といった材料のベトナム生産を拡充していくこと、軽機械産業における素材加工や電子部品生産といった設備集約型産業の一層の拡充が求められる。こうした工業基盤を担う産業群は大企業だけでなく多様な中小企業の加工や生産によって支えられている。ベトナムは地場企業の育成を急ぐとともに、中小規模の外資系企業にとっての投資環境を改善することなどが必要となる。

注

1)　第 4 弾の発動時期は、第 4 弾 A が 9 月、第 4 弾 B が 12 月とされたが、両国が第 1 段階の合意に向けた貿易交渉に入ったため第 4 弾 B は発動されなかった。

引用文献

池部亮（2012a）「ベトナム市場経済化の基本構造」関満博・池部亮編『ベトナム／市場経済化と日本企業』新評論

——（2012b）「チャイナ・プラス・ワンの実像」関満博・池部亮編『ベトナム／市場経済化と日本企業』新評論

——（2019a）「米中貿易摩擦と中国のサプライチェーンの再編（前編）」三菱 UFJ 銀行『MUFG BK 中国月報』第 158 号（2019 年 4 月）

——（2019b）「米中対立、変化するアジアの生産体制—中国からベトナムへの生産シフト加速」日本経済研究センター編『米中対立下のデジタル・アジア—イノベーションと都市の行方』日本経済研究センター

佐藤進（2018）『米中貿易戦争におけるベトナムの影響』ITI 調査研究シリーズ No.80、国際貿易投資研究所（ITI）

ジェトロ（2019a）「地域・分析レポート」（2019 年 11 月 21 日）

——（2019b）『2019 年度　在アジア・オセアニア日系企業実態調査』

三浦有史（2019）「中国の対米輸出はどこまで代替されるのか」アジア・マンスリー 2019 年 6 月号、日本総合研究所

Global Trade Atlas　Global Trade Information Services（有料オンライン・データベース）.

OECD　　　　　　http://www.oecd.org/sti/ind/measuring-trade-in-value-added.htm

UN Comtarde　　https://comtrade.un.org/data/

USTR　　　　　　https://ustr.gov/issue-areas/enforcement/section-301-investigations/section-301-china/34-billion-trade-action

本稿は専修大学令和 1 年度研究助成による研究調査の成果を一部含むものである。

第9章　中国からベトナムへの生産移管の必要な条件

ド・マ・ホン

はじめに

　昨年から米中貿易摩擦がエスカレートする中、中国に生産拠点を置いている企業は相次いで第三国に生産移管を検討・実施する動きが観察されている。日本経済新聞の集計によると、2019年9月の時点で、米国 HP やアップル、日本の任天堂やコマツなどのグローバル企業が 50 社以上中国から日本や東南アジア地域に生産移管を表明・検討している（『日本経済新聞』、2019）。

　同様に、丸紅アセアンの調査部の報告書にも、現地調査の情報をもとに米中貿易摩擦の影響を受けて、中国で活動している企業の多くは同国外への生産移管を検討・実施している動きが確認された（丸紅アセアン、2019）。第三国の中でも、ベトナムへの注目はますます高まっている。上述の報告書はベトナムの人件費の安さ（一般工の賃金は中国の2分の1～3分の1）や日本やEU などとの自由貿易協定の存在、陸路で中国と隣接しているなどの優位を理由に、同国を最も注目が集まっている国だとしている。他に、ジェトロ（JETRO）の特集「米中摩擦でグローバルサプライチェーンはどうなる？」はベトナムをポストチャイナの筆頭として同様の見方を述べていた（ジェトロ、2019a）。

　しかし、中国国外への生産移管の問題は今回の米中貿易摩擦の勃発だけではなく、2010 年ごろから中国の人件費の高騰や各種規制強化の影響またはカントリーリスクの対策のため、チャイナプラスワンを話題によく議論された。当時ベトナムは最も注目される生産移管の候補地だったが、実際には、

その後、チャイナプラスワンの受け皿として劇的な変化がなかった。現時点で、ベトナムの経済構造や投資環境などの変化を見ると今回も前回と同様の結果になると推測される。すなわち、米中貿易摩擦の影響を受け、短期的にベトナムへの生産移管に乗り出す企業はあるであろうが、中長期的にはその動きは限定的であろう。

　本章では、中国からの生産移管の動きを念頭に置きつつ、ベトナムにおける裾野産業の現状および同国の東アジア地域内のサプライチェーン（Regional Supply Chain：RSC）と GVC（Global Value Chain）への参加の可能性と必要な条件を議論しながら以上の疑問を抱く理由を説明したい。

　具体的には、まず第1節でベトナムの市場経済化と工業化プロセスを概観し、現在の鼎型経済構造と外資主導の加工貿易による輸出志向型工業化という特徴を述べる。第2節は、同国の裾野産業の現状を考察しながら、企業間の関係の脆弱性および民族資本系企業と外資系企業が相互に乖離的に存在することを指摘し、裾野産業の未熟の原因を説明する。第3節は、外資系とりわけ多国籍企業の投資を受け入れるためのベトナムの RSC と GVC への参加の可能性と必要な条件を検討し、中国からの生産移管の限界を明らかにする。

　最後に、中長期的に雁行形態論的な生産移管の受け皿となるため、ベトナムの静態的な比較優位の効率的な利用および動態的な比較優位の創造の必要性に関する政策的含意を提示し検討すべき課題を述べる。

第1節　ベトナムの鼎型経済構造と
外資主導・加工貿易・輸出志向型工業化

　約30年前から経済制度を改革したベトナムは、計画経済政策をやめ、経済（貿易、投資）の自由化、工業化の実現により経済発展を遂げ、2010年ごろから低位中所得国（1人当たり GDP1 ～ 4千米ドル）となった[1]。今までのベトナム経済開発政策は一定に評価され得るが、これから同国の経済を上位中所得国になるまで発展させ続けられるかどうかについては多くの疑問が残る。なぜなら、この開発路線は工業化の初期段階で一定の効果を発揮したものの、長期かつ持続発展を妨げる要因をもたらすからである。それは、現在

の鼎型経済構造と外資主導・加工貿易・輸出指向工業化のパターンである。

　ここで、鼎型経済構造とは国有企業部門、民族資本系民間企業部門と外資系企業部門という 3 本の柱から構成されるが、これらの経済部門は対抗的に競争しあえず、相互に乖離的な存在でありながら併存するという経済構造のことである[2]。

　また、外資主導・加工貿易・輸出志向型工業化とは外国直接投資を誘致しながら輸出産業を振興する政策を実施するが、地場企業と外資系企業の間の技術のギャップにより結果的に、輸出品目の大半は組み立て加工産業に集中し、また輸出額の大半は外国直接投資系企業のシェアに占められる工業化のパターンである。

　表 9-1 を見れば、ベトナム経済を支える 3 本の柱は、2000 年からいずれも規模が拡大し続けて GDP の成長に貢献していた。しかし、それぞれの企業部門は成長率が異なり、外資系企業部門の成長率が 1 番高く、次に国内資本系民間企業部門で、最後に国有企業部門であった。GDP に対するシェアは外資系企業部門が拡大し続ける傾向に対して国内企業部門とりわけ国有企業部門のシェアが比較的に縮小していく傾向があった。ただし、現段階では工業生産高の順位は、1 位が民族資本系民間企業部門、2 位が国有企業、3 位が外資系企業部門となっている。1990 年代には、国有企業部門のシェアが過半以上だったが、2000 年以降絶えずに低下し続けて、2018 年には約 30 ％になり、同時期国内資本系民間企業のシェアが 30 ％弱から 2010 年に 50 ％弱まで拡大し、その後縮小する方向に転じて現在 4 割半ば強程度にと

表 9-1　所有形態別企業部門の工業生産

(現在価格、10 億ベトナムドン)

	1990	1995	2000	2005	2010	2015	2018
国有企業	28	52	170	344	633	1,203	1,533
国内資本系民間企業	15	25	213	432	927	1,812	2,332
外資系企業	9	26	59	139	327	758	1,124

資料：ベトナム統計総局のデータを参考、作成。
注：1990 年の数字は 1995 年の価格で換算された。

どまる。一方、外資系企業部門は 2000 年代に 10 ％台から近年 20 ％台に拡
大した。

　3 つの企業部門の生産規模とその変化の違いの他に、それぞれの企業部門
は地理的、業種的、対象とする顧客などの観点から見て異なる市場をター
ゲットにするという構造的な相違も、鼎型経済構造の注目すべきポイントで
ある。即ち、3 つの企業部門ともお互いに直接に対抗して競争せず、少なく
とも現時点まで市場が分割され併存していた傾向がはっきり見られる。この
所有形態別分割的市場構造は、実際に次節で論じる国内資本系企業と外資系
企業との間の脆弱な企業間関係の問題を起こす重要な要因となった[3]。

　表 9-2 は、この外資主導・輸出志向工業化の特徴を示したものである。
1990 年代半ばには、輸出額は GDP の約 4 分の 1 程度だったが、現在 GDP
とほぼ同額となった。また国内資本系企業部門と外資系企業部門は共に輸出
の拡大に貢献したものの、1995 年に国内資本系（国有と民間）企業と外資系
企業の輸出に占める比率は 7 対 3 であったものが、2018 年にはこの比率が
3：7 となり、外資系企業の輸出に占める割合が上昇している。

　2018 年の主要な輸出品目のデータを見ると、TOP5 品目は携帯電話と同
部品（492 億米ドル）、アパレル製品（305 億米ドル）、電子回路・コンピュー
タと同部品（296 億米ドル）、履物（162 億米ドル）、木製品（89 億米ドル）であ
り、この TOP5 の合計は全ての主要な輸出品目の 8 割を占めた[4]。このう
ち、携帯電話と同部品及び電子回路・コンピュータと同部品の輸出は TOP5
合計額の約 6 割弱、または全体の 4 割強を占め、外資系企業部門により生産
された。しかし、輸入額を考慮にすれば、輸入全体も輸出と同様の成長率及

表 9-2　輸出対 GDP 比率と所有形態別企業部門の輸出額の推移

（単位：％、億米ドル）

	1995	2000	2005	2010	2015	2018
輸出額／GDP（％）	26.5	46.3	56.3	62.3	83.8	99.4
国内資本系企業	398	767	1,389	3,308	4,764	6,973
外資系企業	147	681	1,855	3,915	11,438	17,396

資料：アジア開発銀行（Key Indicators）とベトナム統計総局のデータを参考、作成。

び規模で拡大し、輸入額でも外資系企業部門が大きなシェアを占めた。外資系企業部門の輸入は主に携帯電話やコンピュータ、電機機器など完成品組み立て用の部品および中間材であった。これらの輸出入構造を見ると、ベトナムの工業化は「外資主導」と「輸出志向」に加えて組み立てを中心とする「加工貿易」という特徴があることがわかる。

　実際、ベトナムの鼎型経済構造も外資主導・加工貿易・輸出志向型工業化も、同国の今までの経済開発路線の特殊性に由来するものと考えられる。一般の開発途上国と異なり、ベトナムは開発途上国でありながら移行経済国でもある。計画経済から市場経済への移行過程では、東欧の移行経済諸国と異なり、中国と同様、漸進型移行経済政策（政治的な独裁体制の下、経済の段階的自由化）を実施した結果、国内資本系企業部門が国有企業と民間企業に分離された。

　また中国や他のアセアン先発諸国の経験を模倣して、経済開発政策（外国直接投資の誘致、輸出加工区の設置や輸出産業の振興など）を実施した結果、輸出向け加工貿易を中心に、国内資本系企業から乖離された外資系企業部門が登場した。近年、ベトナムでは所得の向上に伴い国内市場の規模が拡大され、現地市場開拓の目的で新規投資を行う外資系企業が現れ始めたが、その数はまだ限定的であり、外資系企業が国内資本系企業から分離された状況はあまり変わらない。

　今までベトナムの経済構造及び加工貿易を中心とする外資主導輸出志向型工業化は、一定の経済発展効果があるものの、長期的且つ持続的経済成長を妨げる要因となってしまう可能性がある。なぜなら、この発展パターンは外国直接投資の技術移転効果を効率的に利用することができず、経済のあらゆる産業を支える裾野産業が育てられなかったからである。現在ベトナムの裾野産業はどのような課題を抱えるかについて次節で検討する。

第2節　民族資本系と外資系企業の乖離と企業間関係および裾野産業の脆弱性

　本来、外国直接投資を導入する目的は資本蓄積の他に技術移転効果を利用

することである。技術移転効果を効率的に利用できるかどうかは自力で長期的かつ持続的経済成長が可能か否かである。技術移転プロセスは一般に企業間の関係とりわけ外資系企業と国内資本系企業との前方連関及び後方連関関係を通じて実現される。これにより、現地企業の生産経営技術がレベルアップされ、現地調達能力の向上、つまり裾野産業の競争力の強化に繋がる。その結果、より高度技術を利用する外国直接投資を吸収することが可能となり、現地企業・産業のさらなる技術向上をもたらす。こうした好循環は長期かつ持続的経済成長を誘発すると考えられる（D.M.Hong, 2016）。

　よって、ベトナムのような開発途上国にとって長期的・持続的経済成長を実現するのに重要なのは外資系企業部門と国内資本系企業部門との間に企業間のリンケージを強化することできるかどうかである。

　しかし前節で述べたように、現在ベトナムの鼎型経済構造により、3つの企業部門は相互に分離しているため、外資系企業部門と国内資本系企業部門との間に企業間のリンケージが存在せず、外資系企業から現地企業への技術移転が起きない。このため経済の部分的自由化政策の結果、国内資本系民間企業部門は一定の範囲で発展できたものの、生産技術能力及び競争力が外資系企業の需要に対応できるレベルに、依然として達していない。

　こうした民族資本系と外資系資本の間にリンケージが存在しない状態は、これらの企業部門の競争力にも反映される。表9-3はこれらの企業部門の生産高対資本の比率の推移を示したものである。この比率は大きければ資本の生産性が高く、競争力が強いことを意味する。

　全体的に見ると、外資系企業部門の資本生産性は上昇している傾向がある

表9-3　所有形態別企業部門の資本生産性

(生産高／資本の比率)

	2000	2005	2010	2015	2016	2017
国有企業	0.66	0.58	0.51	0.39	0.38	0.34
国内資本系民間企業	2.07	1.22	0.65	0.73	0.71	0.73
外資系企業	0.7	0.89	0.73	0.99	1.02	1.05

資料：ベトナムの統計総局のデータを参考、計算、作成。

が、国内資本系企業部門の方は低下し続けている。具体的には、外資系企業部門では、2000 年に 1 単位の資本から 0.7 単位の生産高しか作り出してなかったが、2017 年には 1.05 単位の生産高を作り出している。一方、国有企業部門は、2000 年の時点でも、すでに外資系企業部門よりも生産性が低かったが、その後もさらに悪化し続け、今でも様々な保護措置の恩恵を受け続けているにも関わらず、2017 年には当初の半分程度（0.34 倍）まで低下した。

　国内資本系民間企業部門は、2000 年に資本生産性が比較的に高かったが、その後急速に低下してしまい、2015 年から 0.7 倍程度の水準のままである。

　2000 年に国内資本系民間企業部門の資本生産性が高かった理由は、この年から国内の民間資本に対する経済制度の自由化が以前よりも急速に推進されたからである。1990 年代末まで国内の民間資本の新規事業に対する「許可制」（事業を立ち上げる際に申請―審査―許可―新事業展開の 4 段階）から「登録制」（申請＝登録―新事業展開という 2 段階）に切り替わったので、国内の民間資本は本格的に製造業の分野で新規参入し始めた。この時から国内資本系民間企業部門は国有企業と外資系企業部門との対抗を避けるマーケットおよび事業ドメインを選択し、現在まで国有企業及び外資系企業とは差別的な生産経営活動を続けている。

　上述した事情を考慮にすれば、現在ベトナムの裾野産業の脆弱さを理解することができる。すなわち、今までの裾野産業は国内資本系民間企業だけに依存していたが、この企業部門は経験が浅くて未熟で、しかも外資系企業部門とのリンケージがなく、外国直接投資の受入れによる技術移転効果を利用できないので生産経営技術レベルや競争力を高めることができないのである。

　ベトナムの裾野産業の脆弱性については、実際に多くの外資系企業の意見として指摘されている。国際協力銀行（JBIC）やジェトロなどの海外進出企業の調査報告によると、ベトナムの（裾野産業の未発達のため）現地調達の困難を理由に、第三国（中国、タイ、マレーシア）からの生産移管を含めて、今後、投資拡大をしない日本の企業が少なくない。例えば、国際協力銀行の報告書によると、中期的（今後 3 年）にベトナムで事業を拡大する計画がある

企業は、電気・電子産業の分野では 2017 年の時点で、（69 社回答の中）39 社
（46 ％）があったが、2018 年には、（59 社回答の中）20 社（34 ％）に減少し
た。自動車産業分野の場合、この割合は、そもそも低かったが、近年では、
さらに低下していく傾向が見られ、2017 年には（86 社回答の中）16 社（19 ％
弱）、2018 年には（89 社回答の中）15 社（17 ％弱）に減少している（国際協力
銀行、2018）。

　しかし、ベトナム経済の構造的要因に起因する、国内資本系民間企業と外
資系企業との技術ギャップにより裾野産業が未発達なため現地調達が難しい
という事情は、組み立て加工を中心とする中大規模の外資系企業にとっては
不利な条件であるが、逆に、現在のベトナムにおける裾野産業の空白は、外
資系中小零細企業（部品メーカー）にとっては、ベトナムを魅力的な進出先
にする要因となる。近年、この状況を知ってベトナムに進出する外資系中小
または零細規模の企業が現れてきた。最近、ベトナム向け直接投資が増え続
ける中で、「件数増の規模減」という現象が観察されていた。例えばジェト
ロ・レポートによると、ベトナムへの直接投資件数、認可額は、2010 年の
1,639 件、199 億ドル（認可ベース、新規・拡張計）から、2017 年には、3,975
件（2.4 倍増）、308 億ドル（1.5 倍増）と増加しているが、件数の増加率の方
が高くなっている。日本企業の対ベトナム投資も、大規模投資案件がある年
を除いて、2013 年以降同様の傾向が見られる。2013 年に件数と認可額はそ
れぞれ 500 件、59 億ドルだったが、2016 年には件数ベースは 574 件で、認
可額は 25 億ドルしかなかった。また、新規投資のうち製造業案件の詳細を
見ると、2016 年には 100 万ドル（約 1.1 億円）未満の投資案件が約 4 割を占
めていた[5]。

　日系企業の他に、近年ベトナムに進出している中国、韓国資本系中小企業
も多い。例えば、みずほ総合研究所のレポートによれば、2019 年上期、新
規と拡張を合わせて韓国企業の対ベトナム直接投資の件数と認可額は 698 件
と 18 億ドルで、中国企業は 362 件と 19 億ドルで、日本企業は 327 件と 16
億ドルであった（みずほ総合研究所、2019）。

　これらの外資系中小零細企業の存在は、一定程度、現地調達能力及びベト

ナムの裾野産業の競争力を向上させ、ベトナムへの生産移管の動きにとって短期的にはプラス効果があると考えられる。しかし、これらの外資系中小零細企業は外資系企業と現地企業（ベトナム資本系民間企業部門）との間のリンケージが欠けるという状況を改善する効果がないので、長期的には中国やタイ、マレーシアなどの第三国からベトナムへの生産移管を促す効果があるかどうかについてさらに検討する必要があろう。

第3節　RSC と GVC への参加の制約と限界

　中国や ASEAN 先発諸国などからベトナムへの生産移管の動きは、上述の国内経済に関わる要因の他に、ベトナムが地域内のサプライチェーン（RSC）とグローバルバリューチェーン（GVC）、即ち国際分業ネットワークに本格的に参加可能かどうかの問題にも大きく左右されると考えられる。結論から言えば、現在「開発途上国」と「移行経済国」という2つの顔を持つベトナムは抜本的に経済活動を自由化しない限り、経済は RSC と GVC の一部になることが困難で、第三国からの生産移管は継続され難いであろう。

　ベトナムの経済は、1990年代後半から二国間と多国間の投資貿易関係の自由化を進めながら輸出を中心とする外国直接投資を積極的に誘致、受け入れることによって国際分業ネットワークに参加し始めた。1995年にASEAN の自由貿易協定（AFTA）に加盟し、2000年には米越貿易協定を締結した。また、2003年と2005年には日越投資協定と経済連携協定を結び、2006年には世界貿易機関（WTO）に加盟した。この他、2019年6月には、EU・ベトナム自由貿易協定（EVFTA）及び投資保護協定（IPA）には署名し、環太平洋パートナーシップに関する包括的及び先進的な協定（Comprehensive and Progressive Trans-Pacific Partnership-CPTPP、通称 TPP11）については、2017年に合意し2019年1月から発効している。また、現在交渉中の東アジア地域包括的経済連携協定（RCEPT）を加え、様々な取り組みで地域内外との経済関係を開放しようとしてきた。

　外資導入政策についても、1987年から外国直接投資法を制定し、外国資本を国内民間資本よりも早期に自由化し始めた。その後も外資導入を加速す

るため、法律の改正、減税・免税、土地使用権の拡大などの様々な優遇措置を設け、特に 2007 年から WTO のルールに従う国内外資本の差別をなくすため、統一投資法と企業法を導入した。

　こうした投資環境の変化により、ベトナムに進出している外国資本系企業、特に多国籍企業はベトナムの工場を地域内サプライチェーンおよびグローバルバリューチェーンの新しい拠点として生産ネットワークを広げるようになりつつある。

　東南アジア地域内及び地域外に対する輸出入のデータ（例えば、アジア開発銀行の Key Indicators 2019）を見れば、一定 RSC と GVC への参加が確認できる。2018 年には、ベトナムの TOP10 の輸出相手国は、米国が 1 位で、次に中国、日本、韓国と香港の他に、オランダ、ドイツ、インド、英国とタイであった。一方 TOP10 の輸入相手国は、米国（5 位）とインド（10 位）以外、全ては東アジア地域の国々であった。また、上位輸出入品目を考慮にすれば、繊維や生糸以外、一部の企業はベトナムの工場で生産される携帯電話、コンピュータ、電子、機械設備と同部品を東アジア以外の国々と日本、韓国などに輸出する一方、同品を日本、韓国、台湾、中国、タイ、マレーシアなどの諸国から輸入している。即ち、多くの日本、韓国、台湾企業は、ベトナム工場を自らの RSC と GVC ネットワークの新拠点として部品・中間財を輸入、組み立て加工を行い、日本や東アジア域外へ輸出をしている。また最近地域外への輸出の他に、RSC と GVC ネットワークを利用してベトナム国内市場を開拓する外国資本系企業も出現し始めたが、生産販売の規模がまだ限定的である。

　このように、現在ベトナムの製造業は東アジア地域内外との貿易を自由化したり、外国直接投資を積極に受入れたりすることによって一定のレベルで、RSC、GVC のネットワークに自分の居場所を確立することができたと考えられる。しかし、外資系への依存度が高いベトナムの製造業は、今後さらに国際分業ネットワークにより高い競争力のある地位を得ることができるかどうかには多くの疑問が残る。

　なぜなら、今まで進出している外資系企業のほとんどは、ベトナムの安価

な労働力という静態的な比較優位を利用するため、労働集約的な生産工程を中心とする生産活動を行う傾向があったが、より高度な技術を利用する技術集約または資本集約的な生産活動を展開していない。また、すでに締結された貿易協定の発効により将来的に地域内関税の撤廃を考慮に入れながら企業内の RSC と GVC ネットワークを構築する大手多国籍企業も存在する。例えば、トヨタやホンダなどは、将来的に AFTA や、中国・ASEAN の FTA（ACAFTA）により関税下げまたは撤廃される時に、ベトナム市場をカバーできる生産拠点をすでにタイおよび中国で展開している。しかし、現在、トヨタのベトナム工場は臨時対応的な規模（年間 5 万台）だけに限定された生産体制を取っていると見られる。

　したがって、外資系企業部門に依存するだけでは、ベトナムの製造業が RSC や GVC の中で競争的な位置を確立することが困難であり、国内資本系民間企業部門も能動的に地域内外の国際分業ネットワークに参加することがない限り持続的経済発展を支える（第三国からの）生産移管プロセスは起こらないと考えられる。

おわりに—中長期的雁行形態型生産移管の受け皿になるためには

　米中貿易摩擦の勃発前（2017 年）からも海外事業展開がある日本企業は中国の次にタイやインドネシア、米国よりもベトナムを注目するようになった。ジェトロの「2019 年度日本企業の海外事業展開に関するアンケート調査」を見ると、約 1,000 社程度の回答の中、2016 年まではベトナムを選び事業拡大を図る企業は 20 ～ 30 ％であったが、2019 年に 40 ％以上となった。同数字で、中国を選ぶ企業は過去 68 ％の年もあったが、最近では 48 ％に低下している。

　日本以外に中国と韓国の企業も、最近ベトナムで新規投資または事業拡大を展開する動きが見られる。みずほ総合研究所の「中国企業の ASEAN への生産移管先と移管を抑制する米中の政策要因」（2019 年 11 月）によると、2019 年上期ベトナムの対内直接投資（認可額ベース）の順位は、中国が 1 位（19 億ドル）、韓国が 2 位（18 億ドル）、日本が 3 位（16 億ドル）となっている

（ジェトロ、2020b）。

　これらの事実から見ると外国企業は中国やタイ、マレーシアなどの第三国からベトナムへの生産移管を展開する動向があったことは確かである。しかし、この現象が、米中貿易摩擦だけに起因するものであれば、この生産移管プロセスは恐らく短期的に終息してしまう可能性が高い。なぜなら、現在の米政権の保護貿易主義的な政策により引き起こされた米中貿易摩擦は長期化になる可能性があるかどうかは、まだ不確実性が高い問題であり、米国の政治に大きく依存する。例えば、現政権は継続かどうか、また継続の場合でも今までの保護主義的な路線を無条件で引き続けて乱用することができるかどうかは多くの疑問が残る。逆に、現政権の下、米中貿易摩擦が長期化になる場合でも、保護主義的な考え方がエスカレートすれば、それも生産移管を抑制する要因になり得る。すなわち、米国の対ベトナムの貿易赤字が拡大すれば、米越貿易摩擦が勃発する可能性も考えられ、ベトナムへの生産移管を抑制することだけではなく、ベトナムからの生産移管を促す要因にもなる。みずほ総合研究所は、2010年から2018年まで、米国の対ベトナムの貿易赤字額が120億ドルぐらいから400億ドル弱に大きく拡大したことを示しながら、現在の米中貿易摩擦は米ASEAN貿易摩擦に飛び火する懸念もあり、またこれが先鈍化すれば、中国企業のASEANへの生産移管を徐々に抑制する要因となろうと指摘した（みずほ総合研究所、2019）。

　今まで東アジアの経験を見ると雁行形態モデルが示唆するように、生産要素に基づく比較優位を利用しながら生産移管が先発国からキャッチアップ国へと国際的に展開できれば、生産移管される国も、地域経済全体も持続発展することが期待できる[6]。しかし、このような中長期的雁行形態型生産移管の受け皿になるためには、安価な労働のような静態的比較優位を利用すると同時に技術革新やイノベーションなどの動態的比較優位を創造することが欠かせない。こうした動態的な比較優位を作り出すため、外国直接投資の技術移転効果の利用、即ち外資系企業と現地企業（国内資本系民間企業）との間のWIN-WIN関係の構築は必須な条件であろう。

　現在、流入し続ける外資系企業、特に中小零細規模の外資部品メーカーと

現地の民族資本系民間企業とのリンケージを推進するため、如何なる政策的な支援・サポートが必要かは、ベトナムへの生産移管の本格的な展開に対する重要な政策課題であり、引き続き検討したい。

注

1)　中所得の概念にについて世界銀行の基準に参照。
2)　ベトナムの鼎型経済構造や民間企業の発展の詳細について D.M.Hong（2015）と（2020）を参考することを勧めたい。
3)　筆者が今まで約 20 年間で定期的に行われ続けていた現地調査、様々な（現地企業の）経営者や政策立案者などへのヒアリングから得られた情報を参考に、これらの企業部門の市場構造の問題を発見した。
4)　ベトナム統計総局『統計総監―2018 年度』、オンライデータを参考。
5)　ジェトロの海外ビジネス情報、地域・分析レポート「ベトナム－自治体が対越進出を後押し」（www.jetro.go.jp/biz/areareports/2017/e5f833e4daad756b）の情報。
6)　雁行形態論は、開発経済学の分野ではよく周知される理論であり、ここで説明を省略するが、詳しく知りたい場合は、小島清（2000）「雁行形態型経済発展論・赤松オリジナル：新興国キャッチアップ・プロセス」『世界経済評論』2000 年 3 月号、または Do M.H.（2003）『グローバル化の時代と企業主導型キャッチアップ戦略』桜美林大学国際学研究科（博士論文）を参考することを勧めたい。

引用文献

木村福成、大久保敏弘、安藤光代、松浦寿幸、早川和幸（2016）『東アジア生産ネットワークと経済統合』慶應義塾大学出版会、2016/5
国際協力銀行（2018）『わが国製造業企業の海外事業展開に関する調査報告―2018 年度 海外直接投資アンケート結果（第 30 回）』企画部門、調査部　2018 年 11 月
国際貿易投資研究所（2018）『ASEAN の新輸出大国、ベトナムの躍進　課題と展望』、ITI 調査研究シリーズ　No.71
産経新聞（2019）「米中貿易戦争 米国の対中制裁関税で日本企業、中国外への生産移管が加速」経済ニュース、経済、金融・財政 2019 年 9 月 1 日　https://www.sankei.com/module/print/index.html
ジェトロ（2020a）「日本からの投資額が 2 年連続首位、製造業の追加投資も拡大（ベトナム）」地域・分析レポート―海外ビジネス情報 https://www.jetro.go.jp/biz/areareports/2019/1195e69a4f81a3a4.html
ジェトロ（2020b）「2019 年度日本企業の海外事業展開に関するアンケート調査」海外調査部国際経済課　2020 年 2 月
ジェトロ（2019a）「ポストチャイナの筆頭、ベトナムの最前線」地域・分析レポート―海外ビジネス情報 2019 年 12 月
ジェトロ（2019b）「日本からの投資額が 2 年連続首位、製造業の追加投資も拡大（ベトナム）」

地域・分析レポート―海外ビジネス情報 2019 年 6 月　https://www.jetro.go.jp/biz/areare-ports/2019/1195e69a4f81a3a4.html

トラン・ヴァン・トゥ（2018）「ベトナム経済を考える：現段階の課題と展望」『ASEAN の新
輸出大国―ベトナムの躍進―課題と展望』（第 6 章）、ITI 調査研究シリーズ　No.71

Do Manh Hong（2020）「ベトナム経済発展とクローニー資本主義のトラップ」『アジアダイナ
ミズムとベトナムの経済発展』山田満・刈込 俊二（編著）、文眞堂

(2017a)　"Fundamental Problem of Economic Development of Vietnam: Crony Capitalism",
discussion paper presented at "*Vietnam and the New World Order*" Symposium held in Bu-
dapest, August 2017

(2017b)　"The Current Social Economic Development and Fundamental Issues of the East
West　Economic Corridor in the Greater Mekong Sub-region: Can It Be Developed by
Manufacturing-based Industrialization?" Discussion paper presented at the Symposium of
"*Development of Mekong Region in the Asian Dynamic Context*" held by the Vietnam Acad-
emy of Social Sciences in Hanoi, February 2017

(2016)　"Trade Liberalization and Challenges for Supporting Industries of Vietnam", discus-
sion paper presented in the Conference entitled "*Recent Economic Integration: Opportuni-
ties and Challenges for Enterprises in Vietnam*", held in Foreign Trade University (Hanoi),
June 28, 2016

(2015)「ベトナムの経済発展―国家資本主義からクローニー資本主義へ」経済理論学会『季刊
経済理論』第 52 巻第 2 号、2015 年 7 月発行　pp.50-63

日本経済新聞（2019）「貿易摩擦「中国生産を移管」50 社超アップルなど」https://www.nik-
kei.com/news　2019 年 7 月 18 日電子版

丸紅アセアン会社（2019）「米中貿易戦争と中国からの生産移管～大局的には「チャイナ＋（プ
ラス）」という構造変化」、シンガポール報告 2019 年 9 月 4 日

みずほ総合研究所（2019）「中国企業の ASEAN への生産移管先と移管を抑制する米中の政策
要因」、みずほインサイト、アジア　2019 年 11 月 12 日

山口綾子（2018）「東アジアにおけるグローバルバリューチェーン」『News Letter』No.4 2018
国際通貨研究所、経済調査部

第Ⅳ部　日本への影響と対応

第10章　米中経済戦争による日本経済への影響と対応

福井清一

はじめに

　本章では、米中経済戦争が日本経済に与える影響と、政府及び、民間企業の対応について検討する。

　以下では、まず、トランプ政権下で実施された米中両国による追加関税の賦課による影響に関する国際機関や国内シンクタンクによるシミュレーション分析の結果を用いて、第3弾の追加関税実施による短期的な日本経済への影響、あるいは、中断されている第4弾の追加関税が実施された場合の影響について検討する。

　次に、米中による追加関税が中国、米国、東南アジアに進出している日系企業におよぼす影響に関して、ジェトロによる海外進出企業実態調査の結果をもとに考察する。

　米中経済戦争の影響については、双方による追加関税の影響だけではなく、米中による最先端技術覇権争いの下で、米国が最先端技術分野における優位性の維持と国家安全保障を目的とした対米投資、対米輸出管理の規制強化による影響をも考慮する必要がある。本章では、この点についても、ジェトロや安全保障貿易情報センターの資料にもとづき、日系企業に及ぶ影響について解説する。

　そして、最後に、米中による追加関税の賦課と米国による投資規制、貿易規制の強化に対する日本政府と民間企業の対応について考える。

第1節　米中貿易摩擦の日本経済への影響
(1) マクロ経済への影響

　米国、中国による追加関税の賦課により、当事者である米中の経済に及ぼすマイナスの影響は大きいと予想されているが、日本経済への影響はどのようなものであろうか。

　これについては、IMF、アジア開発銀行、アジア経済研究所及び、大和総研によるシミュレーション分析によって、第3弾までの追加関税賦課による経済成長率への短期的影響予測が行われている（表10-1）。

　これによると、IMF、ADBなど国際機関による予測では、第3段階（2019年5月、6月の米国による25％追加関税、中国による5~25％追加関税）までの日本の経済成長率への短期的影響は軽微となっている。また、アジア経済研究所による予測では、米中双方が2019年から3年間全輸入に対して25％の関税を賦課しても日本の経済成長にはプラスの影響が見込まれるという結果と

表10-1　米中貿易戦争による日本経済への影響

発表機関	シナリオ	影響年	GDP成長率への影響(%)	モデル
IMF	第3段階までの追加関税実施	2020年	0	GIMF[1]
		2023年	-0.03	
アジア開発銀行（ADB）	第3段階までの追加関税実施	2021年まで	0.05	MRIOT[2]
アジア経済研究所（IDE）	2019年から3年間、米中双方が全輸入に対して25％の追加関税	2021年時点	0.2	IDE-GSM[3]
大和総研	第3段階までの追加関税			
	2次効果[4]考慮せず	2020年	-0.02	マクロ経済
	2次効果考慮	2020年	-0.7	モデル

出所：以下の資料より筆者作成。
　　　IMF：IMF,World Economic Outlook, Oct., 2018, Ch.1. ADB: Abdul Abiad et al. (2018).
　　　IDE：Kumagai et al. (2019). 大和総研：小林，廣野 (2019).
注：1）GIMF：IMF "Global Integrated Monetary and Fiscal Model".
　　2）MRIOT：ADB "Multiregional Input-Output Table".
　　3）IDE-GSM：アジア経済研究所、経済地理シミュレーション・モデル.
　　4）マクロ経済モデルの詳細は不明。2次効果とは、中国から米国に輸出される製品（たとえば、電子機器）を生産するための部材、資本財の日本から中国への輸出が減少するという効果。

なっている。

　一方、大和総研による試算では、付加価値輸出の概念をモデルに組み込み、中国から米国に輸出される製品を生産するための部材や資本財の日本から中国への輸出への影響をも考慮すると、米国が中国からの 2500 億ドルの輸入に 25 ％の関税を賦課し、中国が米国からの 500 億ドルの輸入に 25 ％、600 億ドルに平均 14.5 ％の関税を賦課した場合に、GDP が 0.7 ％押し下げられることになる。

　大和総研によるシミュレーション分析からもわかるように、東アジアにおいて構築された GVC のもとで、第 4 弾の制裁で予定されている中国から米国に輸出される携帯電話やノート型パソコンへの追加関税が実施されると、日本から中国への携帯電話やノート型パソコンの部品や資本財の輸出に少なからず影響があり、日本経済へのマイナスの影響は大きいものと考えられる。

(2)　企業レベルでの影響と対応

　以上は、国内におけるマクロ経済レベルでの影響予測であるが、米国や東アジアに進出している日系企業への影響について、ジェトロによる海外進出企業実態調査の結果を用いて検討する。

　表 10-2 によると、米国、中国に進出している日系企業の場合、マイナスの影響を被ると答えた企業の割合は東南アジアに進出している日系企業に比べて高い。東南アジアでは、影響なし、あるいは、わからないと答えた企業の割合が 7 割を超えており、貿易戦争の当事国において、日系企業へのマイナスの影響が相対的に大きいことが推測される[1]。

　中国進出日系企業の場合、製造業分野では輸送機械器具、電気機械器具、化学・医薬、鉄・非鉄金属などの業種で、非製造業では運輸業で、マイナスの影響が大きいと予想している。

　米国進出日系企業では、金属製品、電気・電子機器、ゴム製品、輸送用機器部品などの業種で、マイナスの影響を予測する企業の割合が高い。

　マイナスの影響の具体的内容としては、中国進出日系企業では中国経済の

表 10-2　米中経済戦争が日系海外進出企業に与える影響

進出先国	通商環境の変化による影響（％）	
	マイナスの影響	分からない・影響はない
中国		
現時点		
製造業	0.367	0.492
非製造業	0.338	0.556
今後		
製造業	0.353	0.543
非製造業	0.34	0.579
東南アジア		
現時点	0.144	0.704
今後	0.143	0.727
米国	0.408	0.474

出所：ジェトロ海外調査部「2019 年度日系企業活動実態調査」より、筆者作成。東南ア
　　ジアは、2019 年 11 月、中国、米国は 2020 年 2 月公表。

　停滞に伴う中国国内における販売の減少による影響が大きく、次いで追加関
税による調達・輸入コストの上昇、米国などにおける販売額の減少の順に大
きいようである。これに対して、米国進出日系企業の場合は、中国からの輸
入に対する追加関税による調達・輸入コストの上昇を挙げる企業が突出して
多く、次いで販売価格の上昇に伴う米国国内販売の減少を挙げる企業が多い
（表 10-3）。

　このようなマイナスの影響に対処するための対応は、米国進出企業と中国
進出企業とで異なる。中国進出企業の場合、中国で米国向け輸出品を生産し
ている地場企業、米国系、韓国系企業に部材を供給する企業が相対的に多
く、これらの企業にとってマイナスの影響は大きいが（川田、2020）、企業ア
ンケート調査の結果によると、対応策を講じる企業は 10 ％程度と少なく（表
10-4）、米国向け製品のベトナムやタイなどへの生産地の一部移管、ベトナ
ム、タイ、日本などへの調達先の変更、ベトナム、日本、インドなどへの販
売先の変更などにより対応するとのことである（ジェトロ、2020「海外進出日

表 10-3　マイナスの影響の具体的内容（%）

具体的内容	中国	米国
国内販売減	66.5	33.2
調達・輸入コストの上昇	37.7	83.2
海外売り上げ減	28.8	11.2

出所：ジェトロ・海外調査部、「2019 年度米国・中国進出日系企業実態調査」2020 年 2 月、より筆者作成。

表 10-4　米中経済戦争の影響に対する対応（%）

	進出先国	
	中国	米国
生産地の移管	9.2	14.7
調達先の変更	9.9	38.6
販売先の変更	11.2	—

出所：表 3 に同じ。

系企業実態調査」）。これに対して、米国進出企業の場合は、マイナスの影響があると答えた企業のうち約 4 割が調達先を中国から他の国（米国、日本、タイ、ベトナム、メキシコなど）に変更することを考えている（ジェトロ、同上）。

　以上を総合すると、中国進出日系企業の場合、マイナスの影響を受けると予想する企業が多い一方、マイナスの影響を受けると予想する多くの企業が対応策を取らないと答えており、対応策を講じるとしても全面的に生産地を移管したりするのではなく、米国向け製品の生産地を一部移管するに留めるなど、中国市場での生産活動を維持する意向が示されている。一方、米国進出日系企業の場合は、約 4 割の企業が生産部材などの調達先を中国から他の国に変更する予定で、このことは、米国進出日系企業の多くが中国以外からの部材調達を図りリスク分散を図っているものと推測される（馬田、2019）。

第 2 節　米国による対米投資、貿易管理の規制強化と日系企業への影響

　米国による第 4 弾の追加関税が実施されれば、日系企業が構築してきたサプライチェーンの再構築は進むであろうが、多くの専門家は、これによって、すでに構築された米中を中心とする GVC が全面的に分断されるとは見ていない（三浦：2019、猪俣：2020、陳：2020）。

　しかし、追加関税以外にも日本企業が警戒しなければならない通商環境の変化がある。

　それが、米国が通信情報分野に代表される最先端技術の中国への流出を防ぐ目的で実施しようとしている輸出管理規制や対米投資規制の強化である。これらの実施は、米国の最先端技術を用いた生産を行う日系企業にとって、中国における対中輸出や対中技術移転を困難にするという極めて深刻な問題を引き起こす可能性があると見られている（馬田：前掲書、真家：2019）。

　ここでは、米国が中国を念頭に置き国家安全保障の目的で 2018 年 8 月に制定した「国防権限法」の中に組み込まれる形で成立した「輸出規制改革法（ECRA）」と「外国投資リスク審査現代化法（FIRRMA）」について、安全保障貿易情報センター（CISTEC）事務局の資料に基づき、その概要と予想される日系企業への影響を概説する[2]。

(1) ECRA

　ECRA は既存の輸出管理法でカバーされていない、米国の安全保障上の優位性確保の観点から製品化に至る前の形成途上の技術で輸出を規制する必要のある「新興技術」、及び既に存在する成熟した技術で輸出を規制する必要のある「基盤的技術」の輸出と投資について、米国商務省の許可が必要となるという新たな規定である[3]。

　そのため、商務省が制裁対象リスト（Entity list, Unverified list など）を作成し、これらのリストに掲載された企業や組織は対象品目の輸出・再輸出・同一国内販売が禁止されることになる。

　Entity list に掲載された中国企業の例としては、福建省晋華集成電路、ファーウエイなど半導体、情報通信関連企業や中科曙光などの次世代スーパーコンピューター関連の企業がある。

　日系の合弁企業などは合弁相手の中国企業が米国の最先端技術を使用していたり、中国の軍事関係組織と関わっている場合に Entity list、Unverified list に掲載され制裁の対象となる可能性がある。

　2019 年 8~9 月に実施されたジェトロによる米国進出日系企業実態調査によると、ECRA への対応を考えていると答えた企業は 0.8 ％で、対応は変わらない（17.9 ％）、対応は特段必要ない（29.5 ％）、わからない（51.7 ％）と答

えた企業が大半を占めている。対応するかわからない、と答えた企業が過半を占めているということは、今後、米国商務省が制裁対象リストにどのような企業を掲載するかによっては日系企業にも大きな影響があり得ることを示唆している。

(2) FIRRMA

　従来の米国における重大技術に関連した海外からの投資規制と比べ、FIRRMA によって強化されたのは以下の諸点である。

1. 米国の事業者に対して支配を及ぼさない投資、不動産投資（空港、港湾、軍事施設の近隣などの）、外国政府の影響下にある一定の投資も審査の対象となる。

2. 従来の「外国政府の支配・影響」に加えて、「米国のリーダーシップに影響を及ぼす重要技術、重要インフラの取得を掲げている『特別懸念国』の関与」が、審査の考慮要素として加えられた。

3. 審査対象となる「米国と取引のある非米国企業」については「米国に子会社・支店を有する」ことが要件であったが、この要件が除かれた。

4. 審査対象となる「重大技術」の中に、ECRA で対象となる「新興技術」と「基盤技術」が含まれる。

5. 審査に当たって、審査期間が長期化することになる他、①「米国の安全保障の能力を脅かすような産業・商業活動の支配になるかどうか」といった安全保障に関係するサプライチェーンへの影響、②米国ビジネスに関わっている外国投資家の米国法規制の遵守状況、③サイバーセキュリティーの「脆弱性を新たに生じるような影響」、④「個人情報、遺伝子情報、その他米国市民の機微なデータへのアクセス」が考慮されることになる。

　これらの規制強化によって、次のような影響が日系企業に及ぶ可能性がある。

　まず、米国外の企業間の投資であっても審査対象になる可能性がある。

　また、日系企業が「特別懸念国」での合弁企業（特に国営企業）の合弁相

手となってる場合には、当該日系企業による米国での投資は審査対象となる可能性がある。さらに外国の国営企業の合弁相手となっている日系企業が米国企業に投資をする場合、それが上記1の「支配を及ぼさない投資」のうち一定のものに該当する場合には事前申告義務が生じ、厳格な審査対象となる。

　FIRRMA は日系企業による米国と関連した今後の事業に影響を及ぼす可能性があると予想されるが、2019年8~9月に実施されたジェトロによる米国進出日系企業実態調査によると、マイナスの影響があると答えた企業はわずかで（0.9 %）、影響はない（58.5 %）、影響の度合いはわからない（40 %）と答えた企業が大半を占める。実態調査が実施された時点では、法律を施行するための下位規則が未定であるため、影響がわからないと答えた企業が多く、下位規則が決定された場合の対応が注目される。

おわりに

　以上のように、米中間の貿易戦争や先端技術の覇権争いは米国、中国、東南アジアなどに進出する日系企業や日本国内の経済活動、及び日本全体の経済成長に直接間接を問わずマイナスの影響を与える可能性がある。

　米中の経済、軍事面での覇権争いの狭間で日本は軍事面で大きく米国に依存している一方、経済的には GVC の核となっている中国への依存度が高まっている。

　このような状況で、中国からの携帯電話やノートパソコンの輸入も含めた第4弾の追加関税が発動され、輸出管理規制の強化、対米投資規制の強化が実施されてゆけば、グローバル・サプライチェーンが完全に分断されると予想する専門家は少ないものの、一部分断が進み、日系企業も少なからぬ影響を受ける可能性は否定できない。

　それでは、日本政府や日系企業は米中の覇権争いに対してどのように対処するのか、最後にこの点に触れておきたい。

　まず、日本政府による政策対応には次のようなものがある。

　経済面では、CPTPP の拡大（タイ、インドネシア、韓国、英国などの参加を

促進）やインドを含めた RCEP の締結を図ることにより、地域経済統合を促進し、米国による保護主義的政策への誘因を削減すると同時に、中国に対して国際的な通商ルール順守を要請してゆく努力を継続することであろう。また、中国が推進しようとしている「一帯一路」構想への可能な範囲での協力なども考慮すべきであろう（第 13 章で詳述）。

　軍事面では、軍事力を強化し尖閣諸島などの領有権を主張する中国に対して、米国やインドなどの民主主義的国々と連携し、経済的のみならず軍事的な協力を目指した「自由で開かれたインド太平洋構想」の実現に向けた取り組みが重視されている。このため、インドとも安全保障や外交面で協力強化を目的に「物品役務相互提供協定（ACSA）」を締結することで大筋合意し、インドを「準同盟国」に引き上げようとしている[4]。

　アジアや米国に海外進出する日系企業による対応については、第 2 節、第 3 節で述べたとおり、米中の追加関税に対しては、米国に進出している日系企業の多くが部材の調達先を中国から他の国に変更する動きを見せている一方、中国や東南アジアに進出している日系企業は現状維持か様子見が多い。また、米国による輸出管理や対米投資管理の強化に対しても、多くの企業は今後、米国商務省による政策の具体化に応じて態度を決めてゆくのであろう。

　米国大統領選や新型コロナウイルスによる感染拡大の影響が不透明で、米中経済戦争の行方と世界経済への影響が見通しにくくなっている現段階において、日本政府も企業も、いかなる状況にも柔軟に対応できる準備だけはしておくべきであろう。

注

1) 表 10-2 で、マイナスの影響があると回答した企業のうち、影響を受ける具体的政策としては、米国による第 1 弾から第 4 弾までの追加関税と中国による報復関税の賦課をあげた企業が多数を占める。

2) 安全保障貿易情報センター（CISTEC）事務局、「米中の貿易関連等の諸規則の動向について（全体概観）」、2019 年 9 月 13 日、および同上、「米国の外国投資リスク審査現代化法（FIRRMA）について」、2019 年 7 月 3 日。

3）ここで、技術とは、技術を体現した製品、技術自体、ソフトウエアも含まれると考えられる。輸出管理規制の強化の実態については、第 11 章で詳述される。

4）日本経済新聞、2019 年 11 月 8 日。

引用文献

猪俣哲史　2020「米中貿易摩擦と供給網（下）生産の「脱中国」認定は拙速」日本経済新聞、2020 年 1 月 24 日。

馬田啓一　2019「トランプ・リスクとアジアの通商秩序—米中対立の危険な構図—」石川幸一・馬田啓一・清水一史編著『アジアの経済統合と保護主義—変わる通商秩序の構図』、文眞堂、第 1 章。

川田敦相　2020「米中貿易摩擦の仁保建材への影響（その 2）受注減など間接的な悪影響に苦渋の声」JETRO 地域・分析レポート、2020 年 1 月 10 日，URL:https://www.jetro.go.jp.biz.areareports.special/2019/1201/d787152915f801f8.html.（2020 年 2 月 25 日閲覧）

小林俊介・廣野洋太　2019「日本経済見通し：2019 年 5 月＜訂正版＞「米中冷戦」再開で日本の輸出は最大約 1.3 兆円減少」、大和総研 経済予測、2019 年 5 月 24 日，https://dir.co.jp.report.research.economics.outlook.（2020 年 2 月 26 日閲覧）

陳添枝　2020「米中貿易摩擦と供給網（上）東アジア半導体など再構築」日本経済新聞、2020 年 1 月 23 日。

真家陽一　2019「「中国製造 2025」と米中衝突」石川幸一・馬田啓一・清水一史編著『アジアの経済統合と保護主義—変わる通商秩序の構図』、文眞堂、第 2 章。

三浦有史　2019「米中貿易摩擦はアジアのサプライチェーンをどう変化させるか」『環太平洋ビジネス情報　RIM 19(75): 1-37。

Abdul Abiad, Kristina Baris, John Arvin Bernabe, Donald Jay Bertulfo, Shiela Camingue-Romance, Paul Neilmer Feliciano, Mahinthan Joseph Mariasingham, and Valerie Mercer-Blackman.2018.The Impact of Trade Conflict on Developing Asia, ADB Economics Working Paper Series, No.566, December, 2018.

Kumagai S.,Gokan T.,Tsubora K., and Hayakawa K. 2019. Economic Impacts of the US-China Trade War on the Asian Economy: An Applied Analysis of IDE-GMS, IDE Discussion Paper No.760, JETRO アジア経済研究所。

第11章　5Gにおける米中経済戦争と日本の選択

古谷眞介

はじめに——5Gをめぐる米中の対立

　本章では、第5世代移動通信システム（以下、5Gと略称する）をめぐる米中対立、とりわけ米国のファーウェイ（華為技術有限公司 Huawei Technologies Co., Ltd）などの中国企業排除の動き、およびその諸外国への対応と影響を紹介する。そこには、どのような問題が存在するのかを明らかにし、そして最後に日本の進むべき道について言及したい。

　COVID-19が世界的に感染拡大する中、日本においても、2020年3月から、NTT、KDDI、ならびにソフトバンクが5Gのサービスを開始した（日本経済新聞、2020g）。その特徴は、伝送速度が最大10Gbps[1]であり、多数の端末の同時接続が可能であり、そして電話で喋った声が相手に伝わるまでの遅延時間が短いという3つの点である。5Gは、速く、かつ太い回線なのである。そのような特徴から、あらゆる機器にセンサーと5Gの通信装置を取り付け、情報を収集、蓄積、分析し、より効率的な機器の利用と配置を可能性とする。さらには自動車あるいは内視鏡手術支援ロボットなどを遠隔地から操作することも可能となる。5Gは、本格的なICT時代のキーテクノロジーの1つと目されている（日経コンピュータ、2018、29頁、32-33頁）。

　周知のように、その5Gをめぐって米中は、激しい鍔迫り合いを展開している。とくに2018年12月1日に、カナダのバンクーバーにおいて、ファーウェイの副会長である孟晩舟が、米国当局の要請をうけたカナダ当局によって逮捕された。その逮捕の理由は、「複数の国際機関を欺くための陰謀容疑」というものであった。ファーウェイは、ICT産業において成長著しい企業

である。とくに 5G の通信網の世界において、注目を集めている（東洋経済新報社、2019、近藤大介、2019）。米国は、そのような企業の経営者を逮捕したのである。この事件以降、米国トランプ政権の中国 ICT 企業に対する排除の姿勢が鮮明となってしまった。

　以下では、最初に米国のファーウェイなどの中国企業排除の動き、そして日本におけるそれへの対応を整理、紹介する。つぎに、少し迂遠ではあるが、移動体通信と 5G の技術を丁寧に明らかにする。素朴な話しではあるが、携帯電話が、どうやってつながるのか、という点について整理し、ファーウェイがそのなかで、どのような点に技術的な優位があるのかを明らかにする。三番目に、米国の思惑について整理する。そして最後に、これまでの議論を整理し、日本が進む道、選択肢について言及したい。

第 1 節　米国におけるファーウェイ排除と日本の対応

　米国において、中国企業排除の動きは、オバマ政権の 2012 年頃から始まった。米国議会は、ファーウェイおよび ZTE（中興通訊、ZTE Corporation.）の通信機器がスパイ活動に利用され、米国の軍事技術の情報が流出しているとして、米国企業にたいしてその 2 社の製品を利用しないように呼びかけた。

　その後、トランプ政権が登場した 2017 年には、国防総省がそれら 2 社からの製品調達を禁止する法律が成立した。そして 2018 年 8 月には、2019 年度米国防権限法（National Defense Authorization Act for Fiscal Year 2019, NDAA2019）が成立する。同法は、さらに中国企業にたいして厳しいものであった。ファーウェイおよび ZTE などを含む合計 5 社の製品とそれらの部品を組み込んだ製品を調達することを禁止した。そしてその措置は、次の段階をへることになる。まず 2019 年 8 月以降には、連邦政府、軍、独立行政組織、政府所有の企業などの米政府機関が調達禁止となる。つぎに 5 社以外にも、米国防総省と FBI などが中国政府所有あるいは関係していると認定した企業から調達を禁止する。そして 2020 年 8 月以降になると、その対象を欧米・日本などの企業にも広げ、それら企業内で中国企業 5 社の通信装置

を利用しているだけで、米国政府機関との取引が出来なくなるというものである（日本経済新聞、2018b、2018c、2018d）。

　上のような米国における中国企業排除にたいして、日本政府は、2018 年末より、対応をみせる。国および企業は特定していないが、情報漏洩あるいは社会機能の麻痺の懸念がある情報通信装置を調達しないことを、日本国内の企業・団体に要請することになった。米国に追従し、ファーウェイなどの製品を排除する動きを見せた（日本経済新聞、2018f、2018g）。具体的には、2019 年 4 月には、情報通信と電力などの 14 の分野におけるインフラ事業者のサイバー防衛指針の改定案をまとめた。通信機器からの情報漏洩あるいは通信網の停止などの問題への対処については明記されずに、重要な電子化された情報については、日本国内のデータ・センタで運用・管理することになった（日本経済新聞、2019a、2019b、2019c）。

　上のような米国および日本政府の動きは、とくにソフトバンクに大きな影響を与えた。ソフトバンクは、2016 年頃より、4G の通信網構築にあたって、主に通信基地局で、ファーウェイと ZTE の設備を積極的に導入した。とくに 2017 年度に導入された無線基地局の通信装置の大半がファーウェイ製であった。中国企業に依存していたのである（日本経済新聞、2018e）[2]。

　以上のような米国および日本政府の動きに対して、2018 年 12 月には、ソフトバンクは、既存の 4G と 5G の通信網の装置をファーウェイから他社への入れ替えを決定した。とくに 5G の無線基地局設備については、ノキア（Nokia Corporation）とエリクソン（Telefonaktiebolaget L. M. Ericsson）の設備を導入することになった。その費用は、40 億-50 億円ほどだという。ソフトバンクは、日本政府の方針に従うこととなったのである（日本経済新聞、2019g、2019h、週刊ダイヤモンド、2019）。

　要するに、日本政府は、国と企業を特定していないが、民間企業に対して申し合わせあるいは要請という緩やかな形ではあるが、米国トランプ政権の中国企業排除の動きに従ったと言ってよいであろう。その対応は、緩やかではあるが、事実上の排除とも言えるであろう。

　日本以外の諸外国の動向についても、一瞥しよう。フランスは、2019 年 5

月にマクロン大統領がファーウェイを排除する考えはないことを明言している。ドイツは、2019年10月には、5Gに関して機密情報が他国へ漏洩しないことの信頼性の証明を求めることになった。しかし、その際には、ファーウェイに言及しておらず、かつドイツ国内の携帯通信事業者はファーウェイなどの通信装置を採用する見通しとなっている。そしてイギリスは、2020年1月に同社製品の一部利用を認める方針であったが、その後7月になると方針を転換した。2027年までにファーウェイなどの中国製品を排除することになった。その背景には、コロナ・ウイルス感染拡大における中国の初動と香港の国家安全維持法の問題および米国の国防権限法があると言われている（日本経済新聞電子版、2020h、2020i）。

　排除・不採用あるいは事実上の排除となっている国は、米国、英、日本、台湾、オーストラリア、ならびにベトナムである。そして独仏以外で容認となっている諸国は、スイス、スペイン、ロシア、ブラジル、南アフリカ、フィリピン、タイ、インドネシア、マレーシア、カンボジア、ならびに韓国などである。とくにスイスのサンライズ（Sunrise Communications AG）とスペインのボーダフォン（Vodafone España, S.A.U.）がファーウェイ製品を採用して5Gの通信網を構築しようとしている。こうした英国を除いた欧米諸国の動向に対して、トランプ米国大統領は、怒りをあらわにしている（日本経済新聞、2018a、2019e、2020c、2020f、2020h、2020i）。

　ファーウェイとZTEの通信装置は、通信大手のエリクソンとノキアの通信装置を比較すると、2、3割ほど低価格、かつ通信基地局とスマートフォンなどの端末間で良好な通信制御を行えるといわれている。コスト・パフォーマンスに優れた製品であることから、スイス、スペイン、ならびにロシアなどの諸外国は、中国製の通信装置を導入し、5G通信網を構築しようとしていると言われている（日本経済新聞、2020c）。

　そこで次節では、5Gの技術的側面を少し丁寧に整理しよう。そのうえでファーウェイの技術的優位について見ることにしよう。

第 2 節　5G とファーウェイの技術的優位

　まず素朴な話から始めよう。携帯電話が、どのようにして、つながっているのか。大雑把ではあるが、その仕組みについて、確認しよう。そしてファーウェイの通信装置は、その仕組みの中で、どの部分に、どのような技術的優位があるのかを明らかにする。

　携帯電話の通信網は、大雑把ではあるが図 11-1 のような構成となっている。これがどのように動作するのかを、架電を例にして説明しよう。まず利用者が携帯電話で架電すると、最寄りの無線基地局につながる。無線基地局は、その電話番号などの情報を最寄りのノード・ビルに渡すことになる。具体的には、ノード・ビル内の加入者交換機に渡すことになる[3)]。

　最寄りのノード・ビルの加入者交換機は、大規模ノード・ビルの中央交換機に、その架電された電話の位置情報を問い合わせる。その中央交換機は、ホーム・メモリからその位置情報を検索する。その位置情報の携帯電話が繋

図 11-1　携帯電話の通信網の構成

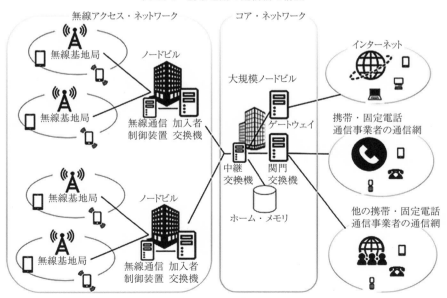

出所：中嶋信生・有田武美・樋口健一、2014、No. 280 の図 1.1 から筆者作成。

がっている大規模ノード・ビルに電話番号などの情報を送る[4]。

　受け取った大規模ノード・ビルは、その位置情報内のノード・ビルに問い合わせる。そのノード・ビルは、配下の無線基地局内の携帯電話にたいして、一斉に問合せする。架電先の電話が応えると、その電話のノード・ビル、無線基地局の順番に回線を結ぶ。そして回線が結ばれると、架電先の携帯電話では着信音が鳴る。そして「受信」などのボタンをタップすれば、電話で会話ができることになる（中嶋信生・有田武美・樋口健一、前掲書 No.271-278）。

　2020 年現在、スマートフォンの利用者は、電話を架けるよりも、インターネットに接続し、E-mail、SNS、Web サイトの閲覧などの用途で利用している。そのような状況を考えれば、スマートフォンが繋がってから、それがどうやって、インターネットに接続しているのかを説明しなければならないであろう[5]。しかし、本章は 5G をめぐる米中経済戦争と日本の選択についての議論が主たる焦点であるから、説明を電話が繋がるまでに話しをとどめることにする。

　さて当然の話ではあるが、携帯電話は、何時でも、何処でも、移動しながらでも、電話を利用できる。そのために、電波を利用している。固定電話のように電話回線で繋がっていない。そのことから、おおよそ次の 3 つの技術的な問題を解決しなければならない。第 1 に、携帯電話の通信網は、常にその位置情報を把握する必要がある。携帯電話の通信網を構築するためには、各端末の位置情報を把握・管理する仕組みが必要となる。上で説明した仕組みが、それに該当する。第 2 に、複数の人が同時に架電しても、混信を生じさせないようにしなければならない。携帯電話での他の人の会話が聞こえないようにしなければならない。そのためには、電波の周波数を分割して、多くの携帯電話利用者で共用する仕組みが必要となる。第 3 に、山や建物によって電波が届きにくいという問題もある。テレビ放送のように大きな電力で電波を送れば、その問題は改善されるが、上で述べたように数十万もある無線基地局にそのような設備を導入すれば、莫大なコストがかかる。また携帯電話側で強い電波をだせば、電池の持ちが悪くなり、人体への影響も出て

くる可能性がある。要するに、弱い電波でも、隅々まで電波が届く仕組みが
必要となる。

　以上を整理しよう。携帯電話の通信網は、何時でも、何処でも電話が掛け
られるために、弱い電波でも、隅々まで届き、かつ混信しない通信網を構築
する必要があるということになる。そのためには、数多くの無線基地局を設
置することになる。そうすれば、1 つの無線基地局でカバー出来る範囲が小
さくなるので、通話のための回線数は少なくて済み、送信電力も小さくてす
むことになる。しかし、無線基地局を増やせば、その分、設備投資費用が増
大する。利用者数と品質を勘案して、どれだけの無線基地局を設置するのか
を決めることになる（中嶋信生・有田武美・樋口健一、前掲書 No.428-464）。

　5G の通信網でも、それらの点は変わらない。広い周波数帯域を割当て、
無線通信基地局を多数設置し、そしてその割当てられた周波数の利用効率
（単位周波数当たりに送信可能な最大情報量。単位は bps/Hz）を向上させること
になる。それらの技術を組み合わせによって、速く、かつ太い回線を実現す
ることになる。（NTT ドコモ、2016、20-21 頁）。

　それでは、上のような通信網を構築にあたって、ファーウェイには、どの
ような競争上の優位が存在するのであろうか。ファーウェイは、データ通信
において、時分割複信（Time Division Duplex 以下、TDD と略称する）の技術
に優れていると言われている。複信とは、双方向通信のことである。上で説
明したように、利用者がスマートフォンなどで通信するためには、無線基地
局との間でデータをやり取りする必要がある。スマートフォンから通信基地
局（上り）へ、そして通信基地局からスマートフォン（下り）へ、データを
送受信しなければならない。これを 1 本の回線で行うことになる。当然、1
本の回線で、上りと下りを同時に通信することはできない。スマートフォン
と無線基地局が送る時と場所を区切る必要がある。この区切り方には、大き
く分けて、電波の周波数を送信用と受信用とに区切る方法（周波数分割複信
Frequency Division Duplex 以下、FDD）とスマートフォンと無線基地局が送る
時間を区切る TDD がある。道路にたとえれば、FDD は上りと下り車線を
事前に用意する方式であり、TDD は時間で上りと下りを分けるという方式

ということになる。ファーウェイの通信装置は、TDD 方式を採用しており、その技術が優れていると言われている[6]。

　推測になるが、ファーウェイの通信装置に上のような技術的優位が存在し、低価格ということであれば、設備投資費用を抑えることができるので、多くの通信事業者たちは、エリクソンおよびノキアなどの装置よりも、ファーウェイを当然、導入しようとするであろう。とくに開発途上国は、そうするであろう。また先進工業諸国においても、通信事業者は、4G 以前のレガシー・システムと互換性があり、共存可能な装置であれば、当然導入しようとするであろう。

　米国トランプ政権は、そのような可能性を潰しているということになる。経済的には、デメリットが大きいものと推測される。それでは、なぜ、米国トランプ政権は、上のような可能性を潰そうとしているのであろうか。節をかえて、この点について議論しよう。

第3節　米国の思惑

　なぜ、米国政府は、ファーウェイなどの中国企業を排除しようとしているのであろうか。推測の域を出ないが、おおよそ次のように整理できるのではないか。まず第1にインターネットに代表されるサイバー空間において、中国政府が「国境」を設けていることである。グレート・ファイアウォール（防火長城 Great Firewall）と呼ばれるシステムによって、自国と他国のインターネットを区分けしている[7]。具体的には、中国政府は、国内のインターネットからでは、Google、Facebook、Apple などの Web サイトおよびサービスを利用できないようにしている。第2に、中国経由のサイバー攻撃が多発していることである[8]。たとえば、2013 年 2 月に、上海を拠点とする人民解放軍が、2006 年以降 20 か国の期間から大量のデータを盗み出したのではないかと報道されている。さらには中国製の通信装置などに情報を搾取するなどのセキュリティ上の重大な問題が存在しているのではないかとの議論がある[9]。それらサイバー攻撃の真偽はともかく、その件数は、近年急増していることは間違いない。その推移は、図 11-2 のとおりである。2019 年には

120 万 9112 件であった。2010 年と比較すると 24 倍となっているのである[10]。

　そして第 3 に、2017 年 6 月に施行された中国には国家情報法（中華人民共和国国家情報法）が存在する。この法律によれば、中国のあらゆる組織および個人は、中国政府の情報活動を支援・協力しなければならないという（岡村志嘉子、2017）。

　これらの状況の下で、中国製の通信装置を利用して 5G の通信網を構築してしまえば、中国は、サイバー攻撃の痕跡がつかみにくい防火長城の内側から、米国などの情報通信網に侵入し、情報詐取およびそのネットワークとシステムを乗っ取るなどが可能性である。中国が米国に対してサイバー攻撃を仕掛けてくるのではないか。米国には、それを防御する有効な手段がないのではないのか。さらに、欧州および日本などの諸国がファーウェイの通信装

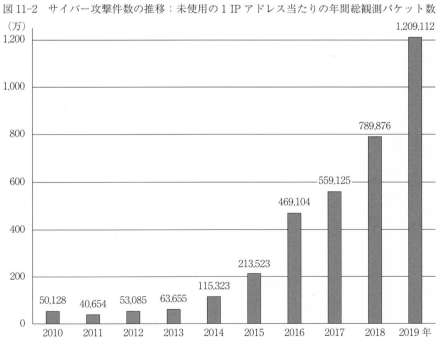

図 11-2　サイバー攻撃件数の推移：未使用の 1 IP アドレス当たりの年間総観測パケット数

出所：情報通信研究機構（2019）2 頁の表 1 より作成。

置で 5G の通信網を構築すれば、それらの通信網を乗っ取り、そこから米国にサイバー攻撃を行い、社会的な機能を麻痺させることも可能となる。米国トランプ政権は、サイバー空間において力の均衡が崩れて、自国の通信網が安全保障上の深刻な問題に直面していると考えているのかも知れない。

　そうなると米国は、自国の情報通信網を危機にさらされているにもかかわらず、欧州および日本などの諸国の情報通信網を守るのか、という問題も惹起させる。欧州と日本は、米国が中国からのサイバー攻撃の報復を恐れ、欧州と日本の防衛を躊躇するのではないかとも考えるかもしれない。さらに中国は、ファーウェイ問題によって、米国と欧州・日本との間を裂こうとしているのではないか。米国を中心とした国際体制に挑戦し、中国を中心とした国際体制を構築しようとしているのではないのか、と考えているのかも知れない。

　ファーウェイに象徴される中国 ICT 企業排除の問題は、上のような米国トランプ政権の思惑、あるいは中国台頭への焦りの表れなのであろう。

おわりに　日本の選択―サイバー空間における国際的なルールと制度の確立への貢献

　米国トランプ政権には、国際社会において、急速に台頭してきた中国にたいする憂慮があるのかもしれない。それは、中国が、共産党の一党独裁という土台のもとで経済発展を遂げてきたことに起因しているものと思われる。歴史的事実はどうあれ、欧米、日本、韓国などの工業諸国は、自由・民主主義という土台の上での経済発展を遂げてきたと考えられている。この点が中国と異なる。そのように認識されているものと思われる。その中国企業が主導権を握る 5G によって、暗く閉塞感に満ちた監視・管理社会が到来してしまうのかもしれない、という不安である。新しくは、テリー・ギリアムの映画『未来世紀ブラジル』で描かれた社会が到来してしまうのではないか。古くは、ジョージ・オーウェルの小説『1984』のような日々歴史記録を改竄し続けるような監視・管理社会の出現してしまうのではないか、という憂慮である。

　5G において、ファーウェイに代表される中国企業が、有力なプレイヤーであることは間違いないであろう。しかし、今後、大きな市場シェアを獲得し、その後の次世代情報通信の標準化などに影響力を持てるかどうかは、分からない。そして、ましてや、その技術によって、監視・管理社会が出現するかどうかも分からない。

　ただ、上で見てきたように、5G の普及によってサイバー空間における飛び交う情報量はさらに増大しつづけるであろう。その中には、前節で述べたようなサーバー攻撃も含まれている。そしてその被害は、大きくなってきている（情報処理推進機構、2018、第 1 章）。

　2020 年現在、先進工業諸国などでは、サイバー攻撃などを取り締まるための方針を打ち出し始めている。たとえば、米国ではオバマ政権時代には、攻撃者を特定し、これに対して経済的あるいは外交的な政策を加えることで、サイバー攻撃が高くつくという状況を作り出し、その攻撃を思いとどまらせようとした。トランプ政権となると、その傾向に拍車がかかる。2017 年 12 月に公表された「国家安全保障戦略」では、積極的に防御しようとしている。また日本では、2014 年 11 月にサイバー・セキュリティ基本法が制定され、2015 年 9 月には、サイバー・セキュリティ戦略が閣議決定された（谷脇康彦、2019、No.1866-1876、内閣府、2013、内閣サイバーセキュリティセンター、2014）。

　現実世界では、国境があり、その内側で、国家が法律を制定し、それにもとづいて統治している。しかし、サイバー空間には、そのような国境・領域が存在しない。その空間における政府の役割についても、国ごとに異なっている。このような問題は、ある国のサーバなどが攻撃された場合には、これにたいして何処まで自衛権を行使が可能なのかなどのさまざまな問題を惹起する。ようするにサイバー空間においては、まだ国際法などは、存在していない。その議論は、始まったばかりである。

　たとえば、NATO のサイバー防衛センター（The NATO Cooperative Cyber Defense Center of Excellence）[11]は、2008 年より、国際法の研究者・実務家などを集めて、現行の国際法の枠組みをサイバー空間における安全保障問題に

適用しようとする研究を行っている（中谷和彦・河野桂子・黒﨑昌弘、2018、v、谷脇康彦、前掲書 No.1802）。その成果を 2013 年に「サイバー戦に適用される国際法に関するタリン・マニュアル」（Tallinn Manual on the. International Law Applicable to Cyber Warfare）、そして 2017 年には平時におけるサーバー活動に関する議論をまとめたタリン・マニュアル 2.0（Tallinn Manual on the International Law Applicable to Cyber Operations）として公表している[12]。

　また国連においては、2015 年に、安全保障問題を取り扱う政府専門家会合（Group of Governmental Experts）は、国家主権の尊重、平和的紛争解決、内政干渉の禁止などの現実空間に適用される国際法に定められた原則を、サイバー空間にも適用されるとの認識を示した。それは、自衛権の行使を認め、国が他国にたいしてサイバー空間において攻撃あるいは犯罪を犯してはならないとしている。その後、2016 年夏以降も、国連において議論は進められている。しかし、2015 年以上のコンセンサスを得られていない。欧米諸国および日本などのグループとロシア、中国、ならびに開発途上国などを中心としたグループとの間で、深刻な意見対立が存在するためである。

　その意見対立は、おおよそ次のように整理することができる。欧米および日本などのグループは、サイバー空間が民間主導によって構築されてきたことを踏まえて、表現の自由、報道の自由を保障し、民間の活動を可能な限り自由に活動できる環境を保障し、その関与は最小限度にとどめるべきだと主張する。それにたいして中国およびロシアなどのグループは、現行のサイバー空間のルールが米国主導であると主張し、各国家がその主権の下で管理しなければならないとしている。国家主権、平和的紛争解決、内政干渉についてはその重要性を認めるが、自衛権および国際人道法の適用を認めないと主張している。とくに自衛権については、誰が、サーバに攻撃したのかを技術的に特定することが難しい点を強調して、反対している。このような状況の下で、自衛権を認めてしまうと、サイバー空間が紛争空間になってしまう可能性があると主張している。ようするに、途上国は、不十分な技術力しかない。そのため途上国内のネットワークから、他国のネットワークのサーバにたいして攻撃しても、サイバー空間で何がおきているのかを把握すること

が難しい。自国が把握できない事象を非難され、それをもとに自衛権を行使されることは受け入れられないというのである（谷脇康彦、前掲書 No.1735-1759）。

このような現状から、議論を進め、コンセンサスを形成し、サイバー空間における国際的なルールと制度を構築する必要がある。しかし、必要性が認識され、その議論は始まったばかりであり、サイバー空間に適用すべきルール、その議論の枠組みも出来ていないのが現状である。そして現実の空間には、米中の対立が存在している。

米中対立の焦点は、5G から新型コロナ・ウイルスの世界的な感染拡大の問題へとシフトしたように思われる。このような時機であるからこそ、サイバー空間の国際的なルールについて、より冷静に議論することが可能ではないだろうか。サイバー空間のあり方をめぐっては、今後も政府、専門家、民間などのさまざまなレベルで議論が続いていくであろう。そのなかで、やがては、コンセンサスを構築されていくことになるであろう。このような状況の中で、日本は、なにがしかの貢献が出来ないかであろうか。とくに上で述べた、2 つのグループの対立から、対話へ、そしてコンセンサスを形成し、サイバー空間における国際協調体制の構築に貢献することは出来ないであろうか。

日本政府は、サイバー空間において法の支配と信頼醸成措置の推進、ならびに能力構築支援などに関して、二国間、多国間協議、ならびに ASEAN 諸国と地域的な枠組みに関する協議を始めたばかりである。米中経済戦争の下では、その道は険しいものと思われる。TPP のように、締結直前になって、米国の離脱という事態にも陥る可能性はある。容易なことではない。しかし、価値ある試みではないだろうか。

注

1) Giga Bit Per Second の略称である。1 秒当たりで、どれだけのデータを送れるのかを示す指標である。Giga は 10 億を表す単位であり、Bit とは情報処理通信で処理の基本単位である。Bit の値が大きいほど、大量のデータを短時間で送受信することができる。10Gbps は、1 秒あたり 10 億ビットを送受信でき、日本語であれば、本 1 冊がおおよそ 10 万字程度だと

すると、本600冊分を1秒で受信することが可能ということになる。

　　第4世代移動通信システム（以下、4Gと略称する）のデータ伝送量は、au（2020）とソフトバンク（2020）によれば、100Mbps程度である。そして2000年代前半に普及が始まった3Gの伝送量は10Mbps程度であったから、この20年間で1000倍も速くなったということになる。

2）ソフトバンクが、ファーウェイの通信装置を積極的に導入していた理由は、多くの利用者を獲得し、素早く5Gの通信網を構築することで、利用者1人当たりの通信網を維持するコストを小さくし、利益を上げようとしたと考えられる。規模の経済性を追求したものと考えられる。ソフトバンクは、1980年代にはPC向けパッケージ・ソフトウェアで、そして2000年代央にはADSL接続サービスでも同じような戦略をとっている。古谷眞介、2007、12-13頁、武田晴人編、2011、171頁、湯崎英彦、2009、161-162頁を参照。

3）無線基地局とは、数十メートルの鉄塔にアンテナを付けたもの、ビルの屋上に設置された大型なもの、電信柱に取り付けられたもの、さらには地下街、地下鉄の駅、ならびに大規模商業施設の屋内などに設置されたものなどがある。複数のスマートフォンと常時通信している設備である。2018年現在、その設置数は、屋内などを除いたものになるが、約87万局数と言われている。Time & SPACE, 2019、総務省、2018、9頁を参照。

　　また、1つの無線基地局と複数のスマートフォンのまとまりをセルと呼んでいる。このセルが、携帯電話の通信網を構成する最小単位である。あるそして複数のセルから、後述の位置登録エリアが構成されている。

　　ノード・ビルとは、無線基地局間を移動しても通信を維持するための無線ネットワーク制御装置（Radio Network Controller）、および架けた電話番号の携帯電話がどこにいるのかを探す加入者交換機などから構成されている。そして無線基地局とその最寄りのノード・ビルから構成される通信網を無線アクセス・ネットワークと呼ばれている。嶋信生・有田武美・樋口健一（2014）、No. 351-355、No.376-391を参照。

4）スマートフォンなどは、その所在地をホーム・メモリと呼ばれるデータベースに登録されている。そのデータベースは、複数のセルから構成される都道府県よりもやや小さい地域単位で、所在地情報を管理している。その単位は、位置登録エリアと呼ばれている。スマートフォンは、その位置登録エリア間を移動した時だけ、大規模ノード・ビルの所在地情報を更新する。

　　次に大規模ノード・ビルとは、中央交換機、他の通信網と接続された交換機、ならびに位置情報のホーム・メモリなどを収容した施設である。そして大規模ノード・ブルとノード・ビル間の通信網は、光ファイバなどの回線で結ばれており、コア・ネットワークと呼ばれている。移動体通信網の核となる部分である。中嶋信生・有田武美・樋口健一（2014）、No.244-248を参照。

5）この点については、中嶋信生・有田武美・樋口健一（2014）の第5章を参照。

6）ニューズウィーク日本版（2019）を参考にした。ただし、たしかにファーウェイの時分割技術は優れているかもしれない。しかし、その技術は、5G通信網を実現するための要素技術の1つでしかない。それだけで、多数の利用者と高い品質の通信サービスを提供できるとは限らないだろう。

7）グレート・ファイアウォールについては、さしあたり日本経済新聞（2011）および現代用語

の基礎知識（2019）を参照。2011 年頃から、日本の報道機関で取り上げられるようになったようだ。

8) サイバー攻撃とは、インターネットなどに接続しているコンピュータに不正に侵入し、そこに記録されたデータなどを詐取・破壊したり、さらにはその機能を停止させたりする行為である。その攻撃にあたっては、まず侵入しようとするコンピュータを探し、次にその脆弱性を探し、そして発見したら、そこから侵入し、攻撃（情報の詐取、改竄、システムの停止）する。いわゆるハッキング（Hacking）と呼ばれる行為である。

　　攻撃者は、侵入するコンピュータを探すにあたって、インターネットに接続されたコンピュータとしらみつぶしに通信する。インターネットに接続されたコンピュータには、IP アドレスと呼ばれる住所が割り当てられている。全ての住所に対して通信を試みて、応答があったら、その住所のコンピュータの脆弱性を探すことになる。酒井和哉，(2018) 13-22 頁を参照。

9) 中国経由によるサイバー攻撃については、谷脇康彦（2019）No.285-292、日本経済新聞（2020a）、日本経済新聞（2020b）、ならびに日本経済新聞（2020e）を参照。

　　中国製通信装置のセキュリティ上の問題については、おおよそ次のとおりである。サイバー・セキュリティーに関する各種サービスを提供しているファイナイト・ステート社は、ファーウェイの約 500 種類の通信装置をテストしたところ、その通信装置の 1 つのソフトウェアにつき平均で 100 を超えるセキュリティ面での問題点を発見した。そのソフトウェアに外部からの侵入を可能とするパスワード付のアカウントなどが設定されていたことが明らかにした。バックドアと呼ばれるセキュリティ上の問題があることを指摘している。そして、その原因については、それは開発環境・管理体制が著しく未成熟・未整備であることに起因していると結論づけている。FINITE STATE（2019）を参照。

　　また NHK（2020）では、FINITE STATE（2019）をもとに、ファーウェイの通信装置の一部には huawei という特権ユーザが設定されており、それらの装置にアクセスし、huawei でログインすれば、ネットワークを停止することができることを報道した。もっとも通信装置を停止させるためには、特権ユーザが設定されている通信装置にアクセスし、ログインしなければならない。そのためには、携帯電話の通信網のどの部分に使われているのかを探る必要がある。そのようなことは、どの程度可能なのかは、NHK（2020）では分からなかった。

　　これ以外にも、アップルとアマゾンなどのサーバで用いられているスーパーマイクロ（Super Micro Computer, Inc.）社製マザーボードにデータを盗み出すチップが組み込まれているなどの報道もあった。Bloomberg, 2018 と BBC, 2013 を参照。

　　この手の話を取り上げると切りがなく、その真偽も定かでない。ニューズウィーク（2019）で丸川知雄氏が指摘しているように、中国製品に誹謗中傷を浴びせ、風評被害を与えようとしているのではないかと勘ぐりたくもなる。

10) 図 11-2 の「未使用の 1IP アドレス」とは、その IP アドレスを割り振られたコンピュータがインターネット上に存在しないということである。たとえていうならば、住所はあるが、そこには人が住んでいない場所である。そのような IP アドレスに通信を試みようとしていることは、誤った操作をしているか、あるいは侵入するコンピュータを探しているものと考えられる。従って図 11-2 は、サイバー攻撃件数を直接示す指標ではないが、サイバー攻撃の活発さを示す指標と言ってよいであろう。そしてそれは、活発になってきているということで

ある。

11) CCDCOE は、オーストリア、ベルギー、エストニア、フィンランド、ルーマニア、米国などの 25 か国の群、政府、学会、産業界などの専門家グループからなる機関である。2008 年に、エストニアの首都タリンに設立された。

　　なおエストニアは、2007 年 4 月に、ロシア経由のインターネットから大規模なサイバー攻撃を受けた。ITmedia Online（2006）を参照。

12) タリン・マニュアル 2.0 については、タイの外交官、中国、ならびに日本の研究者の 3 名が参加している。中谷和彦・河野桂子・黒﨑昌弘（2018）p ⅳ を参照。

参考文献・資料一覧

新聞・雑誌

日本経済新聞（2011）「中国の「ネット検閲の父」に卵など投げつけ 武漢の学生」2011 年 5 月 21 日（電子版）URL　https://www.nikkei.com/article/DGXNASGM20051_Q1A520C1000000/（2020 年 5 月 5 日）

日本経済新聞（2018a）「米国、技術を〈関所〉で死守　中国へ流出警戒、新規制」（電子版）2018 年 10 月 29 日 URL　https://www.nikkei.com/article/DGXMZO36979930W8A021C1TCR000/（2020 年 4 月 17 日）

日本経済新聞（2018b）「ファーウェイ製品、使っているだけでも取引停止」（電子版）2018 年 12 月 6 日 URL　https://www.nikkei.com/article/DGXMZO38606180W8A201C1SHA000/（2020 年 4 月 24 日）

日本経済新聞社（2018c）「米、中国ハイテク排除　世界規模で調達禁止」（電子版）2018 年 12 月 8 日 URL　https://www.nikkei.com/article/DGXMZO38651580W8A201C1MM8000/（2020 年 4 月 24 日）

日本経済新聞（2018d）「中国 5 社を政府調達から締め出し　米国防権限法、13 日適用」（電子版）2019 年 8 月 13 日 URL　https://www.nikkei.com/article/DGXMZO48503710T10C19A8FF8000/（2020 年 4 月 24 日）

日本経済新聞（2018e）「米の圧力、民間に波及　ソフトバンク 5G 戦略見直しへ」（電子版）2018 年 12 月 11 日 URL　https://www.nikkei.com/article/DGXMZO38769600R11C18A2EA2000/?n_cid=DSREA001（2020 年 4 月 24 日）

日本経済新聞（2018f）「端末、通信回線など 9 項目　来年 4 月以降に取引禁止　通信機器調達で政府 中国 2 社の名指しは避ける」（電子版）2018 年 12 月 11 日 URL　https://www.nikkei.com/article/DGXMZO38763530Q8A211C1EA2000/?n_cid=DSREA001（2020 年 4 月 24 日）

日本経済新聞（2018g）「ファーウェイ排除念頭、民間に協力要請　政府 14 分野で」（電子版）2018 年 12 月 13 日 URL　https://www.nikkei.com/article/DGXMZO38844750S8A211C1MM8000/（2020 年 4 月 17 日）

日本経済新聞（2019a）「不正プログラム機器排除　重要インフラ、政府が指針明記へ 中国製が念頭」（電子版）2019 年 2 月 16 日 URL　https://www.nikkei.com/article/DGXMZO41330630V10C19A-2EA3000/（2020 年 4 月 17 日）

日本経済新聞（2019b）「サイバー防衛で指針改定　政府、重要インフラを厳格管理」（電子版）2019

年 4 月 19 日 URL https://www.nikkei.com/article/DGXMZO43918700Y9A410C1PP8000/（2020 年 4 月 17 日）

日本経済新聞（2019c）「サプライチェーン・リスクの対応強化を　官房長官重要情報は国内管理、サイバー防衛指針を改定」（電子版）2019 年 5 月 23 日 URL https://www.nikkei.com/article/DGXMZO45152580T20C19A5EAF000/（2020 年 4 月 17 日）

日本経済新聞（2019d）「中国 5 社を政府調達から締め出し　米国防権限法、13 日適用」2019 年 8 月 13 日（電子版）URL https://www.nikkei.com/article/DGXMZO48503710T10C19A8FF8000/?n_cid=SPTMG002、2020（2020 年 4 月 24 日）

日本経済新聞（2019e）「欧州、ファーウェイ採用で米と溝、ドイツは容認姿勢」（電子版）2019 年 10 月 17 日 URL https://www.nikkei.com/article/DGXMZO51088260X11C19A0FF1000/?n_cid=SPTMG002（2020 年 5 月 3 日）

日本経済新聞（2019f）「5G 戦争、敗色濃い米国　止まらぬファーウェイ拡散」（電子版）2019 年 9 月 12 日 URL https://www.nikkei.com/article/DGXMZO49687390R10C19A9TCT000/?n_cid=SPTMG002（2020 年 4 月 22 日）

日本経済新聞（2019g）「ソフトバンク副社長、ファーウェイ問題＜日本政府の方針に従う＞」（電子版）日経 QUICK ニュース 2018 年 12 月 19 日 URL https://www.nikkei.com/article/DGXLASFL19I12_Z11C18A2000000/（2020 年 4 月 22 日）

日本経済新聞（2019h）「ファーウェイ取引、ソニーなど 8 割継続　日本 50 社調査」（電子版）2019 年 10 月 1 日 URL https://www.nikkei.com/article/DGXMZO50393620Q9A930C1TJ1000/（2020 年 4 月 22 日）

日本経済新聞（2020a）「標的は日韓企業、暗躍する中国ハッカー集団 Tick」（電子版）2020 年 1 月 20 日 URL https://www.nikkei.com/article/DGXMZO54623610Q0A120C2EA1000/?n_cid=DSREA001（2020 年 4 月 22 日）

日本経済新聞（2020b）「三菱電機にサイバー攻撃　中国系か、防衛情報流出恐れ」（電子版）2020 年 1 月20日URL https://www.nikkei.com/article/DGXMZO54586740Q0A120C2MM0000/?n_cid=DSREA001（2020 年 4 月 22 日）

日本経済新聞（2020c）「英がファーウェイ一部容認 5G 関連、米と亀裂」（電子版）2020 年 1 月 28 日 URL https://www.nikkei.com/article/DGXMZO54963130Y0A120C2EA1000/?n_cid=SPTMG002?n_cid=DSREA001（2020 年 5 月 3 日）

日本経済新聞（2020d）「米、対ファーウェイ包囲網見直しも 英容認で他国追従か」（電子版）2020 年 1 月29日URL https://www.nikkei.com/article/DGXMZO54970410Z20C20A1000000/?n_cid=SPTMG002（2020 年 5 月 3 日）

日本経済新聞（2020e）「NEC に不正アクセス 2 万 7000 件　〈17 年に確認〉自衛隊装備資料など」（電子版）2020年 1 月31日 URL https://www.nikkei.com/article/DGXMZO55074410R30C20A1CC0000/?n_cid=SPTMG002（2020 年 5 月 3 日）

日本経済新聞（2020f）「トランプ氏、英国首相に激高　ファーウェイ使用巡り」（電子版）2020 年 2 月 7 日 URL https://www.nikkei.com/article/DGXMZO55367270X00C20A2EAF000/）（2020 年 5 月 3 日）

日本経済新聞（2020g）「国内 5G サービス開始、ドコモ皮切りに」（電子版）2020 年 3 月 25 日 URL https://r.nikkei.com/article/DGXMZO57197670V20C20A3EAF000?s=3（2020 年 4 月 16 日）

日本経済新聞（2020h）「英政府、5G でファーウェイ段階的排除　現地報道」（電子版）7 月 6 日
　　URL　https://www.nikkei.com/article/DGXMZO61215130W0A700C2FF8000/（2020 年 7 月 20 日）
日本経済新聞（2020i）「英、27 年までにファーウェイ製品関税排除」（電子版）7 月 14 日 URL
　　http://www.nikkei.com/article/DGXMZO61516760U0A710C2EA2000/（2020 年 7 月 20 日）
日経コンピュータ（2018）「5G の新世界」2018 年 11 月 8 月号 pp. 26-39

文献

現代用語の基礎知識（2019）「グレート・ファイアウォール（Great Firewall）」自由国民社
　　（Logovista 電子版）
近藤大介（2019）『ファーウェイと米中 5G 戦争』講談社（Kinoppy 版）
酒井和哉（2018）『コンピュータハイジャッキング』オーム社
情報処理推進機構（2018）『情報セキュリティ白書 2018 深刻化する事業への影響：つながる社
　　会で立ち向かえ』
武田晴人編（2011）『日本の情報通信産業史 2 つの世界から 1 つの世界へ』有斐閣
谷脇康彦（2019）『サイバーセキュリティー』岩波書店（岩波新書 Kindle 版）
東洋経済新報社（2019）『ファーウェイの真実（上）米国の＜制裁＞はこれからが本番だ』（週
　　刊東洋経済 e ビジネス新書 No. 301）、『ファーウェイの真実（中）紅いピラミッドに組み込
　　まれた日本』（週刊東洋経済 e ビジネス新書 No. 302）、『ファーウェイの真実（下）半導体と
　　知的財産への飽くなき渇望』（週刊東洋経済 e ビジネス新書 No. 303）（Kindle 版）
中嶋信生・有田武美・樋口健一（2014）『携帯電話はなぜつながるのか 第 2 版　知っておきた
　　いモバイル音声 & データ通信の基礎知識』日経 BP 社（Kindle 版）
中谷和彦・河野桂子・黒﨑昌弘（2018）『サイバー攻撃の国際法—タリン・マニュアル 2.0 の解
　　説』信山社
古谷眞介（2007）『パソコン・ブーム下におけるパッケージ・ソフトウェア開発の作業組織研究
　　—K3 社における開発過程、開発管理、人事管理制度—』（東京大学社会科学研究シリーズ
　　No. 23）東京大学社会科学研究所
湯崎英彦（2009）『巨大通信ベンチャーの軌跡 ブロードバンドをめぐる攻防』日経 BP
Tallinn Manual（2017）Michael N. Schmitt, editor., Tallinn manual 2.0 on the international law
　　applicable to cyber operations, Cambridge University Press（Kinoppy 版）

Web サイト

au（2020）「実効速度について」au Web サイト URL　https://www.au.com/mobile/area/ef-
　　fective-speed/（2020 年 4 月 17 日）
BBC（2013）"Russia: Hidden chips 'launch spam attacks from irons'" BBC web サイト URL
　　https://www.bbc.com/news/blogs-news-from-elsewhere-24707337（2020 年 5 月 5 日）
Bloomberg（2018）"The Big Hack: How China Used a Tiny Chip to Infiltrate U.S. Companies",
　　Bloomberg web サイト URL　https://www.bloomberg.com/news/features/2018-10-04/the-
　　big-hack-how-china-used-a-tiny-chip-to-infiltrate-america-s-top-companies（2020 年 5 月 5 日）
ITmedia Online（2007）「"サイバー戦争"に耐えたエストニア、国家の関与を否定するロシア」
　　ITmedia ONLiNE　URL　https://www.itmedia.co.jp/makoto/articles/0706/04/news002.
　　html（2020 年 5 月 5 日）
情報通信研究機構（2019）サイバーセキュリティ研究所 サイバーセキュリティ研究室「NIC-

TER 観測レポート 2019」URL　http://www.nict.go.jp/cyber/report/NICTER_report_2019.pdf（2020 年 5 月 5 日）

Finite State（2019）Finite State Supply Chain Assessment Huawei Technologies Co., Ltd URL　https://finitestate.io/wp-content/uploads/2019/06/Finite-State-SCA1-Final.pdf（2020 年 1 月 23 日）

NTT ドコモ（2016）「5G 無線アクセス技術」『NTT DOCOMO テクニカル・ジャーナル』Vol.23 No.4 URL　https://www.nttdocomo.co.jp/binary/pdf/corporate/technology/rd/technical_journal/bn/vol23_4/vol23_4_006jp.pdf（2020 年 5 月 5 日）

岡村志嘉子（2017）「中国の国家情報法」『外国の立法』274　URL　https://dl.ndl.go.jp/view/download/digidepo_11000634_po_02740005.pdf?contentNo=1（2020 年 1 月 24 日）

ソフトバンク（2020）「［総務省実効速度調査］計測手法／計測結果」SoftBank Web サイト URL　https://www.softbank.jp/mobile/network/service/speed-survey/（2020 年 4 月 17 日）

TIME & SPACE（2019）「スマホをつなげる『基地局』とは？　ドローンやバズーカなど変わりダネ珍 7 景も紹介」Time&SPACE　URL　https://time-space.kddi.com/au-kddi/20190801/2707（2020 年 4 月 21 日）

週刊ダイヤモンド（2019）「ソフトバンク社長が明かす <5G とファーウェイ設備の入替問題 >」『週刊ダイヤモンド』DIAMON online 2019 年 3 月 20 日 URL　https://diamond.jp/articles/-/197243?page=3（2020 年 4 月 21 日）

総務省（2018）「平成 30 年度 携帯電話・全国 BWA に係る電波の利用状況調査の調査結果及び評価結果の概要」総務省 Web サイト URL　https://www.soumu.go.jp/main_content/000572034.pdf（2020 年 4 月 23 日）

ニューズウィーク（2019）「ファーウェイ問題の核心」ニューズウィーク日本版 2019 年 1 月 22 日 URL　https://www.newsweekjapan.jp/marukawa/2019/01/post-45.php（2020 年 1 月 24 日）

内閣府（2013）「国家安全保障戦略について」国家安全保障会議決定、閣議決定 2013 年 12 月 17 日 URL　https://www.cas.go.jp/jp/siryou/131217anzenhoshou/nss-j.pdf p 9, p 16（2020 年 1 月 24 日）

内閣サイバーセキュリティセンター（2014）「サイバーセキュリティ戦略」URL　https://www.nisc.go.jp/active/kihon/pdf/cs-senryaku.pdf（2020 年 1 月 24 日）

映像資料

NHK（2020）「追跡！"ファーウェイ ショック"〜 5G 米中攻防」（1 月 19 日 21：30 地上波放送）URL　https://www.nhk-ondemand.jp/goods/G2020105305SA000/（2020 年 1 月 24 日）

第12章　米中経済戦争とアジアにおける地域経済統合の行方

福井清一

はじめに

　コロナ禍は米中の覇権争いに大きな影響を及ぼす可能性がある。

　コロナ後に、国際的な政治経済的秩序をめぐる米国の指導力が低下し中国が先端技術の覇権争いにも勝利し台頭してくるのか、コロナを感染拡大させてしまった中国の責任が問われ影響力が低下し、米国が自由主義、民主主義の同盟国と協力し米中経済戦争以前の自由主義的な国際秩序が復活するのか、あるいは米中いずれの覇権も確立しない国際協力体制の構築という第三の道があるのかに関心が寄せられている。

　本章では、米中の覇権争いに決着がつかず、日本をはじめ欧州やアジア、中南米の新興国がイニシャティブを握り、米中を含めた自由主義的国際経済秩序が再構築される可能性について考察する。

　これまで東アジア諸国は自由主義的な経済秩序を背景にGVCを築き順調な経済発展を遂げてきた。しかし米中経済戦争により通商政策が保護主義化し築きあげられてきた生産ネットワークの分断が懸念されるなど、この地域の自由主義的国際経済秩序が、今後とも従来と同様な形で維持できるのか不透明な状況となりつつあった。

　しかし、米中経済戦争によって、すでに構築されたアジアの生産ネットワークが分断されることは、東アジア諸国にとって大きな痛手であり、分断を回避するために多くの国が参加する地域経済統合を拡大してゆくという戦略は自由主義的国際経済秩序を維持するための有効な手段の1つといえる[1]。

　本章では、米中間の政治経済的バランスを取りつつ自国の経済を発展させ

てゆくための方策として、地域経済統合による自由主義的国際経済秩序の拡張という戦略に着目する。そして、この国際経済秩序の拡張に影響すると考えられる CPTPP と、インドを含む 16 か国による RCEP 協定を取り上げ、今後、これらの地域経済統合が拡張し、自由主義的国際経済秩序が形成される可能性について考察する。

第1節 経済連携協定（EPA）／自由貿易協定（FTA）のメリット・デメリット

　自由主義的経済秩序を維持・拡大する効果が期待されるメガ FTA のうち、CPTPP 及び RCEP の今後について考察するために、まず、地域貿易協定が締結されることによるメリット・デメリットについて整理しておく。

　一般的には、FTA などの地域経済統合では、次のような経済効果が生じる。それは、バイナー（Viner, 1950）が提唱した静態的効果としての、貿易創出効果、貿易転換効果、交易条件効果、そしてバラッサ（Balassa, 1961）が指摘した動態的効果としての生産性向上効果である。

　FTA ではこれらの効果以外でも原産地規則というものが存在し、これは FTA 域外から域内に低い関税で流入する商品を駆逐するために、原産地証明をしなくてはならない規則がある。原産地証明のルールは各 FTA ごとに異なる場合も多く、FTA を多くの国と結ぶに従い原産地証明の手続きが煩雑になる恐れもある[2]。これは FTA 域内国にとっては費用となり、マイナスの効果をもたらすので、メガ FTA における原産地規則の統一は貿易を推進する効果がある。

　次に、シンガポールを除く東南アジア諸国やインドのような発展途上国が先進国を含めた地域貿易自由化協定に参加することのメリット・デメリットについて整理しておこう。

　ヘクシャー＝オリーン理論あるいはネオ・ヘクシャー＝オリーン理論（小浜・深作・藤田、2001：p. 117）が示唆するように、資本が相対的に豊富な先進国と労働が相対的に豊富な開発途上国との間の貿易は双方にとってメリットがあるはずである。しかし、現実には、以下のような問題が生じる（福

井、2008）。

　①貿易自由化により、非熟練労働集約的な産業に比較優位のある開発途上国は利益を得るが、先進国の当該産業は安価な製品の輸入により損失を被る。この場合、利益を得る者と損失を被る者との間で利害の調整が必要となるが、調整がスムースに行かない場合には、交渉合意が困難となることが多い。

　②貿易自由化のためには、税関手続きの透明性確保、検疫・防疫制度の改善、原産地規則の統一などに関するルールの調和が不可欠であるが、社会主義国や低所得国が先進資本主義国との間でこれらの市場取引に際してのルール（制度）の調和を図るには、大きな調整コストがかかる[3]。

　③自由貿易協定の締結による貧困層への負の影響が懸念される。たとえば、NAFTA におけるメキシコの例では、貿易自由化によって安価なトウモロコシが大量にアメリカから輸入され、メキシコでトウモロコシを栽培していた零細農家が大きな損害を受けた（スティグリッツ、チャールトン、24-26頁）。インド農村のデータを用い、州単位で貿易自由化と貧困削減との関係を分析したトパルバ（2007）は、貿易自由化の影響が大きい県ほど貧困指標の減少が遅いという分析結果を見出している[4]。

　④ヘクシャー＝オリーン理論は静学的理論であり、技術進歩の可能性を考慮していない。プレビッシュ＝シンガー命題や幼稚産業保護論が示唆するように、製造業における学習効果と技術進歩の可能性を考慮するなら、製造業部門に潜在的成長可能性がある場合には、途上国に一定期間特定の産業の保護を容認することも正当化される。

　以上のように、地域経済協定の締結はメリット・デメリットがあり、貿易自由化のメリットという視点からだけでは一般論として地域経済協定が増加すると結論付けるのは困難で、地域ごとに見たメリット・デメリットの軽重、貿易自由化と投資の相互作用の大きさ、地政学的な国際関係の重要性などを考慮し今後を予測する必要がある。

　それでは、域内貿易自由化を含む経済協定は、WTO のような多角的貿易交渉を促進する効果があるのであろうか。次に、この点について考察する。

　CPTPP や RCEP が多角的貿易交渉を促進するための条件としては、以下の 2 点が重要である（椋、2016 参照）。

　①地域経済協定は所得水準の低い途上国に対しては、授権条項で、ある程度関税を維持することが容認されているため、自由化に消極的な途上国でも締結しやすい。

　②域外国の損失が大きな地域経済協定の場合、自由化に消極的な域外国が多国間貿易協定を結ぶ誘因を高める効果がある。

　①の条件に符合する地域経済協定としては、すでに ASEAN とインド、中国、韓国の EPA（授権条項による協定）、インドと中国が加盟している関税削減率の低い特恵貿易協定である（Asia Pacific Trade Agreement: APTA）などがある。

　また、米国に代わって経済グローバル化の中心的役割を担おうとする中国は「一帯一路」戦略を FTA 戦略と密接に結びつけ、中国を中心とする経済圏の創生を企図しているといわれており（江原、2017）、そうであるなら関税削減率が低く投資に関する規制の緩い地域経済協定の締結を促進しようとする可能性が高い。途上国間の FTA の場合には、WTO 授権条項により緩い条件で締結することが認められているため、中国が、東アジア地域において高いハードルを要求する先進国を除く途上国中心の地域経済協定の締結を促進してゆく可能性はあろう。また、アジア以外でも、中南米のメキシコやブラジルが FTA の拡大に積極的であると報じられており、これらの FTA も厳格な規律によらない自由貿易協定となる可能性がある（JETRO, 2018）。

　従来の地域経済協定は、先進国主導で、多国間の自由貿易協定に比べて交渉合意が容易であるとはいえ、貿易・投資の自由化に関してかなり厳密な規律を含む内容であった。近年、このような地域貿易協定の増加が著しかったが、2015 年以降は新規の締結数が減少傾向にある（福井、2018）。しかし、一方で途上国主導による互いに妥協しやすい地域経済協定の締結を促進しようとする動きもある。もし、このような地域経済協定が増加しグレイドアップしてゆけば、各国が自分だけ取り残されることを恐れて次々と地域経済協定を締結するドミノ効果や、途上国が先進国からの直接投資を誘致するため

に地域貿易協定を締結することなどにより、結果として多国間の貿易・投資の自由化のための協定が締結される可能性もある（椋、2013）。

　日本が深く関与しており、多国間貿易・投資自由化協定の行方にも影響が大きいと考えられる CPTPP については、すでにアセアンの CPTPP 非加盟国が参加に関心を寄せているといわれている。これは、CPTPP に参加しないことで CPTPP 参加国との貿易や投資に関してマレーシアやベトナムの後塵を拝するという危機感の表れともいえ、2) の条件と符合する。このように、CPTPP や交渉中の RCEP などのメガ FTA が今後どのように進展するかは自由主義的経済秩序の維持拡大に大きく影響すると考えられる。次に、これらのメガ FTA の将来について考察する。

第 2 節　CPTPP と RCEP の行方
(1) CPTPP

　CPTPP は物品のみならず、サービス、投資の自由化を促進し、知的財産権、電子商取引、国有企業問題、環境など幅広い分野における国際間のルールを規定しようとするもので、米国が参加していれば世界全体の GDP の 40 ％、人口の 10 ％をカバーする地域経済統合が達成されるはずであった。また、物品の関税撤廃率は品目ベースで 95 〜 100 ％と高く、原産地規則が完全累積制度となりサプライチェーン構築が容易かつ有利で、①知的財産権に関する規制、②投資家と国との間の紛争解決に関する規制（ISDS）、③直接投資企業に対する技術移転要求など特定措置の履行要求の禁止、④国有企業への優遇の規制が含まれるなど、かなり高い水準の自由化が達成される見込みであった（内閣府、2015）。

　しかし米国が離脱したことにより、GDP で 13 ％、人口で 6 ％と規模が縮小したばかりでなく、米国が加盟することによるメリットを考え譲歩していた途上国からの要求により、ISDS は交渉が凍結され、知的財産権についての規制、国有企業への優遇の規制についても交渉継続となった。このように、TPP12 と比較してやや水準が低くなったものの、市場アクセス（貿易、投資、政府調達）、電子商取引、労働、環境などの項目は維持され、日本が

ASEAN 等と締結している既存の EPA と比較して質の高い自由化協定となっている（凍結項目については、内閣官房、「TPP 協定の合意内容について」参照：URL。http://www.cas.go.jp/jp/tpp/tpp11/index.html）。

　米国が離脱した要因としては、TPP 参加のメリットがさほど大きくないこと（Jackson, J. K., 2016）、トランプ大統領が、アジア諸国などとの競争で苦境に陥っている北部中西部の "ラスト・ベルト" と呼ばれる伝統的な製造業地帯（自動車などの機械、鉄鋼などの金属産業）で働く白人労働者層向けの選挙公約として TPP 離脱を掲げたこと（Kilibarda and Roithmayr、2016）が挙げられている。また、当初、農業部門は TPP からの離脱によって利益が失われることになるが、離脱しても伝統的な共和党の支持団体である農業団体からの支持は維持できるという予測があったといわれている。

　それでは、米国は再び CPTPP に加入する可能性があるのであろうか。

　米国が再度加入すれば、自国の農業部門には好都合であるが、自動車、鉄鋼、繊維などの製造業部門には損失をもたらす可能性が高い。農業部門については、日本との二国間協定により牛肉・豚肉などの輸出増加が見込まれ CPTPP 再加入によるメリットが限られていること、トランプ大統領が支援する「自動車」「鉄鋼」などの製造業部門の業績が悪化し雇用が減少する事態となっており（『日本経済新聞』、2019 年 12 月 28 日）、CPTPP 再加入はこれら産業へのマイナス面での影響が大きいと予想されることなどから、米国の CPTPP 復帰の可能性は低いと考えられる。

　では、米国以外の CPTPP 未参加国が CPTPP に参加する可能性はあるのであろうか。

　これについては、タイ、インドネシア、フィリピン、コロンビアなども興味を持っているといわれている。タイの場合は、CPTPP 参加国向け輸出が全輸出額の 3 割を占めるほか、マレーシア、ベトナムに投資家の関心が移るのを防ぎたいという意図があるものと考えられる（『日経ビジネス』2018 年 4 月 23 日、p. 94）。

　また、インドネシアは海外市場においてアパレル、電気製品の分野で、ベトナム、マレーシアと競合し、フィリピンも電気製品、靴製品・靴下の分野

でベトナム、マレーシアと競合している。

さらに、英国、台湾、韓国、コロンビアも TPP 参加に関心を持っていると言われている（『日本経済新聞』、2018 年 3 月 9 日）。

このように、CPTPP 参加国が増加する可能性もあり、米国が参加しなくとも CPTPP を軸に地域経済協定が拡大してゆく可能性は残っていると言えよう。

(2) RCEP 協定

RCEP は ASEAN 諸国に日本、中国、韓国、オーストラリア、ニュージーランド、インドを加えた 16 か国を含む地域経済協定で、実現すれば、GDP ベースで世界全体の約 30 ％、人口の 50 ％をカバーする広域経済圏が形成される。この協定では、CPTPP 同様、物品・サービス貿易、投資、経済・技術協力、知的財産権、紛争解決等、約 20 の分野をカバーする包括的な FTA であるが、そもそも、ハイレベル（10 年以内に 90 ％の品目で自由化を要望）の FTA を求める日本、オーストラリア、ニュージーランド等の国々と、知的財産権、電子商取引に関するルールの整備に消極的な中国、自由貿易そのものに消極的なインド、ミャンマー、カンボジアなどとの間に意見の相違があった（寺田、2016）。また、近年では RCEP による広域経済圏の形成を最初に提案した ASEAN 諸国も一枚岩ではないという（『日本経済新聞』、2018 年 4 月 26 日）。

RCEP が締結されれば、米国が保護主義的傾向を強めるなか、自由主義的経済秩序を回復させるような潮流に繋がる可能性もある一方で、頓挫すれば、保護主義化を推し進め、世界の貿易・投資体制を大きく変貌させる契機となる可能性もある。

RCEP の交渉範囲は広範囲で、現在の ASEAN + 1（日本、中国、韓国、オーストラリア・ニュージーランド、インド）の地域経済協定を基準にそれを相当程度改善した、より広く深い自由化についての約束がなされることを目標とする一方、ASEAN 後発国に対しては適切な柔軟性を含むものとされている（外務省、2015）。

　交渉は、当初、2019 年内に妥結することを目標に行われ、インドを除く
15 か国は全分野における条約ベースの交渉を終えたが、インドは未解決な
重要課題が残っており最終的な合意に至っていない[5]。

　日本政府は、インドも参加した RCEP 協定の締結は「自由で開かれたイ
ンド太平洋構想」実現の観点から、また地政学的観点から重要であると考え
ているようだ[6]。一方、インドが入らない方が自らの意向が通りやすいと考
える中国や、早期の合意の方が経済的利点が大きいと考えるマレーシアなど
は、インド抜きの合意を主張していると言われている[7]。

　RCEP 協定は広範囲の分野をカバーするものであるが、16 か国の利害は
必ずしも一致しておらず、合意が得られたとしても高い水準の自由化が達成
される内容であるかは不透明である。

　2019 年 11 月の時点で、インドを除く 15 か国の間で合意が得られたとい
う RCEP 協定がどのような内容なのか現時点では明らかにされていないが、
ASEAN を中心とする既存の EPA/FTA や最近の新聞記事、銀行系シンク
タンクの報告を参考に、CPTPP、日本 = ASEAN の EPA などとの比較を
通し、どの程度の水準の通商協定となっているのかについて考察しておこ
う。

　RCEP の交渉分野は 20 分野であるが、2019 年 11 月の RCEP 首脳会合共
同声明によると、インドを除く 15 か国の間で「全 20 章に関する条文ベース
の交渉を終えた」とし、すべての市場アクセス問題につき基本的合意に達し
た模様だ[8]。

　表 12-1 は、貿易・投資と関連した主要な分野における合意のための課題
を整理し、合意内容を CPTPP や日本 = ASEAN 経済連携協定（AJCEP）（改
訂版）のそれと比較したものである。

　これらの分野には、関税撤廃品目の割合、原産地規則、投資保護、知的財
産権保護、電子商取引、政府調達などが含まれる。

　表によると AJCEP の場合、関税撤廃品目の割合に関する合意水準は、双
方ともに 90％程度、CPTPP の場合は 95 ～ 100％である。一方、RCEP の
場合、インドを除く交渉参加国は、AJCEP の水準を超えることを目指して

表 12-1　RCEP と CPTPP、AJCEP の比較

地域経済連携協定交渉分野	RCEP	CPTPP	AJCEP
関税撤廃品目の割合	90% 以上を目指したがインドは一部の国に低い関税撤廃率を要求	95〜100%	約 90%
原産地規則	二国間、部分累積制度 15 か国は関税分類変更基準と付加価値基準の選択制 インドは併用制を主張	地域間、完全累積	二国間、部分累積制度 関税分類変更基準 付加価値基準の併用制
投資保護	ISDS 条項については将来の議論に委ねられた	ISDS 条項については一部適用されず	ISDS 条項適用
知的財産権保護	TRIPS 水準を目指したがインドが反発	TRIPS 条項の交渉 一部凍結、特定措置履行要求の禁止条項は盛り込まれた	TRIPS 水準維持 特定措置履行要求の禁止条項は盛り込まれていない
電子商取引	基本的なルールは合意 IT 関連施設の設置強要禁止、データ流通の自由化などの面で合意がなされていない	基本的ルール以外に IT 関連施設の設置やデータの国境を越えた流通に規制を設けない	交渉の対象となっていない
政府調達	政府調達の自由化は限定的	高い水準で政府調達の自由化	交渉の対象となっていない
国有企業	交渉の対象となっていない		交渉の対象となっていない
環境	交渉の対象となっていない		交渉の対象となっていない
労働	交渉の対象となっていない		交渉の対象となっていない

出所：CPTPP、AJCEP については外務省資料を、RCEP については、外務省資料、菅原（2019）、『日本経済新聞』、2019 年、11 月 2 日、11 月 5 日、11 月 6 日の記事を、それぞれ参照。

　いたが、インドがオーストラリア、ニュージーランドについて農産物輸入の増大を、中国については工業製品の大幅な輸入増加を警戒し、90 ％より低い水準の関税撤廃率と撤廃期間の延長を主張し、合意に至らなかったという[9]。

　原産地規則については、15 か国の間では、二国間の累積を基準とする部分累積制度という原産性を判断する累積制度[10]の下で、輸出企業が原産資格の付与に関して付加価値ベースの域内原産割合基準か関税分類の変更基準か

のいずれかを選択できるというルールで合意されているのに対し、インドは両者の併用を主張したという。部分累積制度の下での選択制はAJCEPでも採用されているが、CPTPPにおける地域全体の累積を認めた完全累積制度に比べると、輸出国の生産行為を救済しないという意味で、域内国の輸出促進効果は小さい。

　投資保護については、投資家を保護するためのISDS条項（投資受入国の協定違反によって投資家が受けた損害を、金銭等により賠償する手続を定めた条項）については、RCEPの場合、今回の条文には含まれず将来の議論に委ねられたとのことで[11]、CPTPP（天然資源、発電、電気、道路等インフラ整備などへの投資には適用されなかったものの、それ以外については投資家が保護される規定が盛り込まれた）、AJCEP（ほとんどの投資について投資家保護が規定されている）に比べ、投資の自由化に関して後退した内容となっている。

　知的財産権の保護については、WTOの知的財産権の貿易側面に関する協定（TRIPS：知的財産権保護のための最低限のルール。内国民待遇、最恵国待遇、権利行使の条項を含む）の水準を超える内容を目指すとしているが、これに対してインドは反発する。たとえば、エイズ、結核、マラリア薬やコンピュータ・ソフトの特許権が強化されると、ジェネリック薬品やコンピュータ・ソフトのコピー製品の生産が多いインドへの影響は大きい。以上のような主張の相違がある中で、RCEPで知的財産権の保護がTPIRS水準を維持できているのか、現時点では明らかでない。CPTPPの場合は、内国民待遇、特許、著作権などの一部条項で交渉が凍結されたが、特定措置履行要求の禁止条項は盛り込まれた。AJCEPでは、知的財産権の保護に関してTRIPS水準を維持している一方、特定措置履行要求の禁止条項については含まれていない。

　国境を超えるネット通販や産業によるネットを通した情報の受送信が円滑に行えるようにする国際的なルール作りを目指す電子商取引分野では、個人情報保護、電子署名・認証などの基本的なルールは盛り込まれる見込みであるが、日本などが主張するCPTPP並みの規制を設けないルールに対して、中国やインドはこれに反発する[12]。たとえば、日本は、IT関連施設の設置

を強要することを禁止しデータの流通を自由化することを主張するが、中国やインドはサーバの設置やデータの持ち出しに制限を設けることを主張する。

政府調達市場の自由化については、WTO 政府調達協定に参加している日本、オーストラリア、ニュージーランド、シンガポール、及びこの協定と同水準のルールが規定される CPTPP に参加しているベトナム、ブルネイ、マレーシアは、政府調達に関する高い水準のルールを受け入れた可能性があるが、他国については明らかでない。菅原（2019）は「政府調達章では、政府調達に関する透明性確保等の基本原則を規定した一方、政府調達市場の自由化については限定的なものになっているものとみられる」と述べているが[13]、もしそうであるなら、RCEP の政府調達に関する合意は CPTPP より水準が低く、政府調達条項の無い AJCEP より高い水準になっていると見られる。

RCEP では国有企業、環境、労働について交渉の対象となっていない。CPTPP の場合は、国有企業問題は交渉が凍結され、環境、労働分野は条文化されているが、AJCEP の場合は、3 分野いずれも交渉の対象となっていない。

以上のように、インドを除く 15 か国の合意事項は、投資の保護では後退したことを除けば、AJCEP の水準とほぼ同等の地域経済協定となっているものと推測される。

本稿執筆時点では、今後、インドを除く 15 か国での協定締結を先行させ、その後にインドとの交渉に入るのか、日本政府が主張するように、あくまでインドを含めた 16 か国による交渉締結を目指すのかは、交渉参加国それぞれの思惑があり不透明である。

マレーシア、タイ、中国及びベトナムは、ASEAN ＋ 6 の枠組みによる RCEP の交渉に消極的であるといわれている。

マレーシアは、RCEP 諸国との貿易額の全貿易額に占める割合が 60 ％を占める一方、インド、オーストラリア・ニュージーランドとの貿易額は、それぞれ 3 ％と小さいため、これらの国々を除いた EPA の締結を模索してい

るという（JETRO）。中国との貿易赤字が大きいタイは CPTPP 参加に関心を移しており、インドとの間で国境紛争など安全保障上の問題を抱える中国は、インドを除いた協定締結を考えているといわれている。CPTPP に参加し、南沙列島問題で中国と対立するベトナムは、対中貿易赤字も大きく、RCEP 参加への関心を失っているという（以上、『日本経済新聞』、2018 年 4 月26 日）。

おわりに

　CPTPP は、米国が再加入するという条件が満たされれば、参加国が大幅に増加する可能性がある。また、CPTPP への米国参加は、CPTPP に参加する可能性が低く米国による TPP 参加で損失を被ると予想される中国がRCEP の交渉を加速化させようとする誘因を生むであろう。しかし、トランプ政権が継続する限り、米国が CPTPP に参加する可能性は低い。

　RCEP が、CPTPP 水準の厳格な規律を含んだ協定締結されれば、WTOのような多国間貿易協定を促進する可能性は大きいが、これも中国やインドの出方次第である。

　一方、米国が CPTPP に再加入せず、米国第一主義にもとづく保護貿易主義的な政策の実施に拘り、AEASN + 6 の枠組みでの RCEP 締結が困難である場合には、中国が「一帯一路」戦略を引き継いだ「一帯一路 FTA」経済圏の構築に向けて積極的に動き出す可能性もある（江原、2017）。

　その場合、中国の戦略は、CPTPP などより規律のゆるい FTA を一旦締結し、後に厳格化してゆくという戦略であり（江原、前掲論文）、インドを除いた 15 か国による RCEP 協定締結を図る可能性が高い。

　このような状況のなかで、米中分離を回避し自由主義的な国際経済秩序を構築することが日本にとって望ましいのであれば、日本は、CPTTP 加盟国の拡大、インドを含めた RCEP 協定の締結、そして、「自由で開かれたインド太平洋構想」の実現に向けた、一層の外交的努力が必要であろう。

注

1) 浦田（2019：10-11 頁）は、グローバル化による所得格差の拡大によるデメリットは経済成長の成果を公平に分配する教育制度や税制の構築することで回避できるとしている。

2) ちなみにバグワティとパナガリヤでは、各 FTA の原産地規則が入り乱れて複雑になることを、スパゲティーのボウルに例えて「スパゲティー・ボウル現象」と呼んでいる（Bhagwati and Panagariya, 1996）。

3) 以上のような調整コストは膨大なものにうなると推計されている（スティグリッツ＝チャールトン、2007、第 13 章。）

4) これに対して、ジャモッテ他（2013）は、51 か国のパネル・データを用いて、資本・金融面でのグローバル化は所得格差を拡大する効果があるが、貿易面でのグローバル化は所得格差を縮小させるという分析結果を示している。

5) インドが RCEP に慎重な姿勢を示している理由、背景等については、補論で詳しく説明する。

6) 経済産業省「梶山経済産業大臣の閣議後記者会見の概要」2019 年 11 月 8 日。

7) 日本経済新聞、2018 年 4 月 26 日。

8) 日本経済新聞、2019 年 11 月 5 日。

9) 菅原（2019）、p. 4。

10) 累積制度とは、FTA 域内の他の国の原産品や生産行為を当該国の原産材料や生産行為とみなし、産品の原産性の判断に算入すること。モノだけの累積に限られる場合を、「部分累積」、モノと生産行為（労働、輸送など）を両方含めた累積の場合を「完全累積」と定義する。

11) 菅原（2019）、p. 3。

12) 日本経済新聞、2019 年 11 月 2 日。菅原（2019）、p. 2。

13) 菅原（2019）、p. 2。

14) 本稿脱稿後の 2020 年 11 月 15 日、PCEP 協定はインドを除く 15 か国により合意され署名された。

引用文献

石川幸一（2005）「主要産業における日中間の分業と FTA の影響」玉村千治編『東アジア FTA 構想と日中間貿易投資』アジア経済研究所、117-146 頁。

浦田秀次郎（2019）「保護主義、反グローバリズムと日本の対応」馬田啓一、浦田秀次郎、木村福成、渡邊頼純編著『揺らぐ世界経済秩序と日本』文真堂、3-17 頁。

江原規由（2017）「中国の FTA 戦略と一帯一路」、平成 28 年度外務省外交・安全保障調査研究事業『ポスト TPP におけるアジア太平洋の経済秩序の新展開』、93-116 頁、平成 29 年 3 月、公益財団法人日本国際問題研究所。

外務省（2015）「東アジア地域包括的経済連携（RCEP）交渉」平成 25 年 8 月。

小浜裕久・深作喜一郎・藤田夏樹（2001）『アジアに学ぶ　国際経済学』有斐閣アルマ。

菅原淳一（2019）「RCEP は大きな岐路に　15 か国で大筋合意、インドは離脱に言及」、みずほ総合研究所、2019 年 11 月 18 日。

助川成也（2016）「RCEP の意義と課題」、石川幸一・馬田啓一・渡邊頼純編著『メガ FTA と

世界秩序』、勁草書房、63-86 頁。

JETRO (2018) WTO・他協定加盟状況；中南米，https://www.jetro.go.jp/world/cs-america/

スティグリッツ・ジョセフ、チャールトン・アンドリュー (2007)『フェアトレード　格差を生まない経済システム』日本経済新聞社。

内閣府 (2015) 環太平洋パートナーシップ協定 (TPP 協定) の概要，https://www.kantei.go.jp/jp/headline/tpp2015.html.

寺田貴 (2016)「TPP とアジア太平洋経済秩序の未来―なぜ地域統合は競合するのか」、『農業と経済』2016 年 6 月、臨時増刊号、126-133 頁。

福井清一 (2008)「経済開発と貿易」、高橋基樹、福井清一編著『経済開発論　研究と実践のフロンティア』第 7 章、勁草書房。

椋寛 (2013)「地域貿易協定の経済学」、石川城太・椋寛・菊地徹『国際経済学をつかむ』第 2 版、223-231 頁。

椋寛 (2016)「地域貿易協定の経済分析」、木村福成・椋寛編著『国際経済学のフロンティア』、東京大学出版会、375-419 頁。

Ballasa, B. (1961) *The Theory of Economic Integration*, Homewood, Illinoi: Richard D. Irwin.

Bhagwati, J. N. and Panagariya, A. (1996) Preferential Trading Areas and Multilateralism: Strangers、Friends of Foes?, in J. N. Bhagwati and A. Panagariya, eds., *The Economics of Preferential Trading*, Washington、D. C.: AFI Press.

Jackson, J. K. (2016) The Trans-pacific Partnership (TPP): Analysis of Economic Studies. *CRS Report*. June 30, 2016.

Jamotte, F., Lall, S., and Papageoriou, C. (2013) Rising Income Inequality: Technology, or Trade and Financial Globalization?, *IMF Economic Review*, 61 (2):271-309.

Topalva, P. (2007) Trade Liberalization, Poverty and Inequality: Evidence from Indian Districts, in A. Harrison, ed., *Globalization and Poverty*, Chicago: University of Chicago Press.

Viner, J. (1950) *The Customs Union Issue*, New York: Carnegie Endowment for International Peace.

Kilibarda, K. and Roithmayr, D. (2016) The Myth of the Rust Belt revolt, SLATE, Dec 1. 2016, http://www.slate.com/articles/news_and_politics/politics/2016/12/the_myth_of_the_rust_belt_revolt.html.

第12章補論　RCEP交渉の行方とインド

福井清一

はじめに

　第12章でも述べたように、RCEPの交渉は2019年度末までの妥結を断念し2020年に先延ばしされた。これは、インドが関税の撤廃や原産地規則の分野で妥協しなかったことや、電子商取引分野等で先進国と新興国との間で意見が分かれたためで、インドの場合、今後も交渉に参加するか不透明な状況にある。

　本補論では、インドがなぜ交渉合意に消極的なのかを考察するために、まず、第二次世界大戦後から現在に至るまでのインドにおける開発政策の特徴と経済発展の軌跡を概観する。インドの場合、英国からの独立後、自主独立路線のもとで、重工業に重点を置いて実施された輸入代替工業化とそのための政府による長期にわたる介入政策が、その後の規制緩和にもかかわらず温存され、その結果、労働集約的産業や将来を担うべき機械・機器、石油化学産業などの発展が十分でない一方で、農村における大量の過剰労働力が存在する状況が生み出されたという歴史的経緯がある。

　次に、このような産業の発展が不十分で大量の過剰労働力が存在するインドの現状から、RCEP加入による貿易や投資の自由化に対して、インドが慎重にならざるを得ない理由について解説する。

第1節　戦後インドの経済発展—概観

　インドは、第二次世界大戦後、英国の植民地政策からの脱却を図り、自助理念にもとづき経済的自立を図ろうとした。

　しかし、独立後間もないインドは、経済発展に必要な資本、人材、技術が不足しているという条件下で自国の開発に着手せざるを得なかった。

　資本の不足については、自助の理念から外資の導入に依存しない開発戦略が採用されたこと、農地改革が不徹底で地主や富農層が議会制民主主義の下で政治的発言力を保持しており農業部門の余剰を工業化に利用するのが困難であったことなどから、経済開発のために必要な資本が不足する状況にあった（大野、2001：386-390頁）。そのうえ、政府主導で資本集約的な重工業部門の育成に重点を置く輸入代替工業化政策を実施したため、希少な政府資金の中からこの部門へ多額の財政資金の投入が必要であった。その結果、増え続ける膨大な人口を養うのに必要な食用穀物需要を賄うだけの食用穀物生産を達成するための農業開発投資に、限られた資金を配分できず、食用穀物の輸入に限られた外貨を使わざるを得なかった。

　政府主導で産業化を図ろうとするインド政府は、希少な資金を有効に使用するために、産業ライセンス制、輸入ライセンス制、厳しい外資規制政策を導入し、民間部門にも統制を強化した。その結果、産業は国際競争力を失い、その後の非効率な"ハイコスト経済"を生み出す要因となった（伊藤、1994）。

　このように、食用穀物部門の生産性向上が停滞し外貨不足の状況が続く中で、1960年代中頃の全国的な干ばつにより食用穀物を大量に輸入せざるを得ず、外貨は枯渇し重工業部門の成長が停滞することとなり、1980年代に至るまで、長期的な経済停滞に陥った。

　1980年代に入ると、70年代の石油危機などの影響で債務危機に陥ったインドは、インデラ・ガンジーが政権の座に就き、経済危機を乗り越えるために国際機関から融資を受けることを決断し、そのための見返りとして規制緩和を進めることを約束し、外資開放、経済自由化を部分的ながら推進することになった。インデラ・ガンジーの暗殺後、政権の座に就いたラジーブ・ガンジーは母親の方針を受け継ぎ、さらに自由化を推し進め、これが、その後のITサービス産業発展の素地となったものの、この時期の経済自由化は輸入代替工業化政策の下での規制を緩和することによる国内市場開放にとどま

り、さらなる自由化には踏み込めなかった。

　一方、1960 年代中頃から 1990 年にかけての時期に、東アジアの中国や東南アジア諸国は、1980 年代以降の経済改革により目覚ましい経済成長をとげ、インドは経済面でこれらの国々の後塵を拝することになる。

　ラジーブ・ガンジー首相暗殺の後、1990 年にイラクのクウェート侵攻により湾岸危機が勃発し、石油価格の高騰やインドから中東への出稼ぎ労働者からの送金が途絶えるなどの影響で外貨が枯渇し、インドは再び深刻な経済危機に見舞われ、国際機関から借款を受ける以外の選択肢はない状況に陥った。

　これに対し、1991 年、インドはマンモハン・シン蔵相のもとで国際機関からの借款の見返りに、これまでにない大胆な構造調整（大胆な規制緩和、貿易と外資導入規制の自由化、財政収支、経常収支の赤字の削減、物価の安定）を行う、いわゆる「新経済政策」の実施に踏み切った。

　その後、政権は入れ替わったものの経済自由化政策は堅持され、平均関税率が低下し、外資規制が緩和されるなど、貿易・投資の自由化が進展し、80 年代以降、今日に至るまで、それまでの年率 3 ％代の成長率から年平均 6 ％の一段高い経済成長率を維持し続けてきた（図 12 補 -1）[1]。

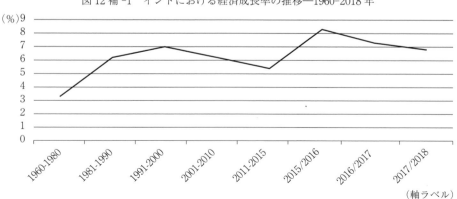

図 12 補 -1　インドにおける経済成長率の推移—1960-2018 年

(軸ラベル)

出所：World Bank, World Development Indicators、各年。
注：2010 年固定価格による GDP 推計値を用いた。

　しかし、これは内需主導の経済成長であり、中国や東南アジアのインドネシア、タイ、マレーシアのような輸入代替工業化戦略から輸出主導型工業化戦略への転換を契機にした経済成長ではなかった。

　2014 年に政権の座に就いたモディ現首相は、一部産業における外資規制比率を引き上げるなど外資への市場開放を進める一方、製造業振興の目的で加工食品、繊維製品、電気製品、自動車部品などの関税率を引き上げた（椎野、2019a;17 頁）。その結果、WTO の基準で平均譲許関税率を計算すると、2000 年の 33.2 ％から 2016 年 13.2 ％に低下してきたものが、2018 年には 17.7 ％に上昇している（椎野、2019b；161 頁）。

第 2 節　なぜ、インドは RCEP 交渉に慎重なのか？

　Mahadevan and Nugroho（2019）は、CGE モデルによるシミュレーション分析を行い、現在の米中経済戦争の下でインドが RCEP に参加すれば、自身の経済成長率、経済厚生は増加するものの、貿易赤字は増大すると予測している。

　つまり、経済全体では利益を得るが輸入が増加することにより、国内の競争力が弱い産業が損失を被る可能性が高いことを意味する。

　インドの製造業は他の RCEP 交渉参加国と比較して競争力が弱く、貿易の自由化による、これらの部門への影響は大きいものと予想される（表12 補 -1）。

　また、インドのビジネス投資環境も東アジア諸国と比べて悪く、外資誘致による製造業の生産性向上にも多くの困難が存在する。（表 12 補 -1）

　また、インドは、依然として膨大な貧困人口を抱えており、その多くが農村部に居住している[2]。一方、多くの農産物の生産性は低く農業部門の貿易自由化が進み安価な農産物の輸入が増加すると、農民や農業労働者など農村居住者の所得低下につながりかねない。

　食用穀物・穀類、油糧種子・食用油、豆類、牛乳・乳製品などの主要食用農畜産物、食料品には高率の輸入関税が掛けられており、関税率が引き下げられれば、RCEP 交渉参加国であるミャンマーから豆類、油糧種子、インド

表 12 補 -1　製造業の国際競争力―国際比較

国	産業競争力指数	製造業の労働生産性：2015年一人当たり付加価値（US ドル：2010年価格）	ビジネス環境ランキング（順位）
日本	0.406	8495.8	29
中国	0.401	2047.6	31
韓国	0.393	7336.4	5
マレーシア	0.176	2533.9	12
タイ	0.161	1657.4	21
インドネシア	0.093	830.1	73
インド	0.086	298	63
ベトナム	0.08	336.5	70
フィリピン	0.076	594	

出所：産業協力指数、製造業の労働生産性：UNIDO, 2017, Industrial Development Report 2018
　　　ビジネス環境ランキング：World Bank, Doing Busines 2019

　ネシア、マレーシアから椰子油、ニュージーランドからは牛乳・乳製品、オーストラリアからは小麦の輸入が増加する可能性がある。

　以上のように、インドは多くの産業分野で、依然、十分な国際競争力を持っていない。

　実際、インドは多くのアジア諸国と FTA を締結しているが、東アジア諸国との FTA の締結が輸出の増加につながっていないという指摘がある（Saraswat et al.,2018）。

　また、インドの輸入額は輸出額を大きく上回る傾向にあり[3]、特に製造業の国際競争力が高まっている中国からの輸入は全貿易赤字額の 30 〜 50 % を占めている。

　中国からの輸入品の内訳をみると、繊維・衣類、化学製品、機械、輸送機器、通信機器などが多く、2018 年には全輸入額の 14.4 % を中国からの輸入が占めるに至っている（椎野、2019b;168 頁）。

　これは、インドがこれらの産業分野で中国よりも国際競争力が弱いことを示唆しており、RCEP 参加により関税を削減することになれば中国からの輸

入が増加し、これらの産業に大きな影響を与えると予想されることが、
RCEP 参加に消極的な最大の要因の 1 つと言われている。

　さらに、2018 年から経済成長率が低下する中で異常気象によりインド各
地で農作物が不作となり、都市と農村の所得格差解消が政策課題となってお
り（Chand,2018）、50 ％以上の人口が居住する農村地域の家計所得が低迷し
ていることも、2019 年 11 月の RCEP 交渉でインドが離脱を表明した背景に
あるようだ[4]。

おわりに―インドを含めた RCEP 協定締結の可能性と日本の役割

　2019 年 11 月の RCEP 首脳会合において、インドのモディ首相は、「RCEP
協定の現在の形態は、（中略）インドの未解決の問題や懸念に十分に対処し
ていない」と述べ、交渉からの離脱をほのめかした。

　それでは、"インドの未解決の問題や懸念" とは、どのようなものであろ
うか。政府間の条約や協定の交渉過程においては、その内容が公表されない
ことになっているので、インドに関連した具体的な対立点は明らかでない
が、報道や RCEP に関する専門家のレポートなどを参考にまとめると、以
下のように整理できよう。

　まず、インドには、物品およびサービス貿易の自由化に関連した問題があ
る（菅原、2019：3-4 頁）。前節でも説明したように、インドは、依然、多く
の産業で国際競争力が弱く、物品貿易の自由化による影響が深刻な国内産業
による RCEP 締結への反発は強い。このため、インドは、関税削減・撤廃
の基準年を繰り延べすること、特に中国に対し、より低い水準での関税撤廃
率を設定すること、及び自動発動型セーフガード措置の導入を要求したが、
中国は受け入れなかったということだ。また、原産地規則についてインド
は、より厳格な基準である関税分類変更基準と付加価値基準の併用制を主張
したが、他の 15 か国は選択制で合意したうえ累積制度[5]も認められたため、
15 か国がインドに要求する関税削減・撤廃案を受け入れにくくなったとい
うことである。

　また、インドは国際競争力を持つ IT サービスの貿易、労働者の移動の自

由化を求めてきたが、中国やタイ、マレーシアなどはこれに応じる姿勢を見せなかったという。

　インターネット通販やインターネットでつながる生産拠点などの国境を越えたビジネスと関連する電子商取引にかかわるルール作りも、RCEP では交渉の対象となっている。これについては、日本、オーストラリアなどの先進国が、サーバー設置義務やデータ持ち出し制限の禁止を主張したのに対し、インドや中国はこれに反対しており、タイも個人情報の持ち出しに厳格なルールの設定を要求しているなど、新興国は合意に慎重なようである[6]。

　さらに、知的財産権保護の問題については、第 12 章でも説明したように、RCEP 交渉では TRIPS 水準以上を目指したが、これに対してジェネリック薬品やコンピュータ・ソフトのコピー製品に輸出競争力のあるインドは、エイズ、結核、マラリア薬やコンピュータ・ソフトの特許権が強化されると、これらの産業への影響が大きいため反発する。

　以上のように、インドが RCEP 締結に慎重姿勢を示す理由としては、一人当たり名目国民所得が 2,020 ドル程度と RCEP 交渉参加 16 か国中 3 番目に所得が低い下位中所得国であり、産業の競争力が依然として弱く、多くの貧困人口を抱えている中で、産業や農業を保護し雇用の確保と貧困削減を図る必要があるという、民主主義的政治体制を採用するこの所得水準の途上国に共通した問題がある。また、11 月の最終局面で離脱を示唆した背景には、最近における景気の減速や 10 月末の州議会選挙での不振などを考慮し雇用や貧困対策にも配慮せざるを得ないという事情も影響していよう[7]。

　今後、経済成長率が再び上昇し、モディ政権への支持率が回復しない限り、インドが RCEP 交渉に参加し協定締結に合意するのは困難なのかもしれない。

　このような状況の下で、中国や一部の東南アジア諸国は、インド抜きの交渉合意を目指していると言われているが、日本は RCEP 交渉において中国の影響力が突出することを警戒し、反対する立場をとっており[8]、インドを含めた RCEP 協定の締結のために主導的な役割を果たす決意を表明している[9]。

　RCEP 交渉の行方については、インド抜きの 15 か国により先行署名をしてしまうか、交渉が決裂し合意されないか、あるいはインドと中国の間で関税譲許について個別に交渉を行い両国間で妥協を図るという方向が考えられる[10]。

　本稿執筆事時点（2020 年 5 月）で、新型コロナウイルス感染拡大の影響により世界的に企業価値が下落しているが、インドにおいても例外ではない。この機を逃さず中国企業がインド企業への出資を加速化させるのではないかという警戒心から、インド政府は中国からの直接投資を念頭に置いた海外直接投資に対する規制強化を打ち出した（日本経済新聞、2020 年 5 月 1 日）。このような動向も 16 か国による RCEP 協定締結には逆風となろう。

　インドを含めたメガ FTA の締結は、米中分離を回避し、両国を既存の自由主義的通商秩序に参加させる手段として期待されており（浦田、2019；木内、2020 など）、日本が将来、インドが加入した RCEP 協定の締結に主導的な役割を果たせるか、今後の動向に注目したい[11]。

注

1) ただし、2019 年度の経済成長率予測は下方修正されている。
2) 世界銀行の World Development Indicators によると、2018 年における農業部門の就業人口比率は 44 ％である。
3) JETRO「世界貿易投資報告」、インド、各年版
4) 日本経済新聞、2019 年、11 月 30 日
5) 累積制度については、第 12 章の注 10) を参照。この規則によって、RCEP 域内国はインドへの輸出品の原産性基準を満たしやすくなる。
6) 日本経済新聞、2019 年 11 月 2 日
7) 日本経済新聞、2019 年 11 月 5 日
8) 同上
9) 外務省「第 3 回 RCEP 首脳会議の開催」2019 年 11 月 4 日
10) 本稿脱稿後の 2020 年 11 月 15 日、RCEP 協定はインドを除く 15 か国により署名された。
11) 15 か国による協定署名の際、交渉から離脱したインドがほぼ無条件で即時加入できることを規程した特別文書が採択された。

引用文献

伊藤正一編（1988）『インドの工業化　岐路に立つハイコスト経済』、アジア経済研究所

浦田秀次郎（2019）「保護主義、反グローバリズムと日本の対応」、馬田啓一、浦田秀次郎、木村福成、渡邊頼純編著『揺らぐ世界経済秩序と日本』、文真堂、3-17 頁

大野昭彦（2001）「インド―巨像は立ち上がるのか」、原洋之介編著『アジア経済論』新版、NTT 出版、383-418 頁

木内登英「最終合意直前で足踏みする RCEP」、https://www.nri.com/jp/knowledge/blog/lst/2019/fis/kiuchi/1105,2019/11/05.（2020 年 1 月 29 日閲覧）

椎野幸平（2019a）「モディ政権の対外政策と RCEP の展望」、現代インド・フォーラム 2019 年冬季号　No.39、日印協会

椎野幸平（2019b）「インドの貿易自由化政策と FTA」、石川幸一、馬田啓一、清水一史編著『アジアの経済統合と保護主義　変わる通商秩序の構図』、文真堂

菅原淳一（2019）「RCEP は大きな岐路に　15 か国で大筋合意、インドは離脱に言及」、みずほ総合研究所、2019 年 11 月 18 日

Chand R. (2018) Innovative Policy Interventions for Transformation of Farm Sector, 26th Annual Conference of Agricultural Economics Association (India), Nov.15,2018

Mahadevan R., and Nugroho A. (2019) Can the Regional Comprehensive Economic Partnership minimize the harm from the United States-China trade war?, The World Economy, 42:3148-3167

Saraswat V.K.,Priya P., and Ghosh A. (2018) A Note on Free Trade Agreements and Their Costs, National Institution for Transforming India

第13章　日本がたどるべき進路：「産業集積の移転」と「グローバル・バリューチェーンの形成」

朽木昭文

はじめに

　米ハーバード大学のグレアム・アリソン教授は、中国の経済システムについて、「政党指導の市場経済は他の経済システムよりも高度で持続的な発展を成し遂げてきた」と述べた（日本経済新聞2020年1月5日）。中国の成長を「国家主導でも高度な発展証明」と呼んだ。この本質とは、産業集積政策の改革開放以降において経済開発区（モール）などを活用して戦略的新興産業を育成する国家資本主義である。そのもっとも成功を収めてきた政策の1つは、「産業集積」政策である。

　本章でキーワードとなる産業集積とは、地理的に近い特定の地域に1つの産業、または複数の産業が群として立地することである。産業クラスターとは、その産業集積においてイノベーションが活性化することと考える（朽木、2018；Kuchiki、2019で詳説）。第4次産業革命下の現在では「イノベーション」の強化が各国、各地域の最大目標の1つとなる。中国の産業政策は、第4次産業革命のAI（人工知能）、IoT（モノのインターネット）、ロボットなどに焦点を当て、各地域で地域の競争優位に基づいてイノベーションを目的とした「産業集積」の構築を目指し、進展している。新型コロナ発生後も、この産業集積が「一帯一路建設」とつながり、一帯一路参加国とグローバル・バリューチェーンが形成される。

　本章の目的は、「産業集積」の構築理論を説明し、「GVC」を明らかにすることにより日本がたどるべき進路を示すことである。「産業集積」の移転の前提条件は、連結性である①「物理的連結性」、②「制度的連結性」、③

「人的連結性」である。また、「グローバル・バリューチェーン」とは、①研
究・デザイン、②調達、③組み立て、④マーケティングである。本章では、
日中経済協力の方向が、中国から一帯一路建設・参加国への「産業集積の移
転」と「グローバル・バリューチェーンの形成」であることを明らかにす
る。

第1節　一帯一路建設・参加国での「産業集積の構築」による
　　　　　日中経済協力

　産業集積の建築は、組織のセグメント（組織部門）を構築することである。
この手順は次のとおりである。第1に、産業集積の組織のどのようなセグメ
ントが必要であるかを特定化することである。第2に、この特定化されたセ
グメントの効率的な構築配列（シークエンス）を決定することである。この
決定されたシークエンスがフローチャート・アプローチとなる[1]。

　まず製造業集積の「セグメント（組織部門）」を第13-1表に列挙する。それは「物的インフラストラクチャーの整備」、「制度整備」、「人材育成」、「生活環境整備」である。物的インフラストラクチャーとは、道路、電力、水道、港、通信などである。制度整備は投資手続き、規制緩和、税制面の優遇などを含む。人材とは未熟練工、熟練工、マネージャー、研究者などを指す。生活環境は病院や学校である。

　「シークエンスの経済」とは、産業集積のセグメント構築のシー

表13-1　産業クラスターの組織部門（Segment）

	組織部門
インフラ	道路
	鉄道
	空港
	港湾
	通信
	水
	電力
	工業団地
人材	非熟練
	エンジニア
	マネージャー
制度	税制
	土地所有
	為替
	政治

出所：朽木昭文作成。

クエンスを最適にすることにより経済効率を高め、コストを低くすることである。この効率的な順序を間違えるとセグメント構築に「莫大な費用」がかかり、シークエンスを間違えるとセグメント構築が進まない。逆に「シークエンスの経済」の実施により、産業集積のセグメント構築を進め、産業集積の建築が完了する。この全工程がフローチャート・アプローチである。

　図13-1が、シークエンスの経済を総合した「フローチャート・アプローチ」である。「セグメント構築」における効率的な順序を示す。アンカー企業を誘致できる条件が整う。アンカー企業とは、愛知県の豊田市の例でいうとトヨタであり、多数の部品からなる製品を組み立てる企業のことであり、セットアップ企業とも呼ぶことができる。

　空間経済学の結論として、セグメント構築の第1の優先順位は「輸送費」の削減である。これにかかわるセグメントを構築する必要がある。具体的には高速道路や港湾などの構築であり、これにかかわるセグメントを構築する必要がある。

　空間経済学による経済の理論モデルから導出される命題に基づいて日本と中国の国際協力の在り方への含意を導いてみよう。空間経済学のモデルを説明しよう。空間経済学の主要命題の1つは、佐藤・

図13-1　フローチャート・アプローチによる「シークエンスの経済」

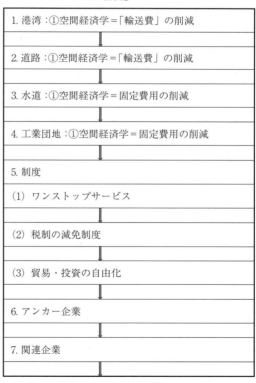

1. 港湾：①空間経済学＝「輸送費」の削減

2. 道路：①空間経済学＝「輸送費」の削減

3. 水道：①空間経済学＝固定費用の削減

4. 工業団地：①空間経済学＝固定費用の削減

5. 制度

（1）ワンストップサービス

（2）税制の減免制度

（3）貿易・投資の自由化

6. アンカー企業

7. 関連企業

セグメント構築の完了＝産業集積

出所：朽木昭文作成。

田淵・山本（2011）によれば、対称均衡の安定性が崩れ、完全集積均衡が達成される条件についてである。つまり、「命題1：輸送費が低いときいずれかの地域に集積する」である。

　次に、新貿易理論の基本モデルでは、2国間において製造業の財について「輸送費」を想定する。この輸送費は、広義の輸送費であり、「輸送費は、輸送業者に支払う費用のみならず輸送にかかる日数から発生する機会費用、関税、非関税障壁、言語・文化習慣の相違による費用を含む」とある（佐藤・田淵・山本（2011）、36ページ）。

　連結性のうち、①「物理的連結性」とは輸送業者に支払う費用のみならず、輸送にかかる日数から発生する機会費用である。②「制度的連結性」とは関税、非関税障壁である。また③「人的連結性」とは言語・文化習慣の相違による費用である。つまり、連結性の強化が輸送費の削減につながる。

第2節　「グローバル・バリューチェーン」形成における日中協力

　バリューチェーン経営とは、①研究・デザイン、②調達、③組み立て、④マーケティングの4つを鎖（チェーン）で繋いだものである。それぞれが、企業の価値を生み、価値つまり利潤を生む。

　企業経営は、顧客満足最大化を目指して製品を①研究・デザインし、その製品を製造するのに必要な部品を②調達する。この部品を③組み立て、販売する。そして④マーケティングにより利益を得る。これがバリューチェーン経営であり、「顧客満足を最大化」することが目的であり、そのために研究からマーケティングまでのそれぞれの部門をどのように運営するかを意思決定する。これは、マーケット・インと呼ばれる。

　なお、日本の経営は、プロダクト・アウトと呼ばれ、良い製品を作れば売れるという考えが主流であった。これは部品づくりなどで今も生きており、モノづくりだけを強調する考えがある。また、部品の②調達のみで利益を最大化する考え方である。

　例えば、組み立て部分が一帯一路建設に位置することが必要である。具体的に図13-1、図13-2、図13-3によりGVCを模型（モデル）として説明し

てみよう。

　まず、中国の広州自動車クラスターと愛知県豊田市自動車クラスターが存在している。トヨタが広州クラスターと愛知県豊田市クラスターで活動していると想定しよう。第13-1図によりトヨタは広州において①研究・デザイン、②調達、③組み立て、④マーケティングのバリューチェーンを持ち、カムリという製品を組み立て、広州の産業クラスター形成に寄与している。カムリの①研究・デザインは、愛知県豊田市が中心となり、愛知県豊田市から広州へ成果が伝えられる。広州は愛知県豊田市からカムリ生産のための②部品調達も行う。カムリの③組み立ては広州のみで行われる。④マーケティングは中国と日本の両方で行われる。これが広州・トヨタ・カムリのバリューチェーンである。

　また、愛知県豊田市・プリウスのバリューチェーンも同様に説明できる。図13-2によりトヨタは日本の愛知県豊田市において①研究・デザイン、②調達、③組み立て、④マーケティングのバリューチェーンを持ち、プリウスを組み立てており、愛知県豊田市の産業クラスター形成に寄与している。プリウスの①研究・デザインは愛知県豊田市を中心に行われ、その成果が世界中で使用され、広州でも使用される。プリウスの②調達は、世界中からなされ、広州からも部品が調達される。その③組み立てはカザフスタンで行われ、④マーケティングは、ヨーロッパのドイツ、アフリカのエチオピアでも

図 13-2　一帯一路建設・カムリ・バリューチェーン・マネージメント

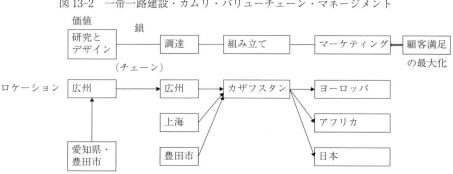

出所：朽木昭文作成。

図13-3　豊田市・クラウン・バリューチェーン・マネージメント

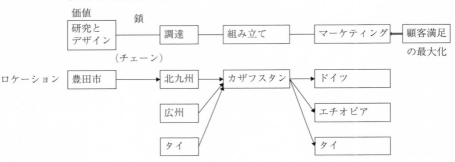

出所：朽木昭文作成。

行われる。これが愛知県豊田市・プリウスのバリューチェーンである。

　次にグローバル・バリューチェーンの連携を説明しよう。図13-3でモデル的に示すようにグローバル・バリューチェーンは国境を越えてリンクする。愛知県豊田市で①研究・デザインにより開発された成果が広州クラスターの広州工場で使用される。愛知県豊田市で開発されたエンジンなどに関わる②調達の中枢部品が広州に輸出され、広州で③組み立てられる車に使用される。

　逆に広州で生産された②調達部品が愛知県豊田市へ輸出され、③組み立てられるプリウス車に使用される。愛知県豊田市の工場はマザー工場としての役割もある。新しい製品が開発されると、それがテストされ、海外でも製造されるようになる。海外で安く生産できるようになった標準的な製品は逆に海外から日本に輸出される。今後は、車が、車種ごとに違うアジア各地で生産される可能性がある。こうしたバリューチェーンとバリューチェーンの「交わり」が図13-4の矢印で示されるように、グローバル・バリューチェーンにおける日中協力である。日本がこれらの交わりをできるだけ多くの形態で持つことが日本の生き残りにつながる。

　日本企業、特に多国籍企業は、①研究・デザイン、②調達、③組み立て、④マーケティングというバリューチェーン（価値の鎖）に関して利潤を最大にする経営を強いられている。多国籍企業は、その経営により各鎖（チェー

図 13-4　一帯一路建設・クラスターと豊田市クラスターのリンク

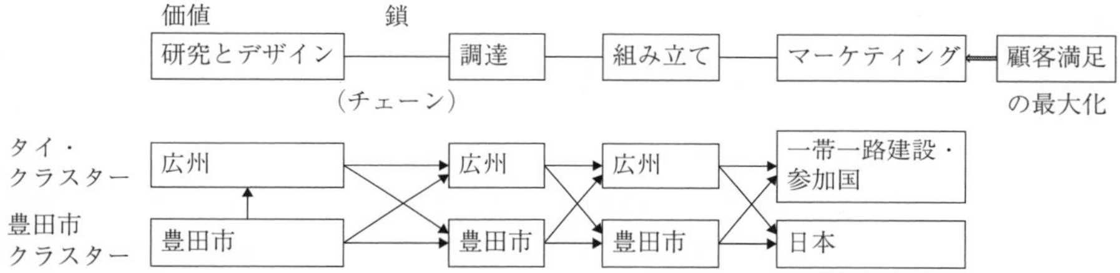

価値		鎖		
研究とデザイン	—	調達	—	組み立て	—	マーケティング	—	顧客満足

出所：朽木昭文作成。

ン）の立地を決める。その立地を決める際に①研究・デザイン、②調達、③組み立て、④マーケティングの連携はグローバル・バリューチェーンでつながる必要がある。

　東アジア各地のグローバル・バリューチェーンでの連携が始まっている。21 世紀に入り、アジア各地の拠点で産業が集積する中で、ときに国境を越えて拠点と拠点が結びつき線となる。この「点」から「線」への動きが、それを支えるインフラの整備とともに具体化している。グローバル・バリューチェーンは面となり、地域統合が進んでいく。

第 3 節　一帯一路建設による「グローバル・バリューチェーン」への日本参加

　2018 年において、世界経済の主要な指標は、アジアが 21 世紀の「世界の成長センター」であることを示している。世界の「国内総生産」GDP に対する占有率に関して、中国、日本、アセアンのアジアの合計は 28.3 ％であり、アメリカは 27.2 ％である。世界の「輸入」に対する占有率に関して、アジアは 20.7 ％であり、アメリカは 15.6 ％である。また、世界の「外国への投資」（対外直接投資）に対する占有率に関して、アジアは 23.7 ％であり、アメリカとほぼ同じである。このように経済力に関して、アジアはアメリカと均衡し、現在の人口と経済成長を考慮すると 21 世紀中に確実に凌駕していく。

　GDP の占有率に関して、中国は 2018 年に 17.8 ％の世界第 2 位であるが、成長率の差により、近い将来にアメリカの第 1 位と逆転する。一帯一路建設の「連結性」の強化により地域統合を進める中国は、アメリカと世界経済での位置を変える。

　ところで、中国の産業政策は 2004 年を前後して大きく変化した。改革開放後に成長一辺倒で来た政策は、政策の転換を迫られ、2010 年に発展パターンを転換した。中国は、2018 年の 1 人当たり GDP が 9,608 ドルであり、中所得国からの脱出を目指す。

　中国国内の産業育成政策は「中国製造 2025」である。それは、ローエンド製造からハイエンド製造へ転換し、次世代情報技術を育成する。この動きを加速するのが第 4 次産業革命である。それは人工知能や IoT（モノとインターネットをつなぐ）などにより人々の生活を変える。

　本節で、中国が「中国製造 2025」、「自由貿易試験区」、「一帯一路建設」3つの政策の融合により中所得国のわなからの脱出を図ることを説明する。それに対する日本の進路を示したい。

(1)　キーワードとしての「集積」

　自由貿易試験区は、外資導入し、当初に現代サービス業の集積を目指した。その後にサービス業とハイテク製造業を結ぶ「中国製造 2025」と繋がる。一帯一路建設は連結性を強化する。それにより自由貿易試験区の集積が一帯一路建設の参加国へと移転されていく。

　図 13-4 のキーワードは産業「集積」であり、集積の受け皿の 1 つとなるのは「自由貿易試験区」であり、ここへ「外資導入」する。経済を開放し、海外からの外資導入を加速する。国内の自由貿易試験区への外資導入により集積を形成する。集積する産業は、「中国製造 2025」による育成産業を含む。

　次に「連結性」が重要なカギとなる。国内の産業集積を一帯一路参加国に連結する。連結性とはモノ、カネ、制度、ヒトのコネクティビティ（連結）である。その強化により「研究と開発、調達、組み立て、販売」のバリューチェーンが統合される。つまりバリューチェーンが地域全体で形成される。

(2)「自由貿易試験区」、「中国製造 2025」、「一帯一路建設」の接続

　　第 2-1 図に示すように、2013 年を起点として「中国製造 2025」、「自由貿易試験区」、「一帯一路建設」の政策が並行した。「自由貿易試験区」、「中国製造 2025」、「一帯一路建設」の 3 つが交わるのが第 2-1 図の A 部分である。

(3)「自由で開かれたインド太平洋」と「一帯一路建設」との協力

　　安倍首相が、インド太平洋戦略構想としての、「自由で開かれたインド太平洋戦略」（Free and Open Indo-Pacific Strategy、FOIP）として発表したのは、2016 年 8 月 27 日にケニアのナイロビで開催された第 6 回アフリカ開発会議（TICAD VI）の基調演説においてであった。安倍首相は、「日本が、太平洋とインド洋、アジアとアフリカの交わりを、力や威圧と無縁で、自由と法の支配、市場経済を重んじる場として育て、豊かにする責任を担っている」として、「両大陸をつなぐ海を、平和な、ルールの支配する海とするため」にアフリカと協力したいと呼びかけた。

　　外務省によれば、国際社会の安定と繁栄の鍵を握るのは「2 つの大陸」である成長著しい「アジア」と潜在力溢れる「アフリカ」、また「2 つの大洋」である自由で開かれた「太平洋」と「インド洋」の交わりにより生まれるダイナミズムである。これらを一体として捉えることで、新たな日本外交の地平を切り拓くとある[13]。

　　経済政策として①港湾、鉄道、道路、エネルギー、ICT 等の質の高いインフラ整備を通じた物理的連結性、②人材育成等による人的連結性、③通関円滑化等による制度的連結性の 3 つの「物理的、人的、制度的連結性」を強化する。

　　その具体的な、東南アジア域内の連結性向上では「東西経済回廊」、「南部経済回廊」等であり、南西アジア域内の連結性向上ではインド北東州 道路網整備、ベンガル湾産業成長地帯等である。

　　東南アジア、南西アジア、中東、東南部アフリカの連結性向上とは「モンバサ港開発」等であり、FTA/EPA や投資協定等を含む「経済的パートナーシップ」の強化および「ビジネス環境整備」である。

　「自由で開かれたインド太平洋」の今後の課題は次の点である。ここで明らかになるのは、具体的な例えば「物理的連結性」について具体的な政策が欠けている点である。「東西経済回廊」や「南部経済回廊」などがアジアとアフリカでどのように連結されるのかの構想がなく、現実に「点」でしか動いていない。また「モンバサ港開発」、「経済的パートナーシップ」、「ビジネス環境整備」がアジアとアフリカを結ぶ線となり、面となる施策が実施されていない。

　したがって、実態面で「自由で開かれたインド太平洋」は今後の政策の実施が課題である。また、平川・町田・真家・石川（2019）は「一帯一路建設」と「自由で開かれたインド太平洋」が併存して協力することを提言する。この考え方に実利があると思われる。

(4) 日中第三国市場協力の実態

　日本は「第1回日中第三国市場協力フォーラム」を2018年10月26日に北京において開催した。日本側からは経済産業省及び外務省が、中国側からは中国商務部及び国家発展改革委員会が出席した。また、日本政府からは安倍晋三内閣総理大臣、世耕弘成経済産業大臣等が出席し、中国政府からは李克強総理、鍾山商務部長等が出席した。本フォーラムでは、日中の企業経営者や関係閣僚等による基調講演、協力覚書交換式等に加え、4分野（交通・物流、エネルギー・環境、産業高度化・金融支援、地域開発）で分科会を開催した。中華人民共和国国家発展改革委員会及び商務部との間で第三国における日中民間経済協力に関する52の覚書を締結した。

　例えば、第1に株式会社みずほフィナンシャルグループと中国国家開発銀行との業務協力協定（第三国市場における協力を含む）、第2に株式会社みずほフィナンシャルグループ と中国工商銀行との日中企業の第三国市場開発に関する金融協力協定、第3に株式会社みずほフィナンシャルグループと中国中信集団有限公司、中国輸出信用保険公司との第三国市場における三社間協力協定、第4に株式会社みずほフィナンシャルグループと中国石油化工集団有限公司の協力関係強化に関する覚書などがある。

　このほかに、株式会社国際協力銀行及び国家開発銀行における第三国市場協力に関する覚書、株式会社日本貿易保険と中国輸出信用保険公司における日中間の貿易投資促進及び第三国に於ける日中共同プロジェクト推進のための協力協定、独立行政法人日本貿易振興機構（JETRO）と中国国際貿易促進委員会（CCPIT）との第三国市場における業務協力に関する覚書などがある。

　これを踏まえて 2019 年 5 月 21 日に株式会社国際協力銀行（日本）と中国国家開発銀行が「日中第三国市場金融協力フォーラム」を共催した(14)。ここで、日中両国企業及び金融機関代表から「日中第三国協力の課題と展望」というテーマに基づきプレゼンテーションが行われ、中国中信集団常振明董事長、三井物産株式会社米谷佳夫常務執行役員、中国工商銀行胡浩副行長、三菱 UFJ 銀行吉川英一副頭取の 4 名が登壇し、これまでの第三国市場での協力実績や両国企業の強みに加え、今後の課題、新たに協力が期待される分野等について言及した(1)。

　その第 2 回目となるフォーラムが、習近平国家主席の訪日が予定され、東京で開催される予定となった。経済産業省より「第 2 回日中第三国市場協力フォーラム」の概要と準備状況等について、関西の企業関係者に対して2019 年 11 月に説明会が実施された。

おわりに　日本のたどるべき進路
　本章は、産業集積の構築とグローバル・バリューチェーンの説明をした。新型コロナ発生後に地球環境の認識に大きな変化をもたらした。しかしながら、環境配慮の産業集積と地域統合は進む。それに基づいて日本の経済協力の在り方を要約しよう。

　アジア、ヨーロッパ、アフリカ、中東が、中国の進める一帯一路建設により長期的に連結されていく。中国だけでは環境配慮の物的なインフラ建設の資金は賄いきれない。日本は、中国に隣接する絶好の地理的な位置にあり、これをビジネス・チャンスにできる。

　貿易、投資、ODA、地域統合の 4 つを組み合わせた国際協力が、日本の成長戦略としてある。そのうちの地域統合に関して、日本は一帯一路建設の

活用の可能性がある。つまり、中国から一帯一路建設・参加国への産業集積の移転に際して、一帯一路建設の「連結性」である①「物理的連結性」、②「制度的連結性」、③「人的連結性」強化のためのインフラ事業などにおいて資金と日本独自の技術を投入する。

　「グローバル・バリューチェーン」の①研究・デザイン、②調達、③組み立て、④マーケティングの形成に関して、日本の協力の在り方としては、日本企業が上海や広州などの自由貿易試験区に「外資」として入居することがある。入居することにより外国企業と共同して環境に配慮したデジタル・イノベーションを起こす。また、「一帯一路建設」と「自由で開かれたインド太平洋」の併存と協力が可能性としてある。2018 年に日本と中国との政府開発援助が第三国協力として発表された。中国から一帯一路参加国へ産業「集積」を移す場合に、日本企業も一帯一路参加国での投資機会を見出す。第三国協力も含めてグローバル・バリューチェーンの形成を日本と中国が50 年単位で協力して進める。

　以上のように、新型コロナ発生後に環境配慮の「産業集積の移転」と「グローバル・バリューチェーンの形成」へ日本の協力・参加は、日本にとっても中国にとっても、そして世界全体にとってもプラスとなる可能性がある。

引用文献

上原正詩（2018）「（中）北京、大学と VC が集積」、『中国・アジアウォッチ』、日本経済研究センター、10月4日（https://www.jcer.or.jp/jcer_download_log.php?post_id=35829&file_post_id=35852）（2019 年 7 月 25 日アクセス）

朽木昭文（2018）「開発のための産業集積の立地論・建築論・経営論による分析」、『開発学研究』、29 巻 1 号、29-39 ページ

佐藤泰裕・田渕隆俊・山本和博（2011）『空間経済学』、有斐閣

平川均・町田一兵・真家陽一・石川幸一（2019）『一帯一路の政治経済学』、文眞堂

Kuchiki, A. (2019). "The Existence of Economies of Sequence: A Theory of Architecture in Building an Industry Agglomeration," *Regional Science Policy & Practice*, 1-16. https//doi.org/10.1111/rsp3.12199 (*Regional Science Policy & Practice*, Volume 11, Issue 3, pp: 443-628, August 2019).

Krugman, P. (1991) "Increasing Returns and Economic Geography," Journal of Political Economy, 78, 253-274.

補論

　空間経済学の主要命題の１つは、佐藤・田淵・山本（2011）によれば、対称均衡の安定性が崩れ、完全集積均衡が達成される条件についてである。つまり、「命題１：輸送費が低いときいずれかの地域に集積する」である。この命題を導出した Krugman（1991）により基本モデルを以下で記述的に説明しよう。新貿易理論（New trade theory）で Krugman（1991）は次のモデルを提示した。

　２部門２国からなる経済を考える。１国の人口を L_1、２国の人口を L_2 で表し、$L_1 \geqq L_2$ 想定する。２部門とは「農業部門」と「製造業部門」である。農業部門は同質な財を生産し、製造業は異質財を生産する。ここでは、総人口は一定とする。労働は、非熟練労働者と熟練労働者を想定する。農業の非熟練労働者は地域間を移動しない。製造業の熟練労働は効用格差に応じて地域間を自由に移動する。

　経済は消費者と生産者からなる。経済モデルは独占的競争を想定する。消費者は、第１段階で予算支出を最小にする問題を解き、第２段階で通常の効用最大化を考える。この結果として消費者の需要関数が得られる。重要な変数は、製造業の異質財に対する「需要の代替の弾力性」である。

　次に、新貿易理論の基本モデルでは、２国間において製造業の財の「輸送費」を想定する。この輸送費は広義の輸送費である（佐藤・田淵・山本（2011）、36 ページ）。連結性の強化が輸送費の削減につながる。

　さて、生産者については、独占的競争により利潤を最大化する行動によりマークアップの価格設定を行う。この際に、２国間で輸送費を考慮した利潤の最大化を目指す。

　ここで次の想定を導入する。第１に、労働市場の需給均衡条件により企業数が決まる。第２に、「企業の自由参入・退出」である。これにより利潤がゼロとなる。この条件により、熟練労働者の賃金水準が２地域で導出される。以上により「熟練労働者の地域分布」、両地域の財価格、所得、賃金が決定される。これらが地域間で熟練労働が移動しない「短期均衡」である。

　産業集積が発生するのは、長期均衡で「熟練労働の地域分布」が変数とな

る場合である。そこで、想定として、熟練労働は「効用格差（実質賃金格差）」に応じて労働移動する。当初において熟練労働が均等に半分ずつ分布すると仮定する。輸送費が変化しても熟練労働が半分ずつのままである状態を「対称安定均衡」と呼ぶ。また、熟練労働の対称安定均衡が崩れ、不安定になり一方の国に産業集積が進むのが不安定均衡である。輸送費がある閾値より低くなると対称均衡の安定条件が成立しなくなり、対称均衡が不安定になり、1つの地域に産業集積が進む。

　佐藤・田淵・山本（2011）は「輸送費の低下は都市集積をもたらすというのが、新経済地理の主要な結論である」（4ページ）である。従って、産業集積を中国から一帯一路建設・参加国へ移転させるためには「連結性」を強化し、「輸送費を低くする」ことにより不安定均衡の条件を達成することである。

あとがき

　本書は、大阪産業大学経済学部の「アジア共同体研究センター」が2019年11月24日に主催した国際シンポジウム『米中経済戦争の行方と東アジアへの影響』における成果を、その際の議論を踏まえて拡張したものである。

　すでに冒頭で述べたように、今回の国際シンポジウムの主な目的は、2017年以降激化しつつある米中経済戦争の本質をはじめ、米中経済戦争がアジア経済に及ぼす影響や今後の対策について検討することであった。本書はその研究成果をまとめたものであり、本書によって米中経済戦争が当該国のみならず、とりわけ、中国を中心にGVCが進展している韓国、台湾、タイ、ベトナムなどのアジア諸国にも多大な悪影響を及ぼすことが明らかになった。

　さらに、本書では米中経済戦争がもたらす生産ネットワークの分断に注目し、それによる負の経済効果を改善するための知見として、いくつかの有益な政策手段が提案された。各国における有効な対策手段とは、それぞれ次のとおりである。①世界経済のブロック化および通商政策における保護主義の阻止と日本との経済協力（韓国）、②RCEPの締結とAI、IT、金融商品の開放（タイ）、③外資系企業と現地企業とのリンケージ強化による技術力向上（ベトナム）、④地域経済統合の拡大（日本）、⑤「一帯一路建設」や「製造2025」政策の推進（中国）、などである。これらの政策提案は、自国経済だけではなく、世界経済の回復や発展にも有益な政策手段として機能するといえる。

　ところで、現在、世界経済規模の第1位と第2位を競う米国と中国との間で、経済戦争や政治・軍事的な覇権争いが火花を撒き散らしている。その最中に、雪上に霜を加うごとく新型コロナウィルスが蔓延するようになり、世界はパニック状態に陥っている。5月29日現在、世界の感染者数は540万人、死亡者数も34万人を超えており、特に南北アメリカ大陸では日増しに

感染者や死亡者が増加している。日本でもすでに1万6,000人以上が感染し、850人以上の死者を記録した。

　新型コロナは世界経済にも深刻なダメージを与え、巷では「新型コロナ大恐慌」、「大恐慌再来」といった暗い新造語が流行っている。IMFのゲオルギエバ（kristalina Georgieva）専務理事は、4月に行われた講演で「新型コロナで、2020年の世界経済は大恐慌以来のマイナス成長になる」と予測し、彼女の発言からも新型コロナによって1929年に始まった大恐慌並みの経済危機の到来を読み取ることができる。また、多くの経済学者によれば、2020年の世界経済成長率（GDP成長率）は、リーマンショック後をはるかに上回ると予測し、「劇的なマイナス成長」に警鐘を鳴らしている。

　実際に、日本経済について、内閣府は今年の1〜3月期のGDPが前期比年率3.4％減少したと発表した。これを踏まえて23人のエコノミストは、4〜6月期のGDP成長率は平均で前期比年率マイナス21.8％となり、戦後最大の落ち込みとなると予測し、景気回復は早くて来年の後半以降になると予測している（「日本経済新聞」、5月19日参照）。

　これまでパンデミック（pandemic）を招いた伝染病は数多く存在していた。代表的なものとして、インカ帝国の滅亡やアステカ帝国を弱体化させたといわれる「天然痘」をはじめ、「ペスト」、「スペイン風邪」、「コレラ」など枚枚挙にいとまがない。とりわけ、ここではスペイン風邪後の歴史的事実を吟味しながら、そこから得られる教訓を参考に、現在の新型コロナによる経済危機の処方箋を提示してみたい。

　ここで、スペイン風邪（1918〜20年）から第2次世界大戦までの歴史にこだわる理由は、主に以下の3点にある。まず第1に、スペイン風邪による「需給ショック」が大恐慌発生の一因であったと考えるからである。これまでの研究成果によれば、1929年からスタートする大恐慌の原因は複雑多岐であるが、多かれ少なかれスペイン風邪もその一因であったと考えられる。

　第2に、現在の米中の対立は、スペイン風邪のときの英独の対立と酷似しているからである。周知のとおり、19世紀に入って英国は蒸気機関車の発明や産業革命によって世界の覇権国として君臨すると共に、それによってこ

れまでにないグローバル化も急速に進展するようになった。たとえば、19世紀の米国の大陸横断鉄道をはじめ、蒸気船の発達、スエズ運河の開通などは当時のグローバル化を象徴するものである。

　同時に、金融面においても金本位制度の導入によって為替リスクが低減され、世界貿易が飛躍的に増大した時代であった。このような時代を背景に急スピードで成長したドイツは、英国経済に追いつくやいなや当時の覇権国である英国と対立し、それが引き金となって第二次世界大戦が勃発した。したがって、現在の米中対立による経済危機の解決策を考える際、過去の英独対立のケースが有効な教訓になり得ることはいうまでもない。

　第3に、1929年から大恐慌が進行するなか、各国は保護主義的な貿易政策を採用したが、その結果はどのようなものであったかを再考する必要があるからである。つまり、自国産業の保護のために保護主義的な貿易政策を採った結果、各国で経済ナショナリズムや経済ブロック化が進み、それが第2次世界大戦の勃発原因の1つになったことに注目しなければならない。とどのつまり、スペイン風邪→大恐慌→第二次世界大戦へと展開される一連の歴史的事実は、単なる無相関の時系列的なものではなく、明確な因果関係によって引き起こされたものである。さらに、大恐慌後に採用された不適切な関税政策や為替政策が第二次世界大戦を引き起こす一因になったことを強調しておきたい。

　振り返ってみれば、大恐慌から約10年間は、無数の銀行や企業が倒産し、約1,500万人以上の失業者が路頭に迷い、政府もなす術のない時期であった。しかし、当時の経済学理論では解明できない長期不況を目の当たりにしたケインズ（J.M.Keynes）は、有効需要こそ大恐慌を克服できると確信し、経済活動において「需要」の役割が最も重要である（「有効需要理論」）ことを主張した。すなわち、不況は総需要不足が原因で起こるものであり、総需要を拡大させるためには財政政策や金融政策が有効であることを『一般理論』（*The General Theory of Employment, Interest and Money*、The Macmillan Press,1936）で喝破したのである。それ以降、マクロ経済学は「不況の経済学」としての役割だけではなく、経済成長や安定、経済予測などに大きく貢

献してきている。

　以下では、世界経済を視野に入れつつ新型コロナ後の景気対策について述べたい。まず、各国の国内における景気対策として、ケインズが考案した「拡張的財政政策」と「金融緩和政策」の導入が不可欠であると考える。これらの2つの政策手段は、いままで諸国で採用され、その真価を発揮してきている。たとえば、大恐慌が猛威を振るっていた1933年に米国で行われた「ニューディール政策」と第二次第戦後に欧州復興計画として発動された「マーシャル・プラン」が良い例であろう。もちろん、ニューディール政策はケインズの一般理論が公表される前の公共事業であるが、ケインズが考えた拡張的財政政策の一環であることに異論はないであろう。

　また、日本でも米国発の大恐慌の影響で景気が急速に低迷し、いわゆる「昭和恐慌」が発生した。しかし、1931年に大蔵大臣として就任した高橋是清は拡張的財政政策を実施し、それによって昭和恐慌は見事に克服されたのである。当然ながら、これらの経験は今回の新型コロナによる景気対策を考える際、貴重な教訓として生かされるべきである。

　しかし、財政赤字の問題や金融政策の限界といった否定的な見解が多く存在することも事実であるが、景気が急速に冷え込む非常事態には伝統的なマクロ経済学理論が優先されるべきである。もちろん、拡張的財政政策に限っていえば、ただ「穴を掘って埋める」だけの財政支出はやめるべきであり、今後、人類が安心して暮らせるような社会システムの構築に投入することが重要である。たとえば、筆者は2015年に国連サミットで採択されたSDGsの17項目の目標を達成するために用いることを提案する。なぜなら、貧困・飢餓の解決、気候変動の対応、教育の平等、産業と技術革新の基盤作りなどは人間の尊厳や人間の未来像を考えるとき、何よりも重要な課題であるからである。

　最後に、新型コロナショックを乗り越えるためには、何よりも国際協調が重要であることを強調しておきたい。今回の新型コロナ対策の一環として、ほとんどの国でロックダウンが実施されたため、需給ショックが同時に発生している。スペイン風邪による需給ショックが大恐慌に一層拍車をかけたの

と同様に、今後、新型コロナによって世界的な経済危機が発生する確率は高いと予測する。このような世界経済が危機に直面している時期に、とりわけ米中の指導者は「自国第1主義」や「自己中心主義」を放棄し、率先して国際協調の実行に万全を尽くすべきであると考える。

2020 年 9 月 20 日

韓　福相

索　引

222

執筆者紹介 （執筆順） ※は編著者

※冨澤拓志	大阪産業大学・経済学部	まえがき
※福井清一	大阪産業大学・経済学部	
		第7章（翻訳）、第10章、第12章、第12章補論
三浦秀之	杏林大学・総合政策学部	第1章
李　基東	韓国啓明大学・国際通商学部	第2章、第6章
※朽木昭文	放送大学・教養学部	第3章、第13章
鄭　海東	福井県立大学・経済学部	第4章
門　闖	大阪産業大学・経済学部	第5章
キティ・リムスクル　チュラロンコン大学・経済学部（執筆時）		第7章
池部　亮	専修大学・商学部	第8章
ド・マ・ホン	桜美林大学・ビジネスマネイジメント学群	第9章
古谷眞介	大阪産業大学・経済学部	第11章
韓　福相	大阪産業大学・経済学部	「エピローグ」

編著者紹介 （五十音順）

朽木昭文

ジェトロ理事、日本大学教授などを経て、現在、放送大学／教養学部　客員教授

京都大学、京都大学　博士　（農学）

主要著書：

『アジア産業論』放送大学、2017年3月、朽木昭文・河合明宜と共編著

『アジアの開発と地域統合』日本評論社、2015年11月、馬田啓一、石川幸一と共編著

『日本の再生はアジアから始まる』農林統計協会、2012年11月。

富澤拓志

鹿児島国際大学を経て、現在、大阪産業大学・経済学部　教授、2018年から経済学部長。

京都大学、京都大学　修士（経済学）、

主要著書：

「鹿児島における中国人クルーズ船観光と観光振興」地域総合研究、2013年

「南大隅町の産業構造と経済の循環」地域総合研究、2016 年

『グローバル化とその反発：生活・移動・通商』大阪産業大学アジア共同体研究センター、2019 年 3 月、小林敦史、古谷眞介と共編著

福井清一

京都大学、神戸大学教授などを経て、現在、大阪産業大学・経済学部　教授

京都大学、神戸大学名誉教授、京都大学　博士（農学）、

主要著書：

『開発経済を学ぶ』創成社、2019 年 4 月、三輪加奈、高篠仁奈と共著

『経済開発論—研究と実践のフロンティア』勁草書房、2008 年 4 月、高橋基樹と共編著

米中経済戦争と東アジア経済
－中国の一帯一路と米国の対応。そのアジア各国・日本への影響は－

2021 年 1 月 15 日　印刷
2021 年 1 月 29 日　　発行　Ⓒ　　　　　　　　　定価は表紙カバーに表示しています。

編著者　朽木　昭文、富澤　拓志、福井　清一

発行者　高見　唯司

発　行　一般財団法人　農林統計協会

〒 153-0064　東京都目黒区下目黒 3-9-13 目黒・炭やビル
http://www.aafs.or.jp

電話　出版事業推進部　03-3492-2987
編　集　部　03-3492-2950

振替　00190-5-70255

US-China Economic Conflicts and East Asia

PRINTED　IN　JAPAN　2021

落丁・乱丁本はお取り替えいたします。　　　　　　印刷　藤原印刷株式会社
ISBN978-4-541-04352-8　　C3033